Frankreich Jahrbuch

Herausgeber:
Deutsch-Französisches Institut

in Verbindung mit
Frank Baasner
Vincent Hofmann-Martinot
Dietmar Hüser
Ingo Kolboom
Peter Kuon
Stefan Seidendorf
Ruthard Stäblein
Henrik Uterwedde

Redaktion:
Stefan Seidendorf

Deutsch-Französisches Institut (Hrsg.)

Frankreich Jahrbuch 2014

Zivilgesellschaft in Frankreich, Deutschland und Europa

Herausgeber
Deutsch-Französisches Institut
Ludwigsburg, Deutschland

Frankreich Jahrbuch
ISBN 978-3-658-09843-8   ISBN 978-3-658-09844-5 (eBook)
DOI 10.1007/978-3-658-09844-5

Die Deutsche Nationalbibliothek verzeichnet diese Publikation in der Deutschen Nationalbibliografie; detaillierte bibliografische Daten sind im Internet über http://dnb.d-nb.de abrufbar.

Springer VS
© Springer Fachmedien Wiesbaden 2015
Das Werk einschließlich aller seiner Teile ist urheberrechtlich geschützt. Jede Verwertung, die nicht ausdrücklich vom Urheberrechtsgesetz zugelassen ist, bedarf der vorherigen Zustimmung des Verlags. Das gilt insbesondere für Vervielfältigungen, Bearbeitungen, Übersetzungen, Mikroverfilmungen und die Einspeicherung und Verarbeitung in elektronischen Systemen.
Die Wiedergabe von Gebrauchsnamen, Handelsnamen, Warenbezeichnungen usw. in diesem Werk berechtigt auch ohne besondere Kennzeichnung nicht zu der Annahme, dass solche Namen im Sinne der Warenzeichen- und Markenschutz-Gesetzgebung als frei zu betrachten wären und daher von jedermann benutzt werden dürften.
Der Verlag, die Autoren und die Herausgeber gehen davon aus, dass die Angaben und Informationen in diesem Werk zum Zeitpunkt der Veröffentlichung vollständig und korrekt sind. Weder der Verlag noch die Autoren oder die Herausgeber übernehmen, ausdrücklich oder implizit, Gewähr für den Inhalt des Werkes, etwaige Fehler oder Äußerungen.

Springer Fachmedien Wiesbaden ist Teil der Fachverlagsgruppe Springer Science+Business Media
(www.springer.com)

Inhalt

Vorwort 7

Themenschwerpunkt
Zivilgesellschaft in Frankreich, Deutschland und Europa

Stefan Seidendorf
Zivilgesellschaft in Frankreich, Deutschland und Europa 11

Jay Rowell
Eine kritische Diskussion der Schlüsselkonzepte:
Zivilgesellschaft, Partizipation und Demokratie 17

Sonja Zmerli
Sozialkapital und politisches Engagement im
deutsch-französischen Vergleich 31

Christine Quittkat
Europäische Interessenvermittlung französischer Wirtschaftsverbände:
Ein französisch-deutscher Vergleich 55

Patrick Hassenteufel, Louise Lartigot-Hervier
Sozialversicherungssysteme im Vergleich: Die Entwicklung
der Rolle nicht-staatlicher Akteure in Deutschland und Frankreich 77

Selma Mahfouz
„Welches Frankreich in zehn Jahren?"
Ein Bericht mit interessantem methodischem Ansatz 95

Hans Herth
Die deutsch-französische Freundschaft digital gestalten:
Französischen und deutschen Bürgern zum direkten Kontakt verhelfen 103

Beiträge

Henrik Uterwedde
Unbequeme Partner, ungewisse Zukunft?
Deutschland, Frankreich und Europa 111

Henriette Müller
Zwischen Potenzial und Performanz: Eine (Neu-)Bewertung der
politischen Führung des EU-Kommissionspräsidenten 123

Rezensionen

Stefan Seidendorf
Die V. Republik, viel mehr als ein semi-präsidentielles System:
Eine Zwischenbilanz zu 55 Jahren V. Republik 149

Friederike Ridegh
Die „deutsche Frage" angesichts der „Berliner Republik":
Deutschland auf dem Weg zu einer „normalisierten Nation"? 153

Frank Baasner
Überlegungen zum Begriff „Le Franco-Allemand" anlässlich
einer Neuerscheinung im Kontext des 50. Jahrestages des Élysée Vertrags .. 157

Dokumentation

Chronik Oktober 2013 – September 2014 169

Sozioökonomische Basisdaten im internationalen Vergleich 192

Gesellschaftliche Basisdaten Frankreichs 193

Zusammensetzung der Regierung Ayrault III 194

Zusammensetzung der Regierung Valls I 197

Zusammensetzung der Regierung Valls II 200

Ergebnisse der Europawahl 2014 in Frankreich 203

Ergebnisse der Kommunalwahlen 2014 204

Deutschsprachige Literatur zu Frankreich 207

Abkürzungen 239

Personenregister 243

Zu den Autoren 245

Vorwort

Das Schwerpunktthema des diesjährigen Frankreich-Jahrbuches widmet sich der Zivilgesellschaft in Frankreich, Deutschland und Europa. Dabei soll es gerade nicht um eine Selbstbespiegelung „der" deutsch-französischen Zivilgesellschaft gehen, sondern vielmehr das Thema und das Feld problematisiert werden. Die verschiedenen Forschungsbeiträge widmen sich dieser Aufgabe aus normativer und konzeptioneller sowie aus empirischer Perspektive. Ergänzt wird der Schwerpunktteil um die Beiträge von Praktikern, die versuchen, die neuartigen Instrumente zivilgesellschaftlicher Partizipation zu nutzen.

Neben den Beiträgen zum Schwerpunktthema veröffentlichen wir den Abschiedsvortrag des langjährigen stellvertretenden Direktors des dfi, Henrik Uterwedde: „Unbequeme Partner, ungewisse Zukunft? Deutschland, Frankreich und Europa". Der Autor blickt auf vierzig Jahre Beschäftigung mit den deutsch-französischen Beziehungen zurück und erörtert dabei Gedanken von bestechender Aktualität. Außerdem veröffentlichen wir einen Beitrag aus dem neuen Stipendienprogramm des dfi für junge Forscherinnen und Forscher, denen ein Studienaufenthalt am Institut die Möglichkeit bietet, Qualifikationsarbeiten abzuschließen und die Ressourcen und Netzwerke des dfi zu nutzen. Henriette Müller untersucht die politische Führungsstärke des letzten EU-Kommissionspräsidenten und orientiert sich dabei an der Debatte über Politisierung, Konstitutionalisierung und das Entstehen einer europäischen Öffentlichkeit.

Neben drei Buchbesprechungen findet sich wie immer ein Handbuchteil am Ende des Bandes. Dieser enthält die Chronologie der wichtigen Ereignisse in Frankreich 2013-2014, den Überblick über gesellschaftliche und wirtschaftliche Basisdaten Frankreichs sowie über die Zusammensetzung der Regierung vor und nach der Regierungsumbildung. Schließlich bietet die von der Frankreichbibliothek des dfi erstellte Bibliographie der deutschsprachigen Neuerscheinungen zu Frankreich und den deutsch-französischen Beziehungen 2013-2014 einen systematischen und schnellen Überblick über die verschiedensten im letzten Jahr erschienen Veröffentlichungen mit Bezug zu Frankreich.

Die Herausgeber

Themenschwerpunkt

Zivilgesellschaft in Frankreich, Deutschland und Europa

Zivilgesellschaft in Frankreich, Deutschland und Europa

Stefan Seidendorf

Zum 30. Jubiläum des Frankreichjahrbuchs behandeln wir ein Thema, dem in den deutsch-französischen Beziehungen traditionell ein besonderer Stellenwert zukommt, der Rolle der Zivilgesellschaft (Bock 1998). Schon sehr früh, in der direkten Nachkriegsphase, wurde diese „neue Art" der Beziehungen zwischen Frankreich und Deutschland nicht nur aktiv gefördert (durch die französische Militärverwaltung, Bock 2003:13, Zauner 1994), sondern auch programmatisch definiert und normativ überhöht (Rovan 1945). Die gegenseitige Unkenntnis und die Beschränkung der Beziehungen auf die Begegnungen der offiziellen Repräsentanten (Regierungen, Diplomaten) sollte so überwunden werden. Das Ziel war, über die Einbindung und Organisation zivilgesellschaftlicher Akteure und Strukturen in die bilateralen Beziehungen, die Interessen dieser Akteure zu bündeln und in den politischen Prozess einzuspeisen – ganz ähnlich dem Zusammenhang im Rahmen funktionierender nationalstaatlicher Demokratien, in denen über das Parlament und die Regierung, die Verwaltung und die gesetzlich anerkannten (oder sogar vorgeschriebenen) Interessenvertretungen die Möglichkeit besteht, gesellschaftliche Interessen gebündelt in den politischen Prozess einzuspeisen und gleichzeitig die handelnden Politiker (anlässlich von Wahlen) für die Bedienung dieser Interessen in Verantwortung zu nehmen.

Einen vergleichbaren Gedanken verfolgten die Pioniere des europäischen Integrationsprozesses. Jean Monnet und seine Mitarbeiter waren überzeugt davon, dass die länderübergreifende funktionale Verknüpfung gleichgerichteter oder ähnlicher Interessen (bspw. Stahlarbeiter, Arbeitgeber der Transportindustrie, Landwirte…) dazu führen würde, dass diese gesellschaftlichen Gruppen schon bald nicht mehr in „nationalen" sondern in „funktionalen" Kategorien denken und handeln würden. Der erste Schritt in diese Richtung war 1952 die Europäische Gemeinschaft für Kohle und Stahl (EGKS), die diese beiden Industriezweige unter einem gemeinsamen europäischen Dach zusammenführte. Die Erwartung der Funktionalisten (Mitrany 1966 [1943]) war dabei, dass es über kurz oder lang zu einem „spillover-Effekt" (Haas 1968) kommen würde: einmal vergemeinschaftete Politikbereiche würden weitere Bereiche nach sich ziehen, einfach aus funktionaler Notwendigkeit. Über kurz oder lang wäre dann auch eine Loyalitätsverschiebung von der nationalstaatlichen auf die europäische Ebene zu erwarten. Diese Erwartungen der Neofunktionalisten werden auch heute noch diskutiert (Sandholtz/ Zysman 1989, Schmitter 2003).

Gleichzeitig hat sich in den Europawissenschaften eine eigenständige Forschungsdiskussion entwickelt, die „europäischen Vergesellschaftungstendenzen" nachspürt und die Entstehung einer europäischen Zivilgesellschaft untersucht. Begleitet werden diese empirischen Forschungen von einer normativen Debatte um Potenzial und Gehalt des Begriffes (Kohler-Koch und Quittkat 2011). Dabei steht die Transformation nationalstaatlicher demokratischer Systeme im Zusammenhang des Europäisierungsprozesses im Zentrum des Interesses. Welche Einflussmöglichkeiten haben unterschiedliche Akteursgruppen auf der nationalen und europäischen Ebene, wie sind diese Gruppen in ihren jeweiligen nationalen Gesellschaften konstituiert, und was sind ihre jeweiligen Rollen, bspw. beim „sozialen Dialog" oder in der Sozialpartnerschaft? Wie nutzen oder erleiden die entsprechenden Akteure die neuen europäischen Opportunitätsstrukturen, und welchen Einfluss haben diese auf die Veränderung der existierenden nationalen Institutionen?

Alle diese Entwicklungen und Veränderungen finden gleichzeitig statt und werden, ausgehend von verschiedenen Standpunkten, Forschungsinteressen und –gebieten, untersucht und analysiert.

Grund genug also, diese „Jubiläumsausgabe" dem Thema Zivilgesellschaft in Frankreich und Deutschland zu widmen, ohne sich dabei auf das enge Feld der deutschfranzösischen Beziehungen zu beschränken. Stattdessen stehen vergleichende Studien im Mittelpunkt, die neuere Entwicklungen in der Forschung zu zivilgesellschaftlichen Interessenvertretungen, zur Rolle zivilgesellschaftlicher Strukturen bei der Entwicklung gesellschaftlichen Zusammenhalts, zu Wirtschaftsverbänden und nicht zuletzt zu Fragen des Konzepts „Zivilgesellschaft" und seines politischen Nutzens behandeln.

In seiner Konzeptgeschichte skizziert *Jay Rowell* die Entstehung und den Wandel des Begriffes Zivilgesellschaft, ausgehend von seiner ersten Konjunktur in der von Habermas beschriebenen „bürgerlichen Gesellschaft" des 18. und 19. Jahrhunderts (Habermas 1962). Nach der „Wiederentdeckung" des Konzepts durch osteuropäische Dissidenten und Intellektuelle in Zeiten des Kalten Krieges erfolgte die jüngste Aneignung des Konzepts durch die Organe und Institutionen der Europäischen Union (EU), insbesondere der Europäischen Kommission. Häufig scheinen gerade die Akteure auf der EU-Ebene des politischen Prozesses im Bezug auf und in der Beschwörung der Zivilgesellschaft ein Allheilmittel gegen Politikverdrossenheit, EU-Skepsis und die gefühlte „große Entfernung" zwischen Verwaltung und Bürger zu sehen. Im Laufe der Zeit, wie Rowell zeigt, sind dabei jedoch wichtige Eigenschaften und Facetten des Konzepts verloren gegangen oder haben sich in ihr Gegenteil gewandelt: Ging es im 18. Jahrhundert noch sehr stark um die unternehmerischen und wirtschaftlichen Freiheiten des Bürgers, so wird „Zivilgesellschaft" heute häufig und vor allem in Opposition zum Sektor der organisierten Wirtschafts- und Verbandsvertreter verstanden. Gleichzeitig waren viele Elemente und Verfahren der repräsentativen Demokratien gerade Antworten auf zivilgesellschaftliche Forderungen gegen den Obrigkeitsstaat, und es mutet paradox an, wenn gegen gerade diese Elemente heute „zivilgesellschaftliche" Forderungen nach mehr Partizipation in die Debatte gebracht werden, um den politischen Prozess zu beleben und mit neuer Legitimität auszustatten.

Die folgenden drei Beiträge widmen sich in vergleichender Perspektive empirischen Fragestellungen. Dabei zeigt sich in allen drei Fällen, dass der deutsch-französische Systemvergleich nach wie vor ein fruchtbares Forschungsfeld ist, und sich aus allen drei Kapiteln am Ende die Forderung nach mehr und weiterer empirischer Forschung ergibt. Dies gilt umso mehr, wenn – wie im Fall unserer Beiträge – der deutsch-französische Vergleich vor dem Hintergrund und anknüpfungsfähig an europaweite Fragestellungen erfolgt. Die Verknüpfung der Forschungen zum Ländervergleich mit der weiteren Diskussion um Europäisierung und Transformation der europäischen Nationalstaaten erlaubt eine Ausdifferenzierung der Fragestellungen und eine Systematisierung der möglichen Erklärungsangebote weit über die Gegenüberstellung unterschiedlicher nationaler Systeme hinaus.

Im Beitrag *Sonja Zmerlis* geht es um soziales Kapital und soziales Vertrauen in Frankreich und Deutschland. Ausgehend von konzeptionellen Erläuterungen zur Stabilität von Gesellschaften und die Funktionsweise gerade demokratischer Systeme, entwickelt die Autorin ein Modell, wie dieses Vertrauen durch gesellschaftliches Engagement generiert werden kann und untersucht dann mit neuen Umfragedaten die französische und deutsche Gesellschaft. Dabei zeigt sich insbesondere für den französischen Fall die im Frankreichjahrbuch schon mehrfach beschriebene gesellschaftliche Vertrauenskrise, die die Autorin als tieferliegende (jenseits wirtschaftlicher Konjunktur) politische Krise deutet. Die abnehmende Beteiligungsbereitschaft sowohl an Protestformen, als auch an konventionellen Formen der Partizipation am politischen Prozess, kann sehr wohl einen Trend des Rückzugs aus der politischen Sphäre bedeuten, der sich zukünftig noch weiter fortsetzen könnte. Weiterer Verlust an politischem Vertrauen sowie eine Fortdauer der wirtschaftlichen Krise wären Faktoren, die mittelfristig zu einer Systemkrise in Frankreich führen könnten.

Der nächste Beitrag widmet sich dem großen und wichtigen Bereich der wirtschaftlichen Interessenvertretung in Europa. Während die normative Debatte um Zivilgesellschaft zunehmend die Tendenz zeigt, wirtschaftliche Akteure und Fragestellungen nicht nur auszuschließen, sondern sich explizit „gegen die Wirtschaft" zu konstruieren, ist gerade in Zusammenhang mit der Entstehung von Interessenvertretung auf europäischer Ebene die Rolle von Wirtschaftsverbänden und die Lobbyaktivitäten großer Unternehmen von wichtiger Bedeutung. Der vorliegende Beitrag von *Christine Quittkat* hat die Besonderheit, dass er nicht nur aus einer synchron vergleichenden

Studie (mehrerer europäischer Staaten) hervorgegangen ist, Frankreich demnach nicht als Einzelfall untersucht wird, sondern dass die Arbeit gleichzeitig das Ergebnis eines diachronen Vergleichs über mehr als zehn Jahre darstellt. Nur so lässt sich systematisch untersuchen, welche Veränderungen und Transformationen an den „national" geprägten Formen der Interessenvertretung von Verbänden und Unternehmen sich unter dem Einfluss der europäischen Integration ergeben haben. Sowohl die Übertragung der bewährten „französischen" Strategien auf die europäische Ebene, als auch gegenseitige Lernprozesse der verschiedenen nationalen Modelle kann die Autorin zeigen. Gleichzeitig bleibt im Fazit die anhaltende Bedeutung der nationalen Prägungen festzuhalten.

Auch der folgende Beitrag widmet sich einer empirischen Untersuchung. Im Mittelpunkt stehen die Veränderungen an den Sozialversicherungssystemen in Deutschland und Frankreich, insbesondere die Entwicklung der Rolle nicht-staatlicher Akteure. Dabei zeigen *Louise Lartigot-Hervier* und *Patrick Hassenteufel* zunächst, dass die in der heutigen tagespolitischen Debatte wahrgenommenen großen Unterschiede zwischen beiden Systemen – das angeblich reformunfähige und durch eine anhaltende „Krise" gekennzeichnete französische Sozialversicherungssystem und das angeblich reformierte, dynamische und heute scheinbar effiziente deutsche System der Nach-Schröder-Ära – relativiert werden müssen. Beide Systeme fallen zunächst in die gleiche Kategorie der konservativ-korporatistischen Wohlfahrtsstaaten (Esping-Andersen 1990). Und in beiden Systemen zeigt sich in den letzten Jahrzehnten das zunehmende Bemühen der politischen Akteure, die eigentlich verantwortlichen gesellschaftlichen Kräfte in ihren Freiheiten zu beschränken und zu steuern. Dabei stößt die Politik in beiden Gesellschaften auf den Einfluss und die Macht korporatistisch organisierter Akteure und es bleibt jeweils zu fragen, welchen gesellschaftlichen Nutzen beziehungsweise welche Probleme sich aus Reform oder Beibehaltung der etablierten Systeme ergeben.

In einem weiteren Perspektivenwechsel widmen sich die letzten beiden Beiträge des Schwerpunktthemas Erfahrungen bei der praktischen Umsetzung des Paradigmas zivilgesellschaftlicher Partizipation. Aus Sicht der hohen Beamtin beschreibt *Selma Mahfouz* den neuartigen Ansatz, auf den der Thinktank des französischen Premierministers für eine Studie zurückgriff. *France Stratégie*, das alte *commissariat au plan*, hat am 25. Juni 2014 in Paris und einen Tag später bei der Deutschlandpremiere in Ludwigsburg die Ergebnisse der vom Präsidenten in Auftrag gegebenen Studie „Frankreich in zehn Jahren" vorgestellt. Neben den Ergebnissen ist vor allem auch die Methode interessant: Wie können gesellschaftliche Trends und Herausforderungen über so einen langen Zeitraum prognostiziert werden? Und wie kann die Debatte über diese Herausforderungen strukturiert werden? Der Gefahr, politisch einseitig zu argumentieren, hat sich *France Stratégie* entzogen, indem ein breit angelegter Konsultations- und Feedbackprozess die verschiedensten gesellschaftlichen Kräfte konkret einbezogen und diese Ergebnisse gleichzeitig in den digitalen Raum gespiegelt hat.

Abschließend kehrt der Band zur deutsch-französischen Zivilgesellschaft zurück. Nicht, um deren Akteure und Netzwerke in einem weiteren Beitrag zu beschreiben und zu analysieren. Vielmehr geht es darum, aus Sicht eines Praktikers – des langjährigen Vorsitzenden der *Fédération des Associations Franco-Allemandes* (Verband der deutsch-französischen Gesellschaften) in Frankreich *Hans Herth* – die Frage des Generationenwandels in den deutsch-französischen Beziehungen zu stellen. Als Praktiker schlägt Herth einen konkreten Weg vor, wie sich die deutsch-französische Zivilgesellschaft durch eine digitale Agenda eine weitere gesellschaftliche Dimension erschließen und so neue Aktualität erlangen könnte. Der eingangs formulierte Gedanke aus der Nachkriegszeit, zivilgesellschaftlichen Organisationen neben den offiziellen politischen Vertretern eine Rolle in den bilateralen Beziehungen einzuräumen, wird so weitergedacht: Über ein soziales Netzwerk im Internet könnte der Kontakt zwischen den Bürgern nicht nur direkt und unkompliziert, sondern unabhängig von staatlichen und öffentlichen Einrichtungen stattfinden. Die gesamte skizzierte Debatte über die Definition und die Rolle von Zivilgesellschaft stellt sich damit auch im Fall der deutsch-französischen Beziehungen neu.

Literatur

Bock, Hans-Manfred (2003): „Private Verständigungs-Initiativen in der Bundesrepublik Deutschland und in Frankreich 1949 bis 1964 als gesellschaftliche Entstehungsgrundlage des DFJW", in: ders. (Hrsg.): Deutsch-französische Begegnung und europäischer Bürgersinn. Studien zum Deutsch-Französischen Jugendwerk 1963-2003 (Frankreich-Studien 7), Opladen: Lese und Budrich, S. 13-37.

Bock, Hans-Manfred (Hrsg. 1998): Projekt deutsch-französische Verständigung. Die Rolle der Zivilgesellschaft am Beispiel des Deutsch-Französischen Instituts in Ludwigsburg, Opladen: Leske und Budrich.

Esping-Andersen Gøsta (1990): The three worlds of welfare capitalism, Princeton: Princeton University Press.

Haas, Ernst B. (1968): The Uniting of Europe, (2. Aufl.) Stanford: Stanford University Press.

Habermas, Jürgen (1962): Strukturwandel der Öffentlichkeit. Untersuchungen zu einer Kategorie der bürgerlichen Gesellschaft, Berlin: Luchterhand.

Kohler-Koch, Beate/*Quittkat,* Christine (2011): Die Entzauberung partizipativer Demokratie. Zur Rolle der Zivilgesellschaft bei der Demokratisierung von EU-Governance, Frankfurt: Campus.

Mitrany, David (1966 [1943]): A Working Peace System, Chicago: Quadrangle Books.

Rovan, Joseph (1945): „L'Allemagne de nos mérites", in: Esprit 11, S. 529-540.

Sandholtz, Wayne/*Zysman,* John (1989): „1992 – Recasting the European Bargain", in: World Politics 42:1, 95-128.
Schmitter, Philippe (2004): „Neo-Neo-Functionalism", in: Antje Wiener, Thomas Diez (eds.): European Integration Theory, Oxford: Oxford University Press, S. 45-73.
Zauner, Stefan (1994): Erziehung und Kulturmission. Frankreichs Bildungspolitik in Deutschland 1945-1949, München: R. Oldenbourg.

Eine kritische Diskussion der Schlüsselkonzepte: Zivilgesellschaft, Partizipation und Demokratie[1]

Jay Rowell

Das Konzept der Zivilgesellschaft erlebt derzeit eine spektakuläre Konjunktur, genauer die Wiederkehr einer Konjunktur: Nachdem das Konzept in Mitteleuropa in den 1970er Jahren wiederentdeckt wurde, wird es seit den 1980er Jahren auch in den westlichen Demokratien (und darüber hinaus) in immer weiteren Zusammenhängen benutzt (Keane 1998). Die damit verbundenen semantischen Verschiebungen, zu denen man auch Begriffe wie *governance, governing by contract*, Neue Soziale Bewegungen, Nichtregierungsorganisationen (NGOs), das Interesse an „Sozialkapital" oder „Vertrauen" (Putnam 2002) zählen kann, steht für die Entwicklung eines kognitiven Prismas, das bisher jedoch diffus und instabil bleibt. Es entstand, um die Neuverhandlung der Beziehungen zwischen Staat, Gesellschaft, Wirtschaft und Bürgern im nationalen und zunehmend im internationalen oder subnationalen Kontext zu erfassen.

Der Erfolg des Konzepts, aber bis zu einem gewissen Grade auch seine mangelnde Präzision und Ambivalenz, können dabei ohne Zweifel dem Gebrauch, den nichtstaatliche Akteure selbst von dem Begriff „Zivilgesellschaft" machen, zugeschrieben werden. Das umfasst auch seine Benutzung in vielen gesellschaftlichen Teilbereichen, besonders in den Sozialwissenschaften, im Journalismus, durch engagierte Intellektuelle, aber auch durch Politiker und Verwaltungsakteure der nationalen Ebene, und vielleicht noch wichtiger, durch internationale Organisationen wie die Weltbank oder die EU (de Lassalle und Georgakakis 2012). Man könnte argumentieren, dass die gegenwärtige Konjunktur des Begriffes „Zivilgesellschaft" zu tun hat mit der Diagnose, dass bisher existente Semantiken zur Erfassung gesellschaftlicher und politischer Institutionen und ihrer Ausgestaltung die heute damit verbundenen sozialen Phänomene nicht mehr akkurat bezeichnen. Entsprechend verschwindet das Vertrauen, dass die „alten" gesellschaftlichen Institutionen die Beziehung zwischen Individuen, dem Kollektiv und dem Politischen noch akkurat ausdrücken können.

---

[1] Die empirischen und theoretischen Grundlagen dieses Beitrags beziehen sich auf Rowell und Zimmermann 2006, Rowell und Zimmermann 2007, Rowell und Saint Gille 2010.

Diese Diagnose ist gut etabliert und kann durch einige Schlüsselworte zusammengefasst werden: Krise des Wohlfahrtsstaats, die nicht nur materiell, sondern auch philosophisch ist; Krise und Niedergang der „alten" Formen gesellschaftlicher Repräsentation und ihrer Institutionen: Gewerkschaften, Arbeitgeberverbände, Kirchen, parlamentarische Demokratie, die Familie... die alle als zu unbeweglich, zu wenig repräsentativ, zu korporativ, zu sehr „jenseits" der schnell sich verändernden Realität gelten; Krise des Nationalstaats und die Entstehung eines über mehrere Ebenen verteilten Governance-Systems (*multilevel governance*); Krise einer zu weit von den Sorgen normaler Bürger entfernten politischen Elite, und ein Niedergang der traditionellen Partizipationsformen im politischen Prozess.

Dies sind alles wohlbekannte Themen, die hier keiner weiteren Erörterung bedürfen. Der entscheidende Punkt ist jedoch, dass die Entstehung der zivilgesellschaftlichen Semantik als analytischem Instrument, um den Raum zwischen der privaten, der wirtschaftlichen und der politischen Sphäre zu beschreiben, nicht nur möglich wurde durch die Erosion anderer Worte und Konzepte, die die gegenwärtigen Veränderungen zu erfassen versuchen. Vielmehr erklärt sich die Entstehung dieser Semantik auch aus der systematischen Gegenüberstellung von „alt" und „neu", die den analytischen mit dem normativen Aspekts des Konzepts verbindet; Innovation versus Beharrung und Widerstand gegen Veränderungen; horizontale anstelle vertikaler Beziehungen; Kreativität anstelle von Rigidität; Reaktivität und Geschwindigkeit anstelle von „Langsamkeit" und Konservativismus; Partizipation versus Delegierung; Autonomie und Selbstverwirklichung versus Abhängigkeit und Hierarchie; Auto-Organisation versus Kooptation; und diese Liste ließe sich noch fortschreiben[2]. In anderen Worten haben diese verschiedenen semantischen Register vielfältige Interpretationsmöglichkeiten für ein Konzept eröffnet, das für verschiedene Menschen verschiedene Bedeutungen hat: Zivilgesellschaft wird von gesellschaftlichen (und politischen) Akteuren benutzt, die im Wettbewerb miteinander

---

2   Die unentwirrbare Beziehung zwischen der analytisch und der positiv konnotierten normativen Dimension des Konzepts und die Tatsache, dass die meisten Definitionsversuche nicht damit beginnen zu sagen, was Zivilgesellschaft ist, sondern eher, was sie nicht ist (z.B. nicht-staatliche und nicht-ökonomische Akteure, siehe Habermas) führt zu der problematischen Frage, ob Gruppen, die dieser Definition entsprechen, die sich jedoch auf Werte berufen, die den positiv konnotierten analytischen/ normativen Ableitungen des Konzepts nicht entsprechen, von der Definition ein- oder ausgeschlossen werden sollen (bspw. religiöser Fundamentalismus, Stammesorganisationen, *Communities* oder die Mafia). Versuche, die Definition durch Betonung von Kriterien wie „Selbst-Reflexivität" oder „offene" Entscheidungsprozesse oder Partizipationsmöglichkeiten zu verfeinern, könnten eine Lösung für dieses Problem sein. Sie riskieren aber eine arbiträre Abgrenzung und bleiben damit problematische ad-hoc-Theoretisierung. Wesentlich erscheint nicht die Existenz einer Typologie oder einer a-priori-Definition dessen, was Zivilgesellschaft ist oder nicht ist, sondern der Prozess, durch den neue soziale Semantiken entstehen, der Raum für historische Zufälligkeiten lässt und zu verstehen erlaubt, wie viele der „alten" sozialen Institutionen und Organisationen selbst die Semantik der Zivilgesellschaft übernommen haben, um der Erosion ihrer bisher bestehenden Legitimitätsbasis zu begegnen.

stehen. Ebenso aber auch von denen, die ihre Rolle darin sehen, gesellschaftliche und politische Veränderungen sichtbar zu machen und zu analysieren. Ohne soweit zu gehen, dem verschiedenartigen Gebrauch des Konzepts eine performative Funktion zuzuschreiben, bleibt doch festzuhalten, dass die Ersetzung „alter" durch „neue" Semantiken keine neutrale Operation darstellt[3]. Vielmehr hat diese Operation die Neugestaltung der Art und Weise, wie wir über das Verhältnis und die Beziehung zwischen Privatem und Öffentlichem denken, begleitet und vielleicht sogar beschleunigt.

Die Zuflucht zur Zivilgesellschaft bietet also normative Ressourcen und Prozeduren an, die Versprechungen individueller Freiheiten auszudehnen und das Soziale wieder in einen politischen Zusammenhang einzubetten. Zusammengefasst werden zivilgesellschaftliche Logiken und Mechanismen als wesentlich dafür angesehen, die wachsenden Schwächen repräsentativer Demokratie zu kompensieren und so sowohl der Demokratie ihren Zauber zurückzugeben, als auch politische Partizipation zu begünstigen.

Um die genannten Punkte zu diskutieren, werde ich zunächst kurz die Geschichte (Kocka 2004) eines Konzepts (unter mehreren anderen) untersuchen, das versucht, die Beziehungen zwischen dem Individuellen, dem Gesellschaftlichen und dem Politischen zu erfassen. Dabei werde ich zeigen, dass dieses Konzept, wie es in den 1980ern wieder erfunden wurde, eine radikale Kritik an der „organisierten Moderne" (Wagner 2008) und ihren repräsentativen Institutionen mit ihrer auf dem Mehrheitsprinzip basierenden Legitimität ausdrückte. Im zweiten Teil werde ich dann herausarbeiten, wie die Mobilisierung von zivilgesellschaftlichen Grammatiken und Prozeduren, welche eigentlich als Re-Legitimierung existierender politischer Strukturen gedacht war, letztendlich gewisse Risiken und Paradoxien beinhalten könnte, die am Ende die Strukturen repräsentativer Demokratie und ihre zugrunde liegenden sozialen Institutionen sogar schwächen könnten.

1. Die Wiedererfindung der Zivilgesellschaft

Zivilgesellschaft, wie sie im 18. Jahrhundert theoretisiert worden war, bezeichnete einen Raum des Austausches zwischen der politischen und der privaten Sphäre im Rahmen eines Systems, das sich als Alternative zu den absolutistischen Monarchien sah. Die Erfindung dieses intermediären Raumes zwischen dem Individuum und der politischen Macht war als ein notwendiges Bollwerk zum Schutz individueller

---

3   Wie der mitteleuropäische Gebrauch des Konzepts der Zivilgesellschaft in den 1970er und 1980er Jahren zeigt, enthält der Signifikant „Zivilgesellschaft" ein machtvolles normatives und praktisches Potenzial, um andere gesellschaftliche Grammatiken zu zerrütten und echte Auswirkungen auf der Ebene des Signifikats (des Bezeichneten) zu erzeugen.

Freiheiten, bspw. der Unternehmerfreiheit oder der Freiheit der Meinungsäußerung, erdacht worden. Das Konzept vermittelte die utopische Idee einer befriedeten Gesellschaftswelt, die auf zwei Pfeilern ruhte: Konfliktregulierung durch die friedliche Konfrontation rationaler Argumente im öffentlichen Raum einerseits (Habermas 1962); die Befriedung individueller Leidenschaften durch die Erleichterung individuellen Strebens nach wirtschaftlichem Gewinn andererseits (Hirschman 2001). Die Strukturierung des intermediären Zwischenraums liegt in der Verantwortung der Individuen, die ihre sozialen Beziehungen unabhängig von staatlichem Eingriff organisieren. Das Konzept theoretisierte dadurch also eine vom Staat unabhängige Existenz von Gesellschaft und Individuen. Im Zentrum dieser Behauptung eines autonomen Bereichs gesellschaftlichen Austauschs standen wirtschaftliche Freiheiten und der rationale Ausdruck pluraler Interessen. Mit dem Aufstieg des Wirtschaftsbürgertums im 18. und 19. Jahrhundert in Europa wurde Zivilgesellschaft bis in die Mitte des 19. Jahrhunderts zum vorherrschenden Ansatz, um Beziehungen zwischen Individuum, Politik und Wirtschaft zu konzeptualisieren (Keane 1998: 31ff.).

Allerdings schufen ab Mitte des 19. Jahrhunderts eine Reihe radikaler Transformationsprozesse, wie die wachsende Verbreitung des allgemeinen Wahlrechts für Männer, die zunehmende Anzahl lohnabhängiger Beschäftigungsverhältnisse, Urbanisierung und technische Revolutionen in Handel, Kommunikation und im Verkehrswesen eine Sinn- und Verständniskrise, die die Entwicklung der modernen Sozialwissenschaften nach sich zog (Colliot-Thélène und Kervégan 2002). Damit entstanden neuartige Vorstellungen über die Beziehung zwischen Individuen und gesellschaftlichen oder politischen Kollektiven (Polanyi 1983), die zur fortschreitenden Marginalisierung von Bürgerlicher, Bürger- oder Zivilgesellschaft führten. Diese Sinn- und Verständniskrise und die neuartigen Vorstellungen von kollektiven Interessen und Identitäten wurden in Europa als Probleme nationaler und sozialer Integration neu verhandelt (Heilbron 1995). Sie führte zu neuen Formen staatlicher Intervention sowie zur Schaffung gesellschaftlicher Einrichtungen, welche die Stabilisierung kollektiver Identitäten anstrebten (Gewerkschaften, politische Parteien, Genossenschaften, Kooperativen...) (Wagner 2001). Das Konzept der „Zivilgesellschaft" wurde von den Konzepten „Gesellschaft" und „gesellschaftliche Ordnung" in den Schatten gestellt, während (in Peter Wagners Terminologie) die „liberale Moderne" durch die „organisierte Moderne" ersetzt wurde. Die Geschichte der „organisierten Moderne" ist die Geschichte der fortschreitenden Konsolidierung des Nationalstaates als politischer Struktur und organisatorischem Rahmen einer Gesellschaft, deren Grenzen zunehmend mit den Grenzen des Nationalstaats zusammenfallen.

In Deutschland war das Kaiserreich der Schlüsselmoment dieser Entwicklung. Angesichts der gleichzeitigen Prozesse nationaler Vereinigung und industrieller und kapitalistisch-ökonomischer Entwicklung zeichnete sich das späte 19. Jahrhundert durch die Suche nach neuen Möglichkeiten aus, das Staatsgebiet und das Handeln der öffentlichen Hand zu strukturieren. Dies geschah unter dem Eindruck der Herausforderungen, die von den neuen geographischen und wirtschaftlichen Realitäten ausgingen. Eines der Hauptprobleme betraf dabei die Frage, wie neuartige Beziehungen zwischen dem Individuum und dem Kollektiv etabliert werden konnten. Dies wurde kritisch in einer Situation, in der die hohe Geschwindigkeit des wirtschaftlichen und demografischen Wandels die bisher etablierten gesellschaftlichen Beziehungen, insbesondere die auf Kaufmannsverbünden und Zunftwesen basierende soziale Landschaft in Frage stellten. Das Problem der Integration der Arbeiterklasse sowie das Problem des Zugangs zur politischen Sphäre für die frisch emanzipierten Wähler wurde durch die politische Organisierung der Arbeiterbewegung ein Risiko für die etablierte politische Ordnung. Die Vereinsbewegung und weitere gesellschaftliche Formen der Auto-Organisation waren außerordentlich lebhaft und vielfältig (Nipperdey 1983), aber da diese Einrichtungen keinen signifikanten Zugang zu den politischen Instanzen, insbesondere nicht zum neu geschaffenen Zentralstaat, gewinnen konnten, wurde die Frage der Rolle der Vereine in ihrer Verbindung zu den staatlichen Strukturen problematisiert. Obwohl das Konzept der „Zivilgesellschaft" als solches nicht benutzt wurde, kam es doch zu einer lebhaften Auseinandersetzung zwischen Befürwortern staatlicher Intervention zur Lösung der „sozialen Frage" einerseits und denjenigen, die im Gegenteil auf gesellschaftliche Selbsthilfegruppen auf verschiedenen Ebenen setzten. Die Begrifflichkeiten der Debatte unterschieden deshalb zwischen *Staatshilfe*, das von den Konservativen bevorzugte Programm, und *Selbsthilfe*, welche von den Liberalen und bestimmten Gruppierungen innerhalb der Arbeiterbewegung (Kooperativen und Genossenschaften) vertreten wurde. Diese Debatte wurde selbst jedoch wieder gerahmt durch ein übergeordnetes Thema, die Definition der Grenzen zwischen Staat, Wirtschaft und Gesellschaft, zu dieser Zeit instabile Kriterien, die sich an dieser historischen Weggabelung herausbildeten. Die Fragen, die sich um die Abgrenzung zwischen diesen unterschiedlichen Sphären herauskristallisierten, waren ihrerseits um das Problem herum strukturiert, wie groß der Grad an Autonomie des Politischen sein sollte: entweder als eine übergeordnete Struktur, die der Gesellschaft „extern" war, oder als Teil des gesellschaftlichen Handelns, mit dieser organisch verbunden, „gerüstet" mit Hebeln, die die als „soziale Fragen" konstruierten Probleme lösen konnten. Das Kaiserreich kann deshalb als ein zweigleisiger Prozess charakterisiert werden: Einerseits als ein Prozess, in dem die soziale Welt als kollektiver Raum eingerichtet wurde, der durch öffentliches Handeln reguliert wurde; andererseits als eine Situation, in der über die Schaffung einer politischen Sphäre die Möglichkeit geschaffen wird, in gesellschaftlichen Konflikten zu vermitteln.

Es ist nun genau dieser doppelte Charakter, der heute durch die Zivilgesellschafts-Semantik teilweise wieder in Frage gestellt wird. In der gegenwärtigen Neu-Verhandlung der kollektiven Identitäten und Mechanismen der politischen Vertretung gesellschaftlicher Interessen wird das „Soziale" implizit im Widerspruch konstruiert zum „Zivilgesellschaftlichen", so zum Beispiel in der gegenwärtigen Wohlfahrtsstaatskritik in Deutschland[4].

Die Geschichte des „Sozialen" kann auch erzählt werden als ein Ende des 19. Jahrhunderts beginnender Prozess der Homogenisierung individueller Identitätsentwürfe, und damit einhergehend politischer und wirtschaftlicher Praktiken, um die zentralen Ordnungsprinzipien von „sozialer Klasse" und „Nationalstaat" herum. Und schließlich ist diese Geschichte auch charakterisiert durch eine zunehmende Standardisierung und Normierung, die die Reduzierung von Unsicherheit beabsichtigte (für den Lohnempfänger durch sozialstaatliche Einrichtungen, für gesellschaftliche und politische Akteure durch die Berechenbarkeit, die sich aus institutionalisierten Orten des politischen Handelns ergibt), dabei aber gleichzeitig die Vielfalt möglicher gesellschaftlicher Handlungs- und Interpretationsmöglichkeiten reduzierte. Die derzeitige Diagnose einer Krise dieses Modells, die wir in der Einleitung skizziert haben, ist deshalb nichts anderes als eine Krise der spezifischen Art gesellschaftlicher Organisation, welche auf den Prinzipien von sozialer Klasse und Nation basierte. Eine ganze Reihe gegenwärtiger Transformationen kann verbunden werden mit der Erosion dieser beiden konstitutiven gesellschaftlichen Organisationsprinzipien. Über die Erosion der Legitimität gesellschaftlicher Einrichtungen, Konventionen und der institutionellen Ordnung hinaus, welche die „organisierte Modernität" ausmachten, üben sie einen Dominoeffekt auf die Grundlagen kollektiver Identität aus. Der moderne Nationalstaat wurde zwischen 1850 und 1970 geschaffen als Instanz des Ausgleichs zwischen heterogenen und oft konträren politischen, gesellschaftlichen und ökonomischen Interessen. Seit den 1970er Jahren, angesichts der zunehmenden Internationalisierung von Handelsströmen und der wachsenden geografischen Entflechtung zwischen Produktionsstätten und materiellen und intellektuellen Güterströmen, zeigt sich die zunehmende Unfähigkeit des Nationalstaats, diese konträren Interessen zu organisieren und zu versöhnen. Das Konzept der Zivilgesellschaft könnte in diesem Zusammenhang in der Tat auf fruchtbaren Boden fallen, es wurde aber bereits von den politischen Dissidenten in Osteuropa in den 1970er Jahren vereinnahmt und als kritisches Instrument zur Befreiung von diktatorischer Herrschaft aufgegriffen.

Als Folge der fehlgeschlagenen inneren Reformen der staatssozialistischen Systeme in den 1960er Jahren und einer zunehmenden internen Stagnation arbeiteten kritische Intellektuelle in Polen und der Tschechoslowakei an einer Wiederentdeckung des

---

[4] Der Verfasser unterscheidet hier und an anderen Stellen im Englischen zwischen „social" und „civil" oder „civic", was sich so nicht ins Deutsche übertragen lässt, da hier nur ein Wort (Bürger/bürgerlich) zur Verfügung steht, um sowohl die wirtschaftliche, wie gesellschaftliche und (staats-)bürgerliche Dimension menschlicher Existenz im Kollektiv auszudrücken (Anm. d. Übers.)..

Konzepts der Zivilgesellschaft, um individuelle Rechte und einen autonomen Raum gesellschaftlicher Organisation einzufordern und so das Monopol politischer Kontrolle der kommunistischen Parteien anzufechten. Das Konzept wurde also benutzt als ein kritischer Hebel in Richtung des Staates und seiner bürokratischen Übergewichte. Gleichzeitig wurde die wirtschaftliche Facette des Begriffs, die für das Verständnis von Zivilgesellschaft im 18. und 19. Jahrhundert zentral war, nicht mehr betont. Dies könnte erklären warum, nach einer erneuten Migration des Begriffs in die westlichen Demokratien, Zivilgesellschaft als doppelte Opposition definiert wird, gegen den Staat und den wirtschaftlichen Sektor.

Das Konzept „migrierte" also nach Westeuropa, wo es als Kritik an der überbordenden staatlichen Bürokratie genutzt wurde. Der Vorteil des Konzepts lag dabei darin, dass es sowohl von konservativen Kräften vereinnahmt werden konnte, die darauf zielten, den Staat abzubauen, um Individualismus und wirtschaftliche Liberalisierung voranzutreiben, als auch von der reformerischen Linken, die die Grammatik der Zivilgesellschaft mobilisierte als eine Kritik an der Bürokratisierung aller Lebensbereiche, wodurch individuelle Initiativen behindert, die Gesellschaft entpolitisiert und eine allgemeine Passivität geschaffen würden, die zu einem Mangel an gesellschaftlichem Engagement führten. Im Gegensatz zu den Wirtschaftsliberalen wurde das Konzept links der Mitte so verstanden: Die Schaffung eines gesellschaftlichen Raumes, der sowohl vor staatlichen Zugriffen, wie vor dem Übergriff von Marktmechanismen in alle Lebensbereiche geschützt und so gewissermaßen eine excessive kapitalistische Entwicklung kompensieren sollte.

Der Zusammenfluss der normativen und der analytischen Dimension zivilgesellschaftlicher Diskurse enthält ein subversives Potenzial, das in Osteuropa in den 1980er Jahren fassbar wurde, als es eine radikale Alternative zum staatssozialistischen Projekt anbot. Als das Konzept auf die westlichen Demokratien angewandt wurde, zielte seine kritische Stoßrichtung darauf ab, die Politikverdrossenheit zu bekämpfen und politische Partizipation zu erneuern und auszuweiten. Die wichtigste praktische Konsequenz liegt deshalb in der Förderung deliberativer und partizipativer Formen der Teilhabe jenseits existierender repräsentativer Strukturen. Im Gegensatz zum ursprünglichen Verständnis des Begriffes schließen zivilgesellschaftliche Prozeduren hier Wirtschaftsakteure aus, mit der bemerkenswerten Ausnahme der Europäischen Union (EU), die ein umfassendes Verständnis von Interessenvertretern hat, welche in policy-Debatten zu integrieren sind. Ausgenommen in der EU, herrscht eine nicht-staatliche, nicht-ökonomische Definition des Konzepts, die konsequenterweise Unternehmerverbände und Wirtschaftslobbyisten, Gewerkschaften und politische Clubs oder Parteien ausschließt oder versucht, Gegengewichte dazu zu bilden (Offerlé 2003). Institutionelle Konstellationen, die gesellschaftliche Gruppen und Interessen durch die institutionalisierende Rolle des Staates zu stabilisieren suchen, werden entsprechend radikal in Frage gestellt.

2. Risiken und Ambivalenzen zivilgesellschaftlicher Praktiken und Normen

Diese Neuordnung der Beziehungen zwischen Individuen, kollektiven Identitäten und Politik durch „Zivilgesellschaft" und die damit verbundenen Begriffe (*Governance*, deliberative Demokratie, *Stakeholder*-Prinzip, Partizipation, Selbstorganisation, etc...) wird gemeinhin als Mittel präsentiert, um Regierung durch Partizipation zu verbessern, größeren Pluralismus zu gewährleisten und gesellschaftliche Gruppen zu stärken, die von auf Mehrheitsprinzip basierenden Institutionen ausgeschlossen würden.

Die Legitimität deliberativer Institutionen basiert auf dem Prinzip, alle möglichen Meinungen und alle Interessenvertreter in einen Prozess einzuschließen, an dem jeder Teilnehmer durch den rationalen Austausch von Argumenten teilhaben kann und der auf das Ergebnis eines breiten Konsenses zielt. Obwohl es Versuche gegeben hat, solche Institutionen zu formalisieren und zu verregeln (Politix 2007, und in völlig anderem Zusammenhang Europäische Kommission 2001), hängt ihr Erfolg doch von der ständigen Mobilisierung der Bürger ab und gerade nicht von der Existenz materieller oder symbolischer Gegenleistungen, die in repräsentativen Organisationen das Interesse und Engagement der Beteiligten gewährleisten. Im Prinzip können alle Mitglieder der Gesellschaft an einem Deliberationsprozess partizipieren und Diskussion und Kommunikation sind die ausschließlichen Teilhabeformen zwischen formal gleichen Partnern. Man kann also sagen, dass Zivilgesellschaft eine Umgestaltung des Zugangs zum politischen Entscheidungsprozess bedeutet, indem sie die Rolle von Institutionen als „Flaschenhals", die den Zugang regulieren, marginalisiert. Außerdem verflüssigt sie die bereits existierenden gesellschaftlichen und politischen Kategorien und Einrichtungen und die demokratische Öffentlichkeit wird geöffnet für die Deliberation über neue Themen in neuen Foren. Wenn man sich jedoch den Resultaten zuwendet, so könnte man argumentieren, dass die zunehmende Verbreitung der für zivilgesellschaftliches Engagement charakteristischen Prozeduren die gesellschaftliche Basis und die Verfahren der auf Mehrheitslogik beruhenden repräsentativen Institutionen (Wahlen, Parlamentsdebatten und -abstimmungen, kollektive Mobilisierung) durch „repräsentative" ökonomische oder gesellschaftliche Institutionen, Demonstrationen, etc. weiter schwächt. Gleichzeitig gelingt es diesen „zivilgesellschaftlichen" Verfahren jedoch nicht, neue kollektive Kategorien zu produzieren, die stabil und solide genug wären, um als Fundament öffentliches Handeln zu untermauern.

In politischen Räumen mit nur schwach ausgebildeten repräsentativen und auf dem Mehrheitsprinzip beruhenden Institutionen, wie etwa in der EU oder in supranationalen Organisationen, haben die Versuche, das „demokratische Defizit" zu überwinden, zu Bemühungen geführt, die Zivilgesellschaft zu einem hohen Grad einzubeziehen. Wie gut die Absichten hinter diesen Reformen auch gewesen sein mögen, haben sie in der Praxis jedoch vor allem zur Institutionalisierung von Interessengruppen geführt mit dem Ziel, stabile und legitime Verhandlungsarenen zu schaffen. Dies birgt das Risiko, dass zivilgesellschaftliche Bewegungen instrumentalisiert werden und in Abhängigkeitsverhältnisse geraten, zum Beispiel wenn die EU-Kommission Interessengruppen finanziert und unterstützt, die spezifische gesellschaftliche Gruppen repräsentieren (Dehousse 2004, Nanz und Smismans 2005). Das zweite Problem betrifft die Auswahl der Interessenvertreter (*stakeholder*) in einer Situation, in der es eben nicht mehr das „numerische Gewicht" eines Akteurs ist, das darüber entscheidet, wer legitimerweise an einer Diskussion über politische Alternativen teilnehmen darf. Fehlt das Argument der repräsentativen Größe einer Gruppe, ist oft die Fähigkeit eines Akteurs entscheidend, ständige Interessenvertretungen zu organisieren und zu finanzieren mit spezialisiertem Personal, was dann zu Ungleichheiten aufgrund von organisatorischen oder finanziellen Fähigkeiten führt.

Auf einer eher lokalen Beobachtungsebene entspricht das Ideal der Partizipation individueller Bürger bei weitem nicht der Realität: Unterschiede in Ausbildung, politischem Bewusstsein und der Fähigkeit, sich öffentlich zu präsentieren, führen zu tiefgehenden Ungleichheiten mit Auswirkungen auf die Wahrscheinlichkeit einer Teilnahme. In diesen Unterschieden verkörpern sich versteckte Formen von Autorität, die auf Expertentum und Bildungskapital beruhen. Anders gesagt, benötigt deliberative Demokratie also ein hohes Niveau an Kompetenz und politischem Interesse auf Seiten der Bürger, wobei jedoch alle verfügbaren Studien auf eine tiefgehende Ungleichheit hindeuten, wenn es um die Fähigkeiten zur Teilhabe und zur Mobilisierung der nötigen Ressourcen geht, um die eigene Meinung hörbar zu machen (Nanz und Steffek 2005)[5].

Per Definition gibt es keine Möglichkeit, sicherzustellen, dass die Beiträge unterschiedlicher Akteure einbezogen werden. Dahinter verstecken sich die asymmetrische Verteilung von Ressourcen und Macht, die konstitutiv für die Interaktion zwischen Menschen sind. Die Ablehnung des Prinzips mehrheitsbasierter Legitimität, aus dem sich die Opposition zwischen Mehrheit und Minderheit ergibt, und der Versuch, es durch einen stärker konsensorientierten, entpolitisierten Stil des öffentlichen Diskurses zu ersetzen, hat außerdem unzweifelhaft und paradoxerweise zur Entwicklung eines stärker expertenbasierten und technokratischen Stils in politischen Debatten geführt. Die EU erscheint hierfür als wichtiger Beleg, da sie einen entpolitisierten, konsensualen Diskurs kombiniert mit zivilgesellschaftlichem Zugang, der auf der Einbeziehung von Interessengruppen und Experten fußt. Dies hat dazu geführt, dass die EU normalen Bürgern noch entfernter und komplexer erscheint. Die Politisierung einer Angelegenheit, ideologische Kontroversen, Konfrontation zwischen der politischen Mehrheit und der

---

5   Patricia Nanz und Jens Steffek haben vorgeschlagen, die demokratische Qualität einer deliberativen Einrichtung über die folgenden Kriterien zu erheben: Zugang zur Deliberation, Transparenz von und Zugang zu allen relevanten Informationen, die Einbeziehung aller Gesichtspunkte.

Minderheit, die beide verschiedene gesellschaftliche Gruppen repräsentieren, sorgen jedoch üblicherweise für politisches Drama. Und dieses ist ein machtvoller Faktor, um das Interesse und das Engagement von Bürgern für Politik zu gewinnen.

Die Schwächung kollektiver Akteure, wie Gewerkschaften oder anderer repräsentativer Organisationen, und die Betonung des Individuums schwächt dabei die Fähigkeit vieler Bürger weiter, sich und ihre Interessen im gesellschaftlichen und politischen Raum zu positionieren, was die Wahrscheinlichkeit politischer Partizipation weiter reduziert und die Fähigkeit, Interessen und Positionen zu komplexen Themen zu artikulieren, schwinden lässt (Callon, Lascoumes, Barthes 2001). Inzwischen hat der zivilgesellschaftliche Diskurs in vielen politischen und administrativen Strukturen starke Spuren hinterlassen, etwa wenn von *Governance*, von *Contractualizing*, von *public/private partnerships* oder der *open method of coordination* gesprochen wird. Dies wirft die Frage auf, ob die Grenze zwischen Staat und Zivilgesellschaft, die nun gemeinsam öffentliche Entscheidungen treffen, dadurch nicht verschwindet, oder zumindest verwischt wird. Wohin führt ein Konzept, das ursprünglich definiert war durch seine Opposition zum Staat? Was ist mit der Verwässerung politischer Verantwortung und dem Risiko von Dominoeffekten auf die Zivilgesellschaft selbst, da doch ein Schlüsselrepertoire kollektiven Handelns auf dem Dreischritt basiert: „naming, blaming, claiming" (Felstiner, Abel, Sarat 1981)[6]. Die Bewertung politischer Ergebnisse beinhaltet, dass verantwortliche Akteure identifiziert werden können, die in irgendeiner Art zur Rechenschaft gezogen werden können. In aller Kürze gesagt, könnten zivilgesellschaftliche Prozeduren den Glauben an kollektive Akteure und Identitäten unterminiert haben, und dadurch zur Erosion funktionierender Kategorien und Instrumente öffentlichen Handelns beigetragen haben, ohne aber die Entstehung tragfähiger Alternativen gewährleistet zu haben. Es besteht also das Risiko, dass die prinzipielle Grenzenlosigkeit zivilgesellschaftlicher Prozeduren jeden Versuch untergräbt, sich auf die Definition und die Stabilisierung eines „öffentlichen Gutes" zu einigen, welches die machtvollen Individualisierungstendenzen des „Turbokapitalismus" ausbalancieren könnte, in einer Situation, in der staatliches Handeln nicht länger als Gegengewicht zu den zentrifugalen Kräften des Kapitalismus gesehen wird, sondern als Mittel, um vor dem Hintergrund eines globalen ökonomischen Wettbewerbs die eigene Wettbewerbsfähigkeit zu vergrößern.

Diese Ausführungen lassen also die folgende Zusammenfassung des Problems der Partizipation, in einer historischen Perspektive betrachtet, zu: Eine Reihe von Beiträgen zur Debatte um „Sozialkapital" hat argumentiert, dass die Entwicklung des Wohlfahrtstaats die Vitalität von nicht-staatlichen und nicht-ökonomischen Vereinigungen

---

6   Gemeint ist die Wahrnehmung und Benennung eines als Unrecht empfundenen Problems, die Benennung eines dafür verantwortlichen Akteurs, sowie die Erhebung von Ansprüchen oder Forderungen gegenüber diesem (Anm. d. Übers.).

erhöht habe (Putnam 2002). Wie der Autor (und andere) argumentiert haben, stand die historische Entstehung der Strukturen der Zivilgesellschaft in engem Zusammenhang (und nicht nur in Opposition) zu spezifischen Formen von Staat und Nation, indem sie Lösungen für das Problem anbot, wie die Lücke zwischen Sozialkapital auf zwischenmenschlicher Ebene einerseits und dem Vertrauen in größere, übergeordnete Institutionen andererseits geschlossen werden konnte. Eine der zentralen Herausforderungen des 19. Jahrhunderts bestand darin, Brücken zwischen individuellen, nachbarschaftlichen Beziehungen einerseits und unpersönlichen kollektiven Beziehungen andererseits zu schlagen. Diese Herausforderung führte insbesondere, aber nicht nur, zur Entstehung der Wohlfahrtsstaaten, welche Identitäten zuschrieben, „ähnliche" soziale Klassen schufen und Solidaritätsmechanismen zwischen den Mitgliedern derselben nationalen Gesellschaft einführten. Die so immer rigidere soziale Realität wirkte zwar in vielerlei Hinsicht einschränkend, in anderer Hinsicht kam es aber zu neuen Möglichkeitsräumen: so betrachtet, kann eine „soziale Gesellschaft" als Vorbedingung für die Verwirklichung einer „politischen Gesellschaft" gleichberechtigter Bürger gesehen werden. Sie bot im Rahmen des Wohlfahrtsstaats eine Lösung für das Verhältnis zwischen individuellem Eigentum und politischen Bürgerrechten. Indem die entstehende Welt der lohnabhängigen Arbeiter als Kollektivkörperschaft mit „sozialem" Eigentum (Castel und Haroche 2001) ausgestattet wurde, wurden sie zu legitimen Teilhabern in einer politischen Gesellschaft. Mit dem Niedergang des Sozialstaats eröffnet sich erneut die Frage, ob die Identitätsressourcen, wie sie eine Zivilgesellschaft anbieten kann, konsistent genug sind, um die Vorbedingungen für die effektive politische Teilhabe einer Mehrheit der Bürger zu schaffen, und gleichzeitig zu verhindern, dass der öffentliche Raum durch eine Minderheit an „Superbürgern" vereinnahmt wird. Dies ist ein zentrales Problem, wenn wir über eine europäische Zivilgesellschaft sprechen, die sich ohne einen soliden Unterbau an politischen Bürgerrechten und ohne die gleichzeitige Entstehung sozialer Bürgerrechte entwickelt, da beides historisch und institutionell eng mit dem Nationalstaat verbunden bleibt. Kann also die Organisation einer Gesellschaft entlang zivilgesellschaftlicher Normen demokratisch bleiben, wenn ihr wohlfahrtsstaatlicher Unterbau als zu rigide zurückgewiesen wird, und die unsichtbare Ungleichheit bei der Partizipation in zivilgesellschaftlichen Formen der Interessenvertretung die Qualität eines der ältesten demokratischen Grundprinzipien untergräbt: „Jeder Bürger hat eine Stimme"?

Übersetzung: Stefan Seidendorf

Literaturverzeichnis

Callon, Michel/*Lascoumes,* Pierre/*Barthes,* Yannick (2001): Agir dans un monde incertain: essai sur la démocratie technique, Paris: Seuil.
Castel, Robert/*Haroche* Claudine (2001): Propriété privé, propriété sociale, propriété de soi, Paris: Fayard.
Colliot-Thélène, Catherine/*Kervégan* Jean-François (Hrsg. 2002): De la société à la sociologie, Paris: ENS Editions.
De Lassalle, Marine/*Georgakakis,* Didier (Hrsg. 2012): The Political Uses of Governance – Studying an EU White Paper, Leverkusen-Opladen: Barbara Budrich Publishers.
Dehousse, Renaud (2004): „La méthode ouverte de coordination. Quand l'instrument tient lieu de politique", in Lascoumes, Pierre/Le Galès, Patrick (Hrsg.): Gouverner par les instruments, Paris: Presses de Sciences Po, S. 331-356.
European Commission (2001): European Governance, White paper. COM (2001), 428 final, Bruxelles.
Felstiner, William/*Abel,* Richard/*Sarat,* Austin (1981): „The Emergence and Transformation of Disputes: Naming, Blaming, Claiming…," in: Law and Society Review, 15:3-4, S. 631-654.
Habermas, Jürgen (1962): Strukturwandel der Öffentlichkeit. Untersuchungen zu einer Kategorie der bürgerlichen Gesellschaft, Berlin: Neuwied.
Heilbron, Johan (1995): The Rise of Social Theory, Oxford: Polity Press.
Hirschman, Albert O. (2001 [1977]): Les passions et les intérêts, Paris: PUF.
Keane, John (1998 [1988]): Democracy and Civil Society, London: University of Westminster Press.
Kocka, Jürgen (2004): „Civil society from a historical perspective", in: European Review, 12:1, S. 65–79.
Nanz, Patricia/*Steffek,* Jens (2005): „Assessing the democratic quality of deliberation in international governance: criteria and research strategy", in: Acta Politica, 40:3, S. 368-383.
Nanz, Patricia/*Smismans,* Stijn (2005): „Conceptualising civil society and responsiveness in the EU", in Ruzza Carlo/della Sala, Vincent (Hrsg.): Governance and Civil Society. Theoretical and Empirical Perspectives, Manchester: Manchester University Press.
Nipperdey, Thomas (1983): 1800-1866: Bürgerwelt und starker Staat, München: C.H. Beck.
Offerlé, Michel (2003): La société civile en question. Présentation et commentaire de textes, Paris: La documentation française.
Polanyi, Karl (1983 [1944]): La grande transformation, Paris: Gallimard.
Politix (2002): Special issue Démocratie et délibération, 57.
Putnam, Robert (Hrsg. 2002): Democracies in Flux: The Evolution of Social Capital in Contemporary Society, New York, Oxford: Oxford University Press.

Rowell, Jay/Zimmermann, Bénédicte (2006): „The Eclipse and Rebirth of ‚Civil Society' in a Historical Perspective: The case of Germany from the Wilhelmian era to the GDR", in: Wagner, Peter (Hrsg.): The Languages of Civil Society, Oxford: Berghahn Books, S. 100-130.

Rowell, Jay/Zimmermann, Bénédicte (2007): „Grammaire de la société civile et réforme sociale en Allemagne", in: Critique internationale 35, S. 149-171.

Rowell, Jay/Saint Gille, Anne-Marie (2010): „La société civile organisée", in Rowell, Jay/ Saint Gille, Anne-Marie (Hrsg.): La société civile organisée. Perspectives franco-allemandes XIXe-XXe siècles, Lyon: Presses Universitaires de Lyon, S. 13-20.

Wagner, Peter (2008): Modernity as experience and interpretation. A new sociology of modernity, Cambridge: Polity Press.

Wagner, Peter (2001): A History and Theory of the Social Sciences, London: Sage.

Sozialkapital und politisches Engagement im deutsch-französischen Vergleich[1]

Sonja Zmerli

1. Einleitung

Gerade in gegenwärtigen Zeiten politischer und wirtschaftlicher Krisen sind demokratische Gesellschaften auf ein tragfähiges Fundament angewiesen. Sozialer Zusammenhalt, Systemlegitimität und politische Beteiligung zählen fraglos zu dessen Bestandteilen. Konzeptionell lassen sie sich unter den Theorieansätzen des Sozialkapitals und politischen Engagements erfassen und untersuchen. Vor diesem Hintergrund sehen sich Deutschland und Frankreich insbesondere seit Beginn des 21. Jahrhunderts mit besonderen Herausforderungen konfrontiert, wenngleich zu verschiedenen Zeitpunkten. Galt beispielsweise Deutschland noch vor rund zehn Jahren wirtschaftlich als der „kranke Mann Europas", so wird dessen erfolgreiche wirtschaftliche Entwicklung infolge weitreichender politischer Reformen nunmehr zum „Motor Europas" deklariert. Anders in Frankreich: Im Zuge der Großen Rezession und den aus der Zugehörigkeit zur Eurozone resultierenden ökonomischen Anforderungen sieht sich die französische Gesellschaft gegenwärtig einem enormen wirtschaftlichen und politischen Reformdruck ausgesetzt. Gleichzeitig erschüttern politische Skandale die Vertrauenswürdigkeit etablierter politischer Eliten und mehren sich Anzeichen politischer und gesellschaftlicher Polarisierung, wie die jüngsten Wahlerfolge der rechtsextremen *Front National* belegen.

Angesichts dieser spürbar auseinander driftenden wirtschaftlichen und politischen Entwicklungen stellt sich die Frage, inwiefern die Verfügbarkeit sozialen Kapitals sowie die Legitimitätsüberzeugungen der Deutschen und Franzosen gleichermaßen diesem Wandel unterworfen sind. Unter diesen Voraussetzungen wären nicht zuletzt auch unterschiedliche politische Partizipationsmuster zu erwarten, die sich empirisch nachweisen lassen müssten.

---

1   Die theoretischen Ausführungen des zweiten Kapitels basieren auf Zmerli (2011).

Zur Beantwortung dieser Fragen wird dieser Beitrag in einem ersten Schritt die Bedeutung sozialen Kapitals aus demokratietheoretischer Perspektive erläutern und nachfolgend dessen Zusammenhang mit politischem Engagement aufzeigen. Ein deutsch-französischer empirischer Vergleich schließt sich den theoretischen Ausführungen an, dessen Ergebnisse für den abschließend formulierten Ausblick die Grundlage bilden.

2. Sozialkapital und Demokratie

Sozialkapital gilt als Fundament demokratischer Gesellschaften. Es ist Garant für die Performanz demokratischer Institutionen, wirtschaftlichen Erfolg und die Priorität des Allgemeinwohls gegenüber Partikularinteressen. So oder ähnlich lautende Formulierungen bilden die Kernaussagen früher politikwissenschaftlicher Arbeiten zu sozialem Kapital und begründen die große wissenschaftliche Beachtung, die dieses Konzept seither nicht nur in der Politikwissenschaft erfahren hat. Verschiedene Mechanismen werden für diese weitreichenden Auswirkungen sozialen Kapitals verantwortlich gemacht. So wird beispielsweise angenommen, dass Gesellschaften, die über ein hohes Maß an Sozialkapital verfügen, die Grundlage für erfolgreiche Kooperationen bilden. Ihre Mitglieder besitzen ein größeres Interesse am Allgemeinwohl, verfügen über zivile Kompetenzen, sind toleranter, politisch interessierter und engagierter (Putnam 2000: 289). Darüber hinaus verläuft in diesen Gesellschaften die Zusammenarbeit zwischen den Bürgern und ihren politischen Institutionen vertrauensvoller und somit reibungsloser, und auch unter den politischen Eliten herrscht ein kooperativer Geist. Insgesamt führen diese Gegebenheiten zu einer gesteigerten Leistungsfähigkeit des demokratischen Systems (Putnam 1993 und 2000).

Was aber ist Sozialkapital und wie ist dessen Verhältnis zu politischer Partizipation beschaffen, das den zweiten thematischen Schwerpunkt dieses Beitrags kennzeichnet? Welches sind dessen konstitutive Elemente und deren Entstehungsmechanismen?

Den Ausgangspunkt der Entwicklung sozialen Kapitals bilden soziale Netzwerke. Formale soziale Netzwerke umfassen Freiwilligenorganisationen jeglicher Art. Sie nehmen im Rahmen der Sozialkapitalforschung eine besondere Stellung ein. Einerseits lassen sie sich methodisch gut erfassen. Andererseits zeichnen sie sich in der Regel durch horizontale Beziehungsstrukturen aus, wodurch sie sich in besonderem Maße zur Verstärkung von sozialem Vertrauen und Normen der Gegenseitigkeit eignen. Aufgrund ihrer zivilgesellschaftlichen Relevanz werden diese Organisationsformen auch als Netzwerke zivilen Engagements bezeichnet. Zu ihnen zählen Sportvereine, Genossenschaften oder Selbsthilfegruppen genauso wie kulturelle, religiöse und weitere freiwillige Vereinigungen (1993: 173ff.). Erst durch individuelle Vernetzung können Individuen in Kooperationen eintreten. Soziale Netzwerke ermöglichen den Informationsaustausch über die Reputation und zukünftige Absichten potenzieller Kooperationspartner, generieren Gruppennormen sowie Sanktionsinstrumente im Falle ihrer Nichtbeachtung und erzeugen im Idealfall ein vertrauensvolles Umfeld (Putnam 1993). Für die Entstehung sozialen Kapitals wird zudem eine aktive und engagierte Mitarbeit von Netzwerk- bzw. Vereinsmitgliedern vorausgesetzt. Denn nur sogenannte „face-to-face"-Kommunikationsformen unter Netzwerkangehörigen fördern Vertrauen und Reziprozitätsnormen und erleichtern somit Kooperationen (ibid. 1993: 174). Entgegen Putnams ursprünglicher Annahme kann daher von der bloßen Anzahl freiwilliger Vereinigungen in einer Region nicht zuverlässig auf den gesellschaftlichen Sozialkapitalbestand geschlossen werden (Putnam 2000: 53 und 1993: 176).

Aus dem Genannten wird ersichtlich, dass die individuelle Bereitschaft zur erfolgreichen Kooperation und ihrer möglichen zukünftigen Fortsetzung auf zwei weiteren Bedingungen beruht. Zum einen wird vorausgesetzt, dass potenzielle Kooperationspartner vertrauenswürdig sind. Zum anderen basieren Kooperationen idealerweise auf Normen der Gegenseitigkeit. Die Erträge der Kooperation kommen somit beiden Partnern zugute. Daraus wird ersichtlich, dass Vertrauenswürdigkeit und Normen der Gegenseitigkeit eng miteinander verbunden sind. Vertrauenswürdiges Verhalten stärkt Vertrauen. Im Zuge dieser Kooperation muss sich die erwartete Geltung der Normen der Gegenseitigkeit bewähren, um die Grundlage für weiteres Vertrauen und weitere Kooperationen zu bereiten. Durch das entgegengebrachte Vertrauen erfahren die Normen der Reziprozität gleichzeitig eine Intensivierung. Soziales Kapital wirkt aber auch über Netzwerkgrenzen hinaus. Denn Gesellschaftsmitglieder, die nicht in Netzwerke eingebunden sind, können ebenfalls von Kooperationen Dritter und dem hieraus erwachsenden vertrauensvollen Umfeld profitieren. Kurz gefasst setzt sich soziales Kapital aus einer strukturellen und zwei kulturellen Komponenten zusammen, nämlich sozialen Netzwerken und Vertrauenswürdigkeit sowie Normen der Reziprozität, die in einem unmittelbaren Wirkungszusammenhang zueinander stehen (Putnam 2000: 19).

Aus politikwissenschaftlicher Perspektive ist das Sozialkapitalkonzept eng mit dem Begriff der Zivilgesellschaft verbunden, der „einen Bereich der Gesellschaft ‚zwischen' Staat, Markt und Privatsphäre" (Geißel et al. 2004: 7; Hervorhebung im Original) definiert. Als maßgebliche zivilgesellschaftliche Akteure treten freiwillige Vereinigungen, selbstorganisierte Initiativen, soziale Netzwerke oder soziale Bewegungen auf. Sie agieren selbständig und selbstorganisiert im öffentlichen Raum, erteilen gewaltsamer Konfliktaustragung eine Absage und sind auf allgemeine Anliegen ausgerichtet (2004: 7f.).

Als zivilgesellschaftliche Akteure repräsentieren freiwillige Vereinigungen ferner Sozialisationsinstanzen und Übungsfelder oder in Tocquevilles Worten „Schulen der Demokratie", deren Einflussbereich sich von individuellen Einstellungen bis hin zu individuellem Handeln mit gesellschaftlichen Konsequenzen erstreckt. Sie befördern die individuelle Fähigkeit zum gemeinsamen Handeln, zu Toleranz, Solidarität sowie Interesse an öffentlichen Angelegenheiten. Vereinsmitglieder zeigen größeren politischen Sachverstand und sind politisch aktiver als Nichtmitglieder (Putnam 1993: 90). Zentrales Kennzeichen einer solchen Zivilgesellschaft ist ihre Fähigkeit, Dilemmata kollektiven Handelns zu überwinden. Denn nur dadurch ist es möglich, öffentliche Güter zu produzieren, die das gesellschaftliche Wohlergehen sichern helfen. Einen wesentlichen Beitrag hierzu liefern Gesellschaftsmitglieder, die gewillt und fähig sind, miteinander zu kooperieren. In der unterschiedlichen Ausstattung von Gesellschaften mit dieser Befähigung erkennt Putnam die Hauptursache für divergierende gesellschaftliche Entwicklungen (Putnam 1993: 163ff.). Da sich das Problem des kollektiven Handelns gleichermaßen in den Bereichen der Performanz demokratischer Institutionen, wirtschaftlicher Abläufe und auch des gesellschaftlichen Zusammenhalts stellt, wird ersichtlich, dass sozialem Kapital eine zentrale Funktion zukommt. Demokratische Institutionen sind umso effektiver, je bereitwilliger Bürger gesetzliche Bestimmungen respektieren und freiwillig befolgen. Wirtschaftliche Kooperationen sind umso produktiver, je mehr auf die ressourcenintensive Überwachung vertraglicher Vereinbarungen verzichtet werden kann. Und schließlich formiert sich gesellschaftlicher Zusammenhalt umso stärker, je mehr sich vertrauensvolle Beziehungen und Normen der Gegenseitigkeit über Netzwerkgrenzen hinweg generalisieren.

Mit der nachfolgenden Untersuchung des Beziehungsgeflechts zwischen Sozialkapital und politischer Teilhabe befasst sich dieser Beitrag mit einem Teilaspekt der Konsequenzen sozialen Kapitals.

3. Politische Partizipation

3.1 Definition

Folgt man Kuttners Einschätzung des „there is no escape from politics" (Kuttner 1997: 329), dann liegt der Schluss nahe, dass sämtliches individuelles Handeln mit politischen Konsequenzen verbunden sein muss. Solch eine Definition politischer Beteiligung würde jedoch gemäß van Deths Interpretation zu einer „theory of everything" (van Deth 2001) führen, womit der Gegenstand der politischen Partizipation bereits im Vorfeld einer systematischen Untersuchung entzogen wäre. Um diesem Dilemma entgegenzuwirken, greift die politikwissenschaftliche Partizipationsforschung vielfach auf folgende begriffliche Eingrenzung zurück: Politische Partizipation umfasst demnach „...alle Tätigkeiten (...), die Bürger freiwillig mit dem Ziel unternehmen, Entscheidungen auf den verschiedenen Ebenen des politischen Systems zu beeinflussen" (Kaase 1995: 521). Demzufolge beruht politische Partizipation auf zielgerichtetem politischen Handeln; Handlungen mit unbeabsichtigten politischen Konsequenzen werden bei dieser Begriffsbestimmung außer Acht gelassen.

In modernen repräsentativen Demokratien beschränkt sich politische Teilhabe nicht auf den bloßen Wahlakt, sondern umfasst eine Fülle politischer Partizipationsformen, wie, um nur einige beispielhaft zu nennen, persönliche Kontakte zu Politikern, Verwaltungsbeamten, Medien, Rechtsanwälten oder Organisationen, Mitgliedschaft oder Mitarbeit in politischen Parteien und Bürgerinitiativen, Sammeln und Entrichten von Spenden, Teilnahme an Wahlveranstaltungen, Demonstrationen, Streiks oder Unterschriftensammlungen, politisch motivierter Konsum oder illegale Protestaktivitäten. Um die offenkundige Vielfalt der Teilhabeformen in eine theoretisch systematische Ordnung zu integrieren, müssen relevante Kriterien entwickelt werden. Auf dieser Grundlage können Beteiligungsmuster bzw. Dimensionen politischer Beteiligung sowie deren Bedingungsfaktoren identifiziert werden, wobei die Bedeutung sozialen Kapitals als begünstigender Faktor politischer Partizipation im Fokus dieses Beitrags steht.

3.2 Kennzeichen politischer Partizipation

Politische Partizipationsformen lassen sich aufgrund ihrer Verfasstheit bzw. ihres Institutionalisierungsgrades einstufen. Unter verfasster politischer Partizipation sind all diejenigen Formen politischer Teilhabe zu verstehen, welche gesetzlich vorgesehen oder in der Verfassung verankert sind (Westle 1994: 141). Beispiele für verfasste politische Partizipation sind Wahlen oder die Durchführung von Wahlkämpfen. Demgegenüber stehen nicht verfasste Beteiligungsformen, die gerade im Hinblick auf ihre „Zugangs-, Rahmen- und Durchführungsbedingungen" (Westle 1994: 141) weitaus offener sind. Folglich gewähren sie den Bürgern einen größeren gestalterischen Einflussbereich. Unter diesem Aspekt ist beispielsweise die Mitwirkung in Bürgerinitiativen nicht verfassten Beteiligungsformen zuzuordnen.

Ein weiteres Unterscheidungskriterium berücksichtigt die Legalität politischer Partizipationsformen. Grundsätzlich sind sämtliche verfassten Beteiligungsformen als legal einzustufen, während bei nicht verfasster politischer Partizipation nicht zwangsläufig auf illegale politische Handlungen zu schließen ist. Sie kann, wie das Beispiel der Bürgerinitiativen zeigt, in einem rechtlich unbedenklichen Rahmen erfolgen, aber auch in einem gesetzwidrigen Raum stattfinden. Besondere Bedeutung erfährt dieses Merkmal bei der Betrachtung von Veränderungen des Legalitätsstatus politischer Beteiligungsformen im zeitlichen Verlauf (Westle 1994: 142).

Findet bei der Einteilung in legale und illegale politische Teilhabe eine Bewertung auf der gesetzlichen und somit der staatlichen Ebene statt, so berücksichtigt die Differenzierung zwischen legitimen und illegitimen politischen Handlungen die Akzeptanz bzw. Ablehnung politischer Partizipationsformen auf gesellschaftlicher Ebene. Legitim sind in diesem Zusammenhang all jene Formen, die von einem Großteil der Bevölkerung als rechtmäßig erachtet werden. Bei der Kategorisierung kann es zu Überschneidungen zwischen der Verfasstheit, der Legalität und der Legitimität politischer Handlungen kommen. Dennoch ist auch vorstellbar, dass verfasste und legale Formen die Legitimitätszuschreibung seitens der Bevölkerung verlieren und sich im Gegensatz dazu nicht verfasste oder sogar illegale Partizipationsformen auf eine breite gesellschaftliche Akzeptanz stützen können. Stärker noch als die Legalität politischer Partizipation ist deren Legitimität einem zeitlichen Wandel unterworfen.

Schließlich wird den vorgenannten Kriterien noch ein weiteres Unterscheidungsmerkmal hinzugefügt, welches politische Partizipation nach konventionellen und unkonventionellen Formen differenziert. Konventionelle politische Beteiligung ist mit verfassten Partizipationsformen, wie z.B. der Wahl, verbunden, ohne selbst institutionalisiert sein zu müssen, verfügt darüber hinaus über Legalität und in der Regel über eine hohe Legitimität. Unkonventionelle Beteiligungsformen basieren dagegen auf nicht verfassten Möglichkeiten der politischen Einflussnahme und lassen sich im Hinblick auf ihre Legalität und Legitimität analysieren. Zu den Formen legaler unkonventioneller Beteiligung zählen u.a. die Teilnahme an genehmigten politischen Demonstrationen oder die Mitarbeit in Bürgerinitiativen. Unter illegale unkonventionelle Handlungen fallen wilde Streiks, Hausbesetzungen, Boykotte, usw. (Kaase 1997: 162f.). Betrachtet man jedoch die Entwicklung der sich seit mehr als dreißig Jahren in das Aktionsrepertoire demokratischer Gesellschaften etablierenden unkonventionellen politischen Handlungen, ist eine „Normalisierung des Unkonventionellen" (Fuchs 1990) zu beobachten. Diese hohe Akzeptanz und breite Anwendung unkonventioneller Partizipationsformen erfordern somit eine theoretische Neugruppierung, aus der sich folgende drei Teilsysteme ergeben: 1. legaler Protest, 2. ziviler Ungehorsam und 3. politische Gewalt (Fuchs 1990).

Aufgrund der beschriebenen Mehrdimensionalität politischer Partizipation ist zu erwarten, dass die Suche nach ihren Determinanten keine einheitlichen Ergebnisse liefern wird. Da die verschiedenen Dimensionen politischer Partizipation zum einen unterschiedliche Anforderungen an die Ressourcenausstattung politisch Aktiver stellen und sich zum anderen im Mobilisierungsgrad erheblich voneinander unterscheiden, ist anzunehmen, dass sich diese Divergenzen auch in den empirischen Befunden widerspiegeln. Die nachfolgenden Erläuterungen gehen daher der Frage nach, für welche Dimensionen politischer Partizipation soziales Kapital die größte Erklärungskraft entfaltet.[2]

---

2   Für einen ausführlichen Überblick über weitere zentrale Erklärungsansätze politischer Partizipation siehe auch Gabriel (2012).

4. Sozialkapital und politisches Engagement

4.1 Empirische Befunde vergleichender Forschungsarbeiten

Aus Sicht der Sozialkapitalforschung geht die Relevanz von Vereinsmitgliedschaften für politische Teilhabe weit über die Vermittlung bürgerschaftlicher Kompetenzen hinaus. Zum einen, so die These, fungieren freiwillige Vereinigungen als Sozialisationsinstanzen. Im Zuge ihres sozialen Engagements erwerben Vereinsmitglieder so genannte „*habits of the heart*" (Bellah et al. 1985) oder auch bürgerschaftliche Tugenden, worunter im allgemeinen die Bereitschaft zum sozialen und politischen Engagement, Interesse am Gemeinwohl, Solidarität zu Mitbürgern, individuelle Autonomie in Form von kritischer Vernunft oder auch Gesetzestreue verstanden wird (Roßteutscher 2004: 180ff.). Zudem vermittelt Vereinsengagement Fähigkeiten zur Kooperation und dient der Entwicklung sozialen Vertrauens (Putnam 1993). Zum anderen fungieren freiwillige Vereinigungen als Netzwerke zur Rekrutierung und Mobilisierung politischer Aktivisten (Teorell 2003). Analysen verschiedener Dimensionen politischer Partizipation belegen dennoch, dass die Effektstärke sozialen Engagements als Bestimmungsfaktor je nach Beteiligungsform recht unterschiedlich ausgeprägt sein kann.

Wie Stolle und Hooghe in ihren europäisch vergleichenden Untersuchungen aufzeigen, lassen sich insbesondere für konventionelle politische Partizipationsformen Wirkungsunterschiede zwischen den Mitgliedern verschiedener Vereinstypen nachweisen. Mitglieder von sozial-kulturellen Vereinen beteiligen sich demzufolge mit einer größeren Wahrscheinlichkeit an derartigen politischen Ausdrucksformen als Nichtmitglieder oder deren Vergleichsgruppe der Interessengruppenmitglieder (2004: 16). Eine international vergleichende Studie von Gabriel u.a. belegt ferner, dass Mitgliedschaft in Sportvereinen nur in wenigen Ländern politische Teilhabe positiv beeinflusst. Dagegen gehen klare Impulse von sozialem Engagement in sozial-kulturellen Vereinigungen sowie Interessengruppen aus. Während sich deutliche Effekte der Zugehörigkeit zu den letztgenannten Vereinigungen sowohl auf Parteimitgliedschaft, also konventionelle politische Partizipation, als auch auf Protestverhalten nachweisen lassen, wirkt sich die Mitgliedschaft in sozial-kulturellen Vereinen verstärkt auf Parteizugehörigkeit aus (2002: 167ff.).

Neben der Untersuchung des Einflusses der strukturellen Vereinsmerkmale, wie Vereinsziele sowie sozioökonomische Zusammensetzung der Mitglieder, wird auch der Erklärungskraft des individuellen Aktivitätsgrades in freiwilligen Vereinigungen nachgegangen. Durch aktives soziales Engagement, so die Annahme, könnten Vereinsmitglieder den Erwerb ziviler Kompetenzen erweitern und letztere stärker ausbilden als passive Mitglieder. Ferner wird erwartet, dass interpersonale Kommunikation im Rahmen aktiven Vereinsengagements die Entwicklung sozialen Vertrauens und Normen der

Gegenseitigkeit begünstigen sollte. Soziales Vertrauen und Reziprozitätsnormen ihrerseits sollten sich positiv auf politische Partizipation auswirken. Diverse Untersuchungsergebnisse legen jedoch nahe, dass im Hinblick auf das politische Partizipationsverhalten keine eindeutigen Trennlinien zwischen Nichtmitgliedern und passiven Mitgliedern einerseits und aktiven Mitgliedern andererseits existieren. Es lässt sich vielmehr ein in der Tendenz parallel verlaufender monotoner Anstieg von sozialer und politischer Partizipation ausmachen, wobei eine steigende Anzahl individueller Vereinsmitgliedschaften, als Indikator erhöhter gesellschaftlicher Integration, eine größere individuelle politische Beteiligung zur Folge hat. Eine mögliche Erklärung hierfür liefern die Untersuchungsergebnisse von Teorell. Seine Analysen zum Einfluss passiver und aktiver Vereinsmitgliedschaft auf individuelle politische Kontaktaufnahme sowie Protesthandlungen unterstreichen bereits die Relevanz passiver Vereinsmitgliedschaft für politische Teilhabe. Den Grund hierin erkennt er vornehmlich in den Rekrutierungsoptionen freiwilliger Vereinigungen zur politischen Teilhabe, die sich nicht nur auf aktive, sondern eben auch auf passive Vereinsmitglieder erstrecken (2003: 58f.).

Der Einfluss sozialen Vertrauens auf politische Partizipation sollte erwartungsgemäß immer dann besonders deutlich hervortreten, wenn die Notwendigkeit zur Kooperation sowie die Kollektivität politischen Handeln im Vordergrund stehen. Eine Reihe empirischer Studien gelangt hierzu jedoch zu recht widersprüchlichen Aussagen. So stellen Gabriel u.a. in ihrer international vergleichenden Studie fest, dass soziales Vertrauen in nur wenigen Ländern relevante positive Effekte auf die Teilnahme an Protestaktivitäten ausübt. Mitgliedschaft in politischen Parteien bleibt hiervon sogar völlig unbeeinflusst (2002: 167ff.). Ein differenzierteres Bild liefert dagegen Armingeons europäisch vergleichende Untersuchung (2007). Je nach politischer Partizipationsform lassen sich unterschiedliche Effekte sozialen Vertrauens aufdecken. Lediglich politischer Konsum wird sowohl im Westen als auch im Osten Europas positiv durch soziales Vertrauens beeinflusst. Ferner verringert soziales Vertrauen in Westeuropa sogar die individuelle Bereitschaft, direkten Kontakt zu Politikern aufzunehmen.

Wie die international vergleichenden Analyseergebnisse von Gabriel u.a. belegen, tragen auch Reziprozitätsnormen auf recht widersprüchliche Art und Weise zur Erklärung politischen Protestverhaltens sowie der Parteimitgliedschaft bei. Während Parteimitgliedschaft in Schweden und in Ostdeutschland durch Normen der Gegenseitigkeit befördert wird, ist Protestverhalten in Westdeutschland, der Schweiz sowie Spanien durch diesen Bestimmungsfaktor einem negativen Einfluss ausgesetzt (2002: 167). Zusammenfassend lassen sich wie bereits für soziales Vertrauen auch für Reziprozitätsnormen keine einheitlichen Einflusstendenzen auf politische Teilhabe beobachten.

Unabhängig von der Relevanz der vorgenannten Determinanten politischer Partizipation bestätigt sich in einschlägigen Analysen ausnahmslos, dass Personen, die über ein hohes Maß an individuellen Ressourcen verfügen, mit einer höheren Wahrscheinlichkeit politisch partizipieren als Personen mit geringer Ressourcenausstattung. Zu den Ressourcen zählen insbesondere höhere Schulbildung, der gesellschaftliche Status sowie Einkommen. Zusätzlich zeigt sich, dass auch Männer mit größerer Wahrscheinlichkeit politisch aktiv sind (van Deth 2003: 184). Daneben gelten politisches Interesse sowie subjektives politisches Kompetenzgefühl als wesentliche Voraussetzung für politische Teilhabe (Schlozman et al. 2012; Gabriel 2012).

4.2 Empirische Befunde deutsch-französischer Vergleichsstudien

Erstaunlicherweise existieren nur wenige Studien, die einen unmittelbaren deutsch-französischen Vergleich zivilgesellschaftlichen Engagements zum Thema haben. Aufgrund unterschiedlicher wissenschaftlicher Traditionen beruht die deutsche Partizipationsforschung beispielsweise überwiegend auf den Annahmen des Sozio-ökonomischen Standard Modells (SES), während in Frankreich die Konzepte Bourdieus der sozialen und kulturellen Differenzierung forschungsleitend sind. Ferner sind gesellschaftliche Langzeitvergleiche angesichts der beschränkten quantitativen Datenlage kaum möglich. Als Folge hält die vergleichende Politikwissenschaft bislang nur wenige empirische Erkenntnisse bereit (Gabriel 2012).

Analysen einiger früherer deutsch-französischer Studien weisen auf unterschiedliche Partizipationsmuster in beiden Ländern hin. In Frankreich überwiegen Formen unkonventioneller politischer Beteiligung. Zudem wenden sich mehr Franzosen als Deutsche radikaleren Protestformen zu. Weiterhin genießt ziviler Ungehorsam unter Franzosen eine größere Akzeptanz. Politische Auseinandersetzungen entlang traditioneller gesellschaftlicher Konfliktlinien spielen in Frankreich ebenfalls eine bedeutendere Rolle. Begründet werden diese Unterschiede unter anderem mit unterschiedlich institutionalisierten Gelegenheitsstrukturen sowie Divergenzen in der wahrgenommenen Responsivität der politischen Systeme und ihrer Eliten. Demzufolge wählen Bürger, deren politisches System als wenig responsiv wahrgenommen wird, unkonventionelle Partizipationsformen, die ihnen idealerweise eine höhere Aufmerksamkeit und gleichsam größeren politischen Erfolg gewähren. Während Frankreich als präsidentielles System mit einer starken Exekutive und politischen Eliten ausgestattet ist, deren Responsivität als gering wahrgenommen wird, steht Deutschland für eine starke Legislative mit einer höher bewerteten Responsivität. Letztere wird in Bevölkerungsumfragen unter anderem auch mit Fragen zur politischen Unterstützung, wie politischem Vertrauen oder Demokratiezufriedenheit, erhoben. Unterschiedliche Partizipationsmuster könnten somit nicht zuletzt auf divergierende Responsivitäten zurückgeführt werden (Rivat/Stauer 2012).

Mit Blick auf soziales Engagement, als struktureller Komponente sozialen Kapitals, legt eine jüngere Studie weitere bemerkenswerte deutsch-französische Unterschiede offen (Keil 2012). So zeigt sich, dass die Gelegenheitsstrukturen zum sozialen Engagement deutlich voneinander abweichen. Mit über einer Million Vereine verzeichnet Frankreich im Jahr 2005 mehr als doppelt so viele freiwillige Vereinigungen wie Deutschland. Allerdings werden Vereinsgründungen in Frankreich durch weniger strenge gesetzliche Auflagen erleichtert. Auf der Individualebene zeigen sich Anfang der 2000er und über einen Zeitraum von vier Jahren hinweg weitere interessante Unterschiede. Mit mehr als siebzig Prozent geben 2002 weit mehr Deutsche als Franzosen an, Vereinsmitglied zu sein. In Frankreich beläuft sich deren Anteil zum selben Zeitpunkt auf weniger als fünfzig Prozent. Erstaunlicherweise verringert sich in nur knapp vier Jahren der deutsche Mitgliederanteil um nahezu fünfzehn Prozentpunkte, während in Frankreich eine leichte Steigerung zu beobachten ist. In Deutschland geht eine Vereinsmitgliedschaft aber nicht unwillkürlich mit aktiver Partizipation einher, wie die Auswertungen weiter belegen. Von den gesamten deutschen Vereinsmitgliedern fällt im untersuchten Zeitverlauf der Anteil aktiver Mitglieder stetig um fünfzehn Prozentpunkte geringer aus. Anders in Frankreich: hier geht Vereinsmitgliedschaft gleichermaßen mit aktivem Engagement einher. Vor dem Hintergrund der herausragenden Bedeutung des weiter oben erläuterten „face-to-face" Kontakts ein bemerkenswerter Befund. Alles in allem kann beiden Gesellschaften dennoch eine lebendige Zivilgesellschaft bescheinigt werden (Keil 2012).

Inwiefern neuere Datenerhebungen weitere Einblicke ermöglichen, wird der nachfolgende Abschnitt erläutern.

5. Empirische Befunde

Für die nachfolgenden empirischen Untersuchungen wurde auf die sechs Erhebungswellen des *European Social Survey* (ESS) zurückgegriffen.[3] Seit 2002 wird diese europaweite Bevölkerungsstudie in zweijährigen Abständen erhoben (letzter Erhebungszeitpunkt zum Zeitpunkt des Verfassens dieses Beitrags 2012). Neben der Erhebung sozio-demografischer und -ökonomischer Merkmale zielt diese Studie insbesondere auf die Messung sozialer und politischer Einstellungen ab und bietet somit reichhaltiges Analysematerial. Daneben werden auch die Daten des Eurobarometer herangezogen, die im Mai 2012 in allen EU-Mitgliedsstaaten erhoben wurden.[4] Auch bei diesen in halbjährlichen Abständen durchgeführten repräsentativen Befragungen stehen Einstellungsmessungen im Vordergrund.

---

3 Die Daten des *European Social Survey* sind unter http://www.europeansocialsurvey.org/ frei verfügbar.
4 Daten des Eurobarometer wurden für die in Abbildung 6 abgetragenen Ergebnisse herangezogen.

Sozialkapital und politisches Engagement im deutsch-französischen Vergleich 41

5.1 Sozialkapital

Die Auswertungen sozialen Vertrauens über die sechs Erhebungswellen des ESS hinweg vermitteln ein recht einheitliches und im Zeitverlauf stabiles Bild (Abbildung 1).[5] Soziales Vertrauen, als kulturelle Komponente sozialen Kapitals, bewegt sich in beiden Gesellschaften, gemessen an der zugrundeliegenden elfstufigen Messskala, im unterdurchschnittlichen Bereich. Zwar ist für Deutschland zwischen 2010 und 2012 ein leichter Vertrauensanstieg zu beobachten, dennoch bleibt der Unterschied zwischen Deutschen und Franzosen eher marginal. Mit Ausnahme der skandinavischen Gesellschaften, deren Sozialkapitalressourcen weltweit einzigartig sind, verfügen Deutsche und Franzosen über ein Vertrauensreservoir, das demjenigen anderer etablierter Demokratien durchaus vergleichbar ist und somit keine Rückschlüsse auf eine Gefährdung der sozialen Kohäsion zulässt (vgl. Gabriel et al. 2002). Die Zeitverlaufsanalyse bescheinigt sozialem Vertrauen zudem eine bemerkenswerte Beständigkeit, die selbst angesichts der 2008 einsetzenden Wirtschafts- und Finanzkrise keine Einbußen erfährt.

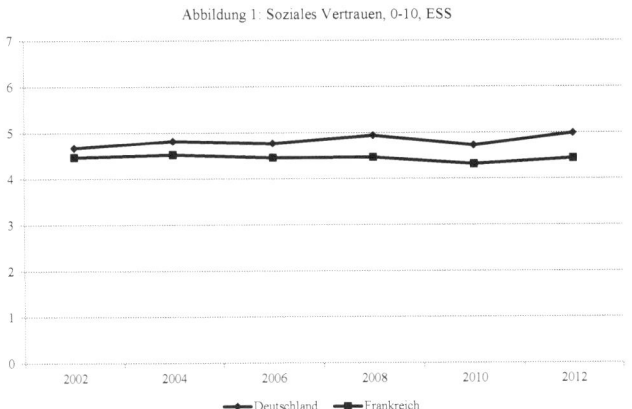

Abbildung 1: Soziales Vertrauen, 0-10, ESS

Die deutsch-französischen Besonderheiten des einzig im Jahr 2002 umfassend erhobenen freiwilligen sozialen Engagements, als struktureller Sozialkapitalkomponente, können Abbildung 2 entnommen werden. Eine erste Gesamtschau vermittelt keinen

---

5   Der Fragewortlaut ist wie folgt: „Ganz allgemein gesprochen: Glauben Sie, dass man den meisten Menschen vertrauen kann, oder dass man im Umgang mit anderen Menschen nicht vorsichtig genug sein kann? Bitte sagen Sie es mir anhand dieser Skala von 0 bis 10. 0 bedeutet, dass man nicht vorsichtig genug sein kann, und 10 bedeutet, dass man den meisten Menschen vertrauen kann."

einheitlichen Befund: Verschiedene Gemeinsamkeiten bei gleichzeitig nennenswerten Unterschieden prägen das Bild. Am deutlichsten divergiert hierbei das kirchliche Engagement. Während sich Franzosen nur zu etwa zehn Prozent als Mitglieder konfessioneller Organisationen sozial engagieren, entfallen rund fünfunddreißig Prozent auf die deutsche Vergleichsgruppe. Demgegenüber übersteigt das französische freiwillige Engagement in Wohltätigkeits- und Umweltschutzvereinen dasjenige der Deutschen um das Doppelte. Nur geringfügige Länderunterschiede ergeben sich hingegen bei Mitgliedschaften in Sportvereinen, Gewerkschaften, Parteien, Berufsorganisationen, Kunst- oder Kulturvereinen.

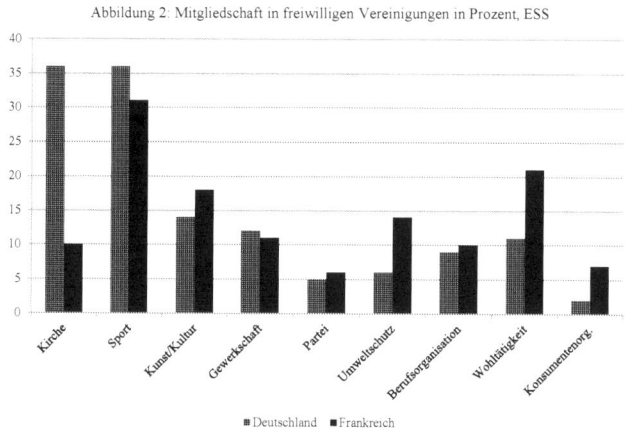

Abbildung 2: Mitgliedschaft in freiwilligen Vereinigungen in Prozent, ESS

Trotz der ermittelten Unterschiede zeichnen sich beide Gesellschaften durch ein umfangreiches zivilgesellschaftliches Engagement aus, das den empirischen Nachweis einer angemessenen Verfügbarkeit der strukturellen Sozialkapitalkomponente liefert.

5.2 Politisches Engagement

Mit Blick auf die partizipationsrelevante Wahrnehmung der Responsivität politischer Strukturen und Eliten steht nachfolgend zunächst die Zeitverlaufsanalyse der Vertrauenswürdigkeit verschiedener politischer Bezugsobjekte im Mittelpunkt.

Niveau und Verlauf des Vertrauens in die nationalen Parlamente decken sich weitestgehend mit den Befunden zu sozialem Vertrauen (Abbildung 3).[6] Mit Beginn der Wirtschafts- und Finanzkrise verringert sich diese Ressource in beiden Ländern. Ab 2010 erfährt der deutsche Bundestag hingegen und anders als die *Assemblée Nationale* einen erkennbaren Vertrauenszuwachs. Im europäischen Vergleich verfügen beide Volksvertretungskammern aber über ein angemessenes Vertrauenspotenzial (vgl. Zmerli 2004). Interessanterweise verläuft die Entwicklung des Vertrauens in das Europäische Parlament nahezu parallel zum nationalen Parlamentsvertrauen (Abbildung 3). In Deutschland fällt das Vertrauen in das europäische Repräsentationsorgan allerdings geringer aus als in den deutschen Bundestag. In Frankreich liegen beide Institutionen dagegen nahezu gleichauf und zeigen auch einen ähnlichen Entwicklungsverlauf.

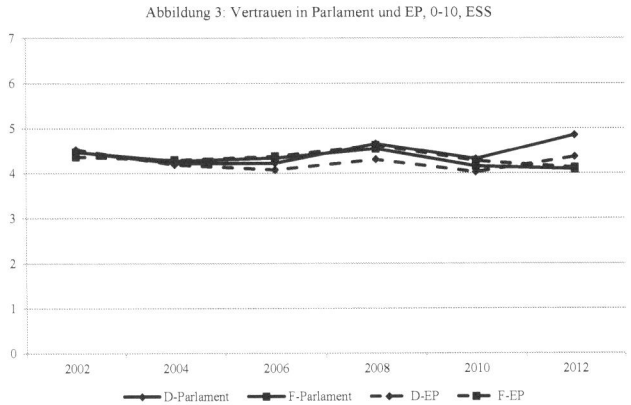

Abbildung 3: Vertrauen in Parlament und EP, 0-10, ESS

In noch geringerem Umfang werden Politiker und politische Parteien in beiden Ländern mit dieser substanziellen Ressource bedacht (Abbildung 4). Auf der elfstufigen Vertrauensskala bewegen sich beide politischen Akteure im unteren Vertrauensbereich und erfahren zumindest in Frankreich über den zehnjährigen Erhebungszeitraum hinweg nur geringfügige Veränderungen. In Deutschland ist dagegen zwischen 2010 und 2012 ein leichter Vertrauensanstieg zu verzeichnen. Europäische Vergleichsstudien ermöglichen zudem eine bessere Einordnung dieser Befunde, zumal politischen Par-

---

6 Der Fragewortlaut für dieses und weitere politische Bezugsobjekte ist wie folgt: „Bitte benutzen Sie Liste 5 und sagen Sie mir zu jeder öffentlichen Einrichtung oder Personengruppe, die ich Ihnen nenne, wie sehr Sie persönlich jeder einzelnen davon vertrauen. Verwenden Sie dazu diese Skala von 0 bis 10. 0 bedeutet, dass Sie dieser Einrichtung oder Personengruppe überhaupt nicht vertrauen, und 10 bedeutet, dass Sie ihr voll und ganz vertrauen. Wie ist das mit dem Bundestag?...der Justiz?...der Polizei?...den Politikern?...den Parteien?...dem Europäischen Parlament?"

teien und Politikern im Allgemeinen mit ausgeprägtem Misstrauen begegnet wird (vgl. Zmerli 2004).

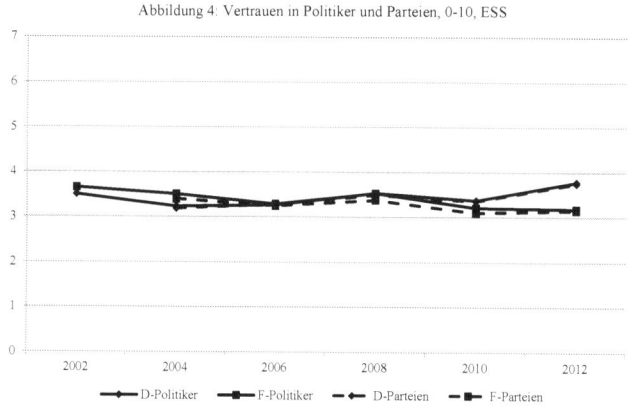

Abbildung 4: Vertrauen in Politiker und Parteien, 0-10, ESS

Ferner verläuft auch der deutsche Trend der Zufriedenheit mit der nationalen Regierung sowie der Demokratie im eigenen Land in vergleichbaren Bahnen (Abbildung 5).[7] Ab 2010 setzt ein erkennbarer Anstieg bei beiden Zufriedenheitsparametern ein, wobei die Demokratiezufriedenheit zum Zeitpunkt der letzten Erhebung sogar überdurchschnittliche Werte erzielt. Die Zufriedenheit mit der nationalen Regierung kann sich seit Beginn der 2000er erkennbar erholen. Anders in Frankreich: Entgegen den Erwartungen verlaufen die Trends beider Zufriedenheits-Items in entgegengesetzte Richtungen. Einem leichten Rückgang der Demokratiezufriedenheit folgt ab 2010 eine Erholungsphase, die schließlich das Niveau der Ausgangsmessung übersteigt. Im Unterschied dazu nimmt die Regierungszufriedenheit stetig ab und liegt zum Zeitpunkt der letzten Erhebungswelle deutlich unter dem deutschen Vergleichswert. Möglicherweise spiegeln diese Entwicklungen die in beiden Ländern entgegengesetzt verlaufenden wirtschaftlichen Trends wider.

Zur besseren inhaltlichen Bestimmung dieser Verläufe erscheint eine Einbettung der Ergebnisse in den europäischen Kontext auf dem Höhepunkt der Eurokrise sinnvoll. Wie die Auswertung der Eurobarometer-Bevölkerungsumfrage vom Mai 2012 veranschaulicht, ergeben sich im Hinblick auf die Demokratiezufriedenheit im eigenen Land

---

7 Der Fragewortlaut ist wie folgt: „Wenn Sie nun einmal an die Leistungen der Bundesregierung in Berlin denken. Wie zufrieden sind Sie mit der Art und Weise, wie sie ihre Arbeit erledigt? 0 bedeutet äußerst unzufrieden und 10 äußerst zufrieden." „Und wie zufrieden sind Sie – alles in allem – mit der Art und Weise, wie die Demokratie in Deutschland funktioniert? 0 bedeutet äußerst unzufrieden und 10 äußerst zufrieden."

Sozialkapital und politisches Engagement im deutsch-französischen Vergleich 45

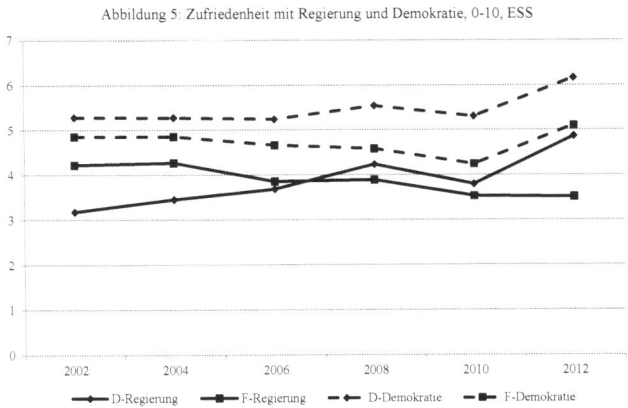

Abbildung 5: Zufriedenheit mit Regierung und Demokratie, 0-10, ESS

zwischen Deutschen und Franzosen keine nennenswerten Unterschiede (Abbildung 6).[8] Zusammen mit Schweden und den Niederlanden nehmen sie sogar die vorderen Plätze ein. Den Spitzenplatz der EU-Demokratiezufriedenheit übernimmt Frankreich, wobei auch die Deutschen ähnlich zufrieden mit der Demokratie in der EU sind. Das Zufriedenheitsniveau mit der nationalen Demokratie wird aber in keinem wirtschaftlich krisenfesteren Land übertroffen.

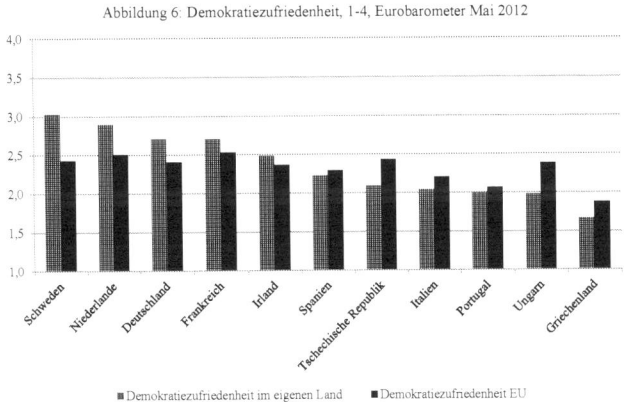

Abbildung 6: Demokratiezufriedenheit, 1-4, Eurobarometer Mai 2012

---

8   Der Fragewortlaut ist wie folgt: „Sind Sie mit der Art und Weise, wie die Demokratie in Deutschland funktioniert, alles in allem gesehen zufrieden? Sagen Sie es mir bitte anhand dieser Skala (1 bis 4; 1=sehr unzufrieden, 4=sehr zufrieden)." „Und wie ist es mit der Art und Weise, wie die Demokratie in der Europäischen Union funktioniert (1 bis 4; 1=sehr unzufrieden, 4=sehr zufrieden)?"

Weit größere deutsch-französische Divergenzen lassen die Untersuchungen des Vertrauens in überparteiliche Institutionen, nämlich in die Justiz sowie die Polizei, erkennen (Abbildung 7). Zwar weisen in beiden Ländern alle dargestellten Vertrauenstrends eine bemerkenswerte Stabilität auf. Zudem genießt die Polizei bei Deutschen und Franzosen ein vergleichsweise hohes Vertrauen. Dennoch unterscheiden sich beide Gesellschaften mit Blick auf den Vertrauensvorschuss, den sie Polizei und Justiz gewähren. In Deutschland ist diese bedeutsame Ressource in deutlich größerem Umfang vorhanden. Dennoch lassen auch die französischen Befunde einen Rückschluss auf die Verfügbarkeit einer tragfähigen Ressourcenausstattung zu.

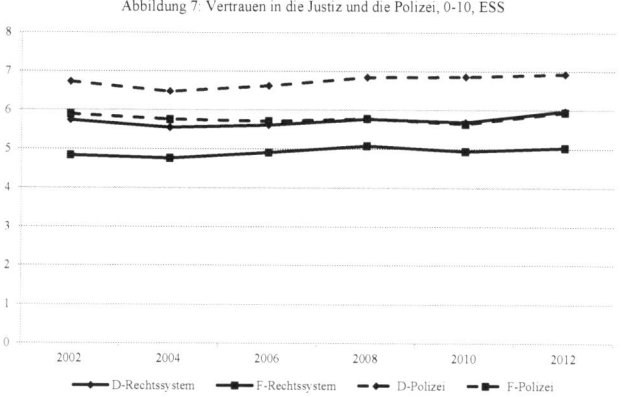

Abbildung 7: Vertrauen in die Justiz und die Polizei, 0-10, ESS

In Anlehnung an die in 2.2 vorgestellten Merkmalsausprägungen politischer Partizipation orientieren sich die nachfolgenden Auswertungen an der Unterscheidung zwischen konventionellen und unkonventionellen Beteiligungsformen.

Abbildung 8 beschreibt das prozentuale Niveau sowie die Trends der Mitarbeit in einer politischen Partei.[9] Über den zehnjährigen Erhebungszeitraum hinweg sind im deutsch-französischen Vergleich gegenläufige Entwicklungen beobachtbar. Lagen die Ausgangsniveaus zunächst noch recht dicht beieinander, so kann den Deutschen im

---

9 Der Fragewortlaut zu dieser und den nachfolgenden Partizipationsformen ist: „Es gibt verschiedene Möglichkeiten, mit denen man versuchen kann, etwas im Land zu verbessern oder zu verhindern, dass sich etwas verschlechtert. Haben Sie im Verlauf der letzten 12 Monate irgendetwas davon unternommen? Haben Sie Kontakt zu einem Politiker oder einer Amtsperson auf Bundes-, Landes- oder Kommunalebene aufgenommen?...in einer politischen Partei oder Gruppierung mitgearbeitet?...in einer anderen Organisation oder in einem anderen Verband oder Verein mitgearbeitet?...ein Abzeichen oder einen Aufkleber einer politischen Kampagne getragen oder irgendwo befestigt?...sich an einer Unterschriftensammlung beteiligt?...an einer genehmigten öffentlichen Demonstration teilgenommen?... bestimmte Produkte boykottiert?"

Zeitverlauf eine größere Bereitschaft, sich in politischen Parteien zu engagieren, attestiert werden. Franzosen sind hingegen im Zeitverlauf weniger bereit, in politischen Parteien mitzuarbeiten. In beiden Ländern wird diese Partizipationsform jedoch nur von einem Bruchteil der Bevölkerung genutzt.

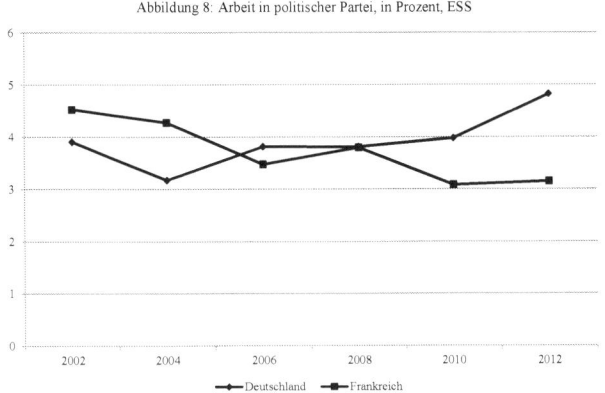

Abbildung 8: Arbeit in politischer Partei, in Prozent, ESS

Der direkte Politikerkontakt erfährt dagegen durch Deutsche und Franzosen größeren Zuspruch (Abbildung 9). Anfang der 2000er entscheiden sich noch erkennbar mehr Franzosen als Deutsche für diese Beteiligungsform. Im Zeitverlauf stellt sich jedoch eine Umkehr der Präferenzen ein. Während Franzosen ab 2008 diese Partizipationsform immer weniger in Betracht ziehen, zeichnet sich für Deutschland eine deutliche Steigerung ab. Konventionelle Spielarten der politischen Teilhabe verlieren in Frankreich im Zeitverlauf offenkundig zusehends an Akzeptanz.

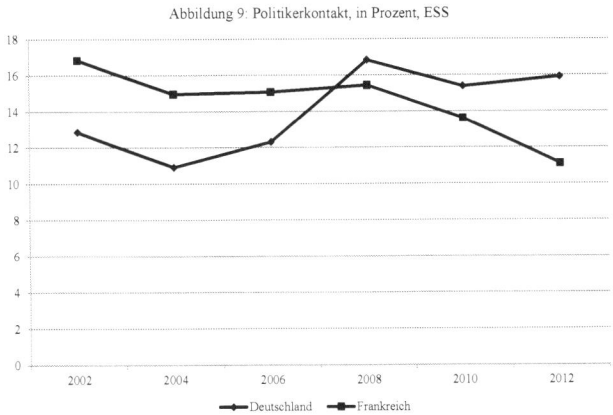

Abbildung 9: Politikerkontakt, in Prozent, ESS

Die Zeitverlaufsanalyse in Abbildung 10 verdeutlicht recht anschaulich, dass die Beteiligungspräferenzen von Deutschen und Franzosen tatsächlich auseinander driften. Wird noch zu Beginn der 2000er die politisch motivierte Mitarbeit in Organisationen zu gleichen prozentualen Anteilen gewählt, setzt nach 2002 eine kontinuierlich divergierende Entwicklung ein, an deren Ende sowohl Franzosen als auch Deutsche ihr Ausgangsniveau deutlich hinter sich lassen. In einem vergleichsweise kurzen Zeitraum verdoppelt sich der prozentuale Anteil der aktiven Deutschen, während er sich in Frankreich halbiert.

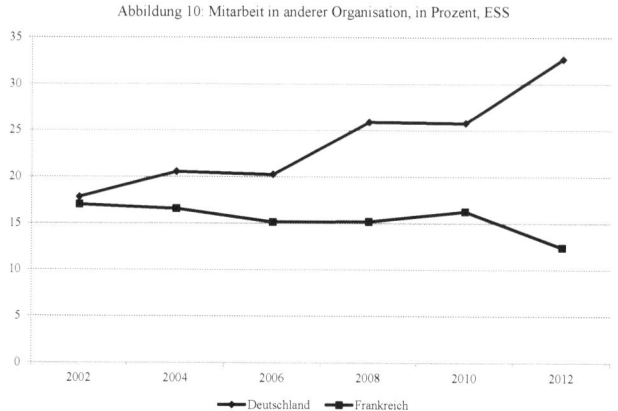

Abbildung 10: Mitarbeit in anderer Organisation, in Prozent, ESS

Daneben verliert in Frankreich auch das Tragen von Abzeichen als einer weiteren unkonventionellen Beteiligungsform zunehmend an Bedeutung (Abbildung 11). Unterscheiden sich Deutsche und Franzosen zu Beginn der 2000er noch erkennbar in der Wahl dieser Partizipationsform, wobei weit mehr Franzosen als Deutsche politische Abzeichen tragen, weist der deutsch-französische Vergleich zehn Jahre später nur noch eine marginale Differenz auf. Die Annäherung beider Länder resultiert allerdings einzig aus dem in Frankreich zu beobachtenden Bedeutungsverlust dieser Beteiligungsform. Insgesamt betrachtet, erscheint das Tragen von Abzeichen nunmehr als wenig populäre politische Ausdrucksform.

Sozialkapital und politisches Engagement im deutsch-französischen Vergleich 49

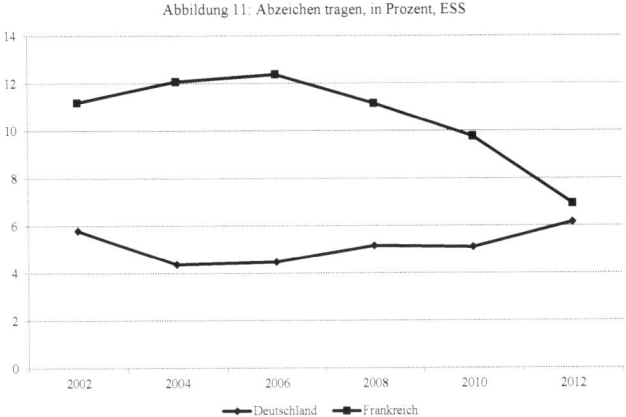

Abbildung 11: Abzeichen tragen, in Prozent, ESS

Die Beteiligung an Unterschriftensammlungen wird in beiden Ländern hingegen offensichtlich als effektiveres Mittel der politischen Einflussnahme bewertet (Abbildung 12). Mehr als 30% geben zum Zeitpunkt der ersten Erhebung an, während der vergangenen zwölf Monate auf diese Weise politisch aktiv gewesen zu sein. Zwar schwanken in beiden Gesellschaften die Angaben im Zeitverlauf, die Daten der letzten Erhebung bestätigen jedoch die sich bereits vielfach abzeichnenden Trends: Der Anteil deutscher Aktivisten nimmt zu, während sich französische Aktive verstärkt aus der politischen Sphäre zurückziehen.

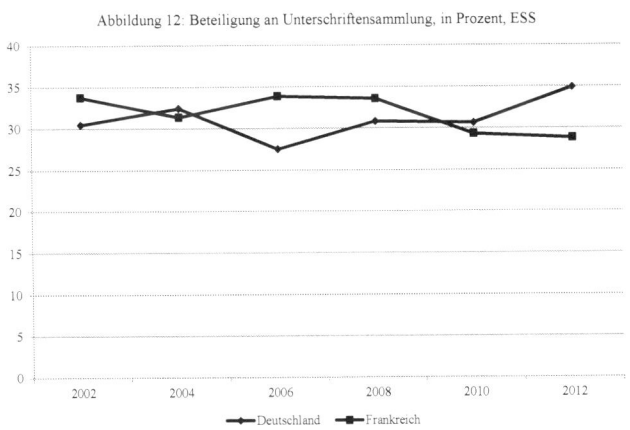

Abbildung 12: Beteiligung an Unterschriftensammlung, in Prozent, ESS

Schließlich unterstreicht auch die Analyse der Demonstrationsteilnahmen den für Frankreich allgemein beobachtbaren rückläufigen Trend (Abbildung 13). Beteiligen sich zu Beginn der 2000er noch knapp 17 % der Franzosen an Demonstrationen, so sind es nur zehn Jahre später weniger als 12 %. In Deutschland verändert sich der rund zehnprozentige Anteil der Aktivisten nur unwesentlich. Beide Gesellschaften erreichen zum Zeitpunkt der letzten Erhebung ein vergleichbares Beteiligungsniveau.

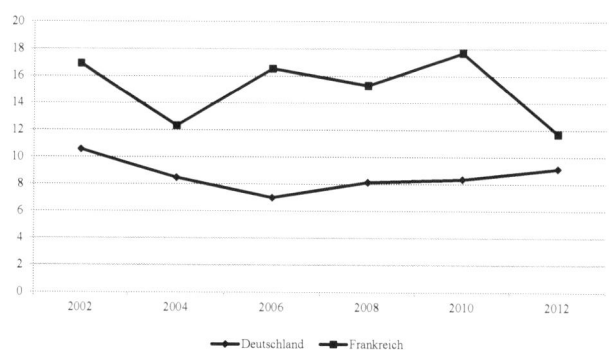

Abbildung 13: Teilnahme an Demonstrationen, in Prozent, ESS

Zusammenfassend zeichnet der deutsch-französische Vergleich interessante Gemeinsamkeiten, aber auch Divergenzen der untersuchten Entwicklungslinien nach. Während das Sozialkapitalreservoir in beiden Gesellschaften durch eine bemerkenswerte Stabilität gekennzeichnet ist, unterliegt politisches Engagement weit stärkeren Schwankungen. Gegenläufige Trends sind insbesondere bei politischer Partizipation zu beobachten. Für Frankreich lässt sich nahezu ausnahmslos ein stetiger Rückzug aus der politischen Sphäre diagnostizieren. Sofern das deutsche Niveau politischer Beteiligung nicht stabil bleibt, erfährt es im Unterschied dazu im Zeitverlauf sogar eine Steigerung. Angesichts des gleichzeitig wachsenden politischen Vertrauens ist dieser Trend allerdings erklärungsbedürftig, steht er doch den weiter oben ausgeführten Annahmen entgegen. Inwiefern sich diese Entwicklungen weiter fortsetzen und somit eine Überprüfung der theoretischen Annahmen anmahnen, wird nur auf Grundlage zukünftiger empirischer Untersuchungen zu beantworten sein.

6. Fazit und Ausblick

In welchem Umfang verfügen Deutsche und Franzosen über die gesellschaftliche Ressource Sozialkapital und welche politischen Partizipationsmuster lassen sich nachzeichnen? Zur Beantwortung dieser Fragestellungen rückten zwei Konzepte in den Fokus dieses Beitrags, die als konstitutiv für demokratische Gesellschaften gelten. Sozialkapital repräsentiert dabei die Ressource, die gesellschaftliche Kooperationen ermöglicht sowie das Interesse am Gemeinwohl, Toleranz und sozialen Zusammenhalt stärkt. Politisches Engagement zeichnet den ‚guten Bürger' in demokratischen Gesellschaften aus. Eine systematische deutsch-französische Untersuchung beider Konzepte wurde bislang mit einer Ausnahme noch nicht vorgelegt (Gabriel et al. 2012), was neben der spärlichen Datenlage auch unterschiedlichen Forschungstraditionen geschuldet ist (Gabriel 2012).

Folglich eröffneten die vielfältigen Trendanalysen neue Einblicke in bedeutsame Entwicklungen. Zunächst gilt grundsätzlich für beide Gesellschaften, dass sich bislang weder im sozialen noch politischen Kontext bedenkliche Krisenzeichen manifestieren. Zwei zentrale Ressourcen der Systemstabilität und des sozialen Zusammenhalts, Sozialkapital und politische Unterstützung, scheinen im ausreichenden Ausmaß vorhanden zu sein.

Dennoch sind insbesondere in Frankreich vereinzelt Trends beobachtbar, die als Ausdruck einer tieferliegenden politischen Krise gedeutet werden könnten, zumal sich Franzosen zunehmend aus der politischen Sphäre zurückzuziehen scheinen. Sofern diese abnehmende Beteiligungsbereitschaft nur Protestformen beträfe, könnte man gleichermaßen auf eine erstarkende Responsivität politischer Institutionen und ihrer Repräsentanten schließen, die sich der bürgerlichen Einflussnahme über konventionelle Spielarten politischer Partizipation weiter öffnen. Solch eine optimistische Interpretation wird jedoch durch die vorliegenden Untersuchungen nicht gestützt, da Franzosen auch ihr Interesse an konventionellen Beteiligungsformen zu verlieren scheinen. Angesichts der gegenwärtigen angespannten wirtschaftlichen und politischen Konstellationen wäre es durchaus vorstellbar, dass diese Analysen einen Trend des Rückzugs aus der politischen Sphäre erfassen und beschreiben, der sich zukünftig noch weiter fortsetzen könnte. Weitere Bedingungen hierfür wären der Verlust politischen Vertrauens sowie eine Fortdauer der wirtschaftlichen Krise, die stellvertretend auch als Krise des politischen Systems und seiner Eliten gedeutet werden könnte. Möglicherweise könnte sich eine Fortsetzung dieser beobachtbaren Entpolitisierungstendenzen mittelfristig ebenfalls auf den sozialen Zusammenhalt der französischen Gesellschaft auswirken.

Deutlich positivere Trends zeichnen sich hingegen in Deutschland ab: Sofern Dynamiken beobachtbar sind, beschreiben sie einen überwiegend ermutigenden Verlauf. Dies gilt nicht nur für die Entwicklung politischer Unterstützung, sondern auch für die individuelle Partizipationsbereitschaft. Diese Trends könnten auch durch die sich ab Mitte der 2000er Jahre verbessernden wirtschaftlichen Koordinaten Deutschlands begünstigt worden sein.

Möglicherweise befinden sich Deutsche und Franzosen derzeit an einer kritischen Wegmarke: Werden auch zukünftig die soliden gesellschaftlichen und politischen Grundlagen überwiegen oder setzt sich der „Entpolitisierungstrend" der Franzosen weiter fort? Ob und auf welche Weise die aktuelle tiefgreifende wirtschaftliche und sozialstaatliche Krise in Frankreich überwunden werden kann, könnte eine Teilantwort, wenn auch nur mittelfristig, bereithalten.

Literaturverzeichnis

Armingeon, Klaus (2007): „Political participation and organisational involvement", in: van Deth, Jan W./Montero, José R./Westholm, Anders (Hrsg.), Citizenship and involvement among the populations of European democracies, London: Routledge, S. 358-383.

Bellah, Robert N. et al. (Hrsg.) (1985): Habits of the heart: Individualism and commitment in American life, Berkley: University of California Press.

Fuchs, Dieter (1990): Die Normalisierung des Unkonventionellen. Formen politischer Aktion und neue soziale Bewegungen, Berlin: Wissenschaftszentrum Berlin für Sozialforschung.

Gabriel, Oscar W. (2012): „Political participation in France and Germany: Traditions, concepts, measurements, patterns and explanations", in: Gabriel, Oscar W. et al. (Hrsg.): Political participation in France and Germany, Colchester: ECPR Press, S. 1-32.

Gabriel, Oscar W. et al. (2002): Sozialkapital und Demokratie: Zivilgesellschaftliche Ressourcen im Vergleich, Wien: WUV-Universitäts-Verlag.

Gabriel, Oscar W. et al. (Hrsg.) (2012): Political participation in France and Germany, Colchester: ECPR Press.

Geißel, Brigitte et al. (2004): „Einleitung: Integration, Zivilgesellschaft und Sozialkapital", in: Klein, Ansgar et al. (Hrsg.): Zivilgesellschaft und Sozialkapital. Herausforderungen politischer und sozialer Integration, Wiesbaden: VS Verlag für Sozialwissenschaften, S. 7-15.

Kaase, Max (1997): „Vergleichende Partizipationsforschung", in: Berg-Schlosser, Dirk/ Müller-Rommel, Ferdinand (Hrsg.): Vergleichende Politikwissenschaft, 3. Auflage, Opladen: Leske + Budrich, S. 159-174.

Kaase, Max (1995): „Partizipation", in: Nohlen, Dieter (Hrsg.): Wörterbuch Staat und Politik, Bonn: Bundeszentrale für politische Bildung, S. 521-527.

Keil, Silke I. (2012): „Social participation", in: Gabriel, Oscar W. et al. (Hrsg.): Political participation in France and Germany, Colchester: ECPR Press, S. 189-208.

Kunz, Volker/*Gabriel,* Oscar W. (1999): „Soziale Integration und politische Partizipation. Das Konzept des Sozialkapitals – Ein brauchbarer Ansatz zur Erklärung politischer

Partizipation?", in: Druwe, Uwe et al. (Hrsg.): Kontext, Akteur und strategische Interaktion. Untersuchungen zur Organisation politischen Handelns in modernen Gesellschaften, Opladen: Leske + Budrich, S. 47-75.

Kuttner, Robert (1997): Everything for Sale: The Virtues and Limits of Markets, New York: Knopf.

Putnam, Robert D. (2000): Bowling alone. The collapse and revival of American community, New York: Simon & Schuster.

Putnam, Robert D. (1993): Making Democracy Work. Civic Traditions in Modern Italy, Princeton, NJ: Princeton University Press.

Rivat, Emmanuel/*Stauer*, Matthias (2012): „Political protest", in: Gabriel, Oscar W. et al. (Hrsg.): Political participation in France and Germany, Colchester: ECPR Press, S. 237-272.

Roßteutscher, Sigrid (2004): „Die Rückkehr der Tugend?", in: van Deth, Jan W. (Hrsg.): Deutschland in Europa. Ergebnisse des European Social Survey 2002-2003, Wiesbaden: VS Verlag Sozialwissenschaft, S. 175-200.

Schlozman, Kay Lehman et al. (2012): The unheavenly chorus: Unequal political voice and the broken promise of American democracy, Princeton: Princeton University Press.

Stolle, Dietlind/*Hooghe*, Marc (2004): Emerging repertoires of political action? A review of the debate on participation trends in Western societies. Part 2: An empirical exploration of new forms of participation. Konferenzpapier präsentiert anlässlich der „Joint Sessions of the European Consortium for Political Research", Uppsala, Schweden.

Teorell, Jan (2003): „Linking social capital to political participation: Voluntary associations and networks of recruitment in Sweden", in: Scandinavian Political Studies, 26:1, S. 49-66.

van Deth, Jan W. (2003): „Vergleichende politische Partizipationsforschung", in: Berg-Schlosser, Dirk/Müller-Rommel, Ferdinand (Hrsg.): Vergleichende Politikwissenschaft. 4. Auflage, Opladen: VS Verlag für Sozialwissenschaften, S. 167-187.

van Deth, Jan W. (2001): „Soziale und politische Beteiligung: Alternativen, Ergänzungen oder Zwillinge?", in: Koch, Achim et al. (Hrsg.): Politische Partizipation in der Bundesrepublik Deutschland. Empirische Befunde und theoretische Erklärungen, Opladen: Leske + Budrich, S. 195-219.

Westle, Bettina (1994): „Politische Partizipation", in: Gabriel, Oscar W./Brettschneider, Frank (Hrsg.): Die EU-Staaten im Vergleich. Strukturen, Prozesse, Politikinhalte. 2. Auflage, Opladen: Westdeutscher Verlag, S. 137-173.

Zmerli, Sonja (2002): The empirical relevance of bonding and bridging social capital. An East-West German comparison. Konferenzpapier präsentiert anlässlich des Annual Meeting of the American Political Science Association, Boston, USA.

Zmerli, Sonja (2004): „Politisches Vertrauen und Unterstützung", in: van Deth, Jan W. (Hrsg.): Deutschland in Europa. Ergebnisse des European Social Survey 2002-2003, Wiesbaden: VS Verlag Sozialwissenschaft, S. 229-256.

Europäische Interessenvermittlung französischer Wirtschaftsverbände: Ein französisch-deutscher Vergleich

Christine Quittkat

Einleitung

Bereits seit Gründung der Europäischen Gemeinschaften (EGKS, EWG und Euratom) in den 1950er Jahren wurde der Prozess der europäische Integration von Interessengruppen begleitet (Meynaud/Sidjanski 1971). Dabei bemühten sich lange Zeit vor allem Wirtschaftsverbände um Einfluss auf europäische Entscheidungen. Seit Mitte der 1990er Jahre ist die Europäische Kommission nunmehr bestrebt, den Teilnehmerkreis am europäischen Willensbildungsprozess von Experten und Wirtschaftsverbände auf die organisierte Zivilgesellschaft auszuweiten (Europäischer Rat, Turin 1996) und seit 2000 lässt sich eine Ausweitung und Intensivierung des Austauschs der Kommission mit allen gesellschaftlichen Akteuren beobachten. Die Forschung hat gezeigt, dass das neue Konsultationsregime der Kommission dabei zwar zu einer stärkeren Einbindung gesellschaftlicher Nichtregierungsorganisationen geführt hat, Wirtschaftsverbände davon aber gleichermaßen profitieren (Kohler-Koch/Quittkat 2011). Insgesamt können nationale Wirtschaftsverbände somit nicht nur auf viele Jahre Erfahrung im europäischen Lobbying zurückblicken, sondern sie sind heute auch wesentlicher Bestandteil europäischen Regierens.

Allerdings sind nationale Wirtschaftsverbände weiterhin in nationalstaatliche Strukturen eingebunden und es stellt sich die Frage, ob und in welchem Umfang sich die europäischen Lobbyaktivitäten der nationalen Wirtschaftsverbände aneinander angeglichen haben, beziehungsweise ob nationale Traditionen der Staat-Verbände-Beziehungen im Kontext europäischer Interessenvertretung noch wirksam sind. Die Position und Entwicklung der europäischen Interessenvermittlung französischer Wirtschaftsverbände im Vergleich mit deutschen Wirtschaftsverbänden ist für diese Frage besonders aussagekräftig, da sich traditionell die französischen Staat-Verbände-Beziehungen wesentlich von denen der EU, aber auch von denen Deutschlands unterscheiden. Die Konstruktion, Organisation und politische Kultur der europäischen Institutionen sind gekennzeichnet durch das Ineinandergreifen europäischer und nationaler Entscheidungsträger, das europäische Mehrebenensystem, die „Netzwerkstrukturen" europäischen Regierens, und durch kooperative und auf Konsens gerichtete Willensbildungsprozesse (Kohler-Koch 1999). Nationale und europäische öffentliche wie private Akteure sind über Ausschüsse, Konsultationen, Foren, Beratungszirkel, Anhörungen und Ähnlichem in Verhandlungen zur Entscheidungsfindung eingebunden, die in der Regel von der Europäischen Kommission initiiert und koordiniert werden. Es gibt folglich auf europäischer Ebene vielfältige Ansatzpunkte, um die eigenen Belange zu Gehör zu bringen, wobei die Verwaltungsebene der Europäischen Kommission der bevorzugte Gesprächspartner ist.

Die politische Kultur und die Interessenvermittlung in Deutschland gleichen denjenigen der EU. Beide Systeme sind durch Offenheit und „vertrauensvolle Zusammenarbeit" gekennzeichnet (Mazey/Richardson 1997). Auch müssen in beiden Systemen Interessen in der Phase der Politikformulierung eingebracht werden, weil die gesetzeskonforme Umsetzung politischer Entscheidungen wenig Spielraum für nachträgliche Korrekturen lässt. Insgesamt betrachtet wird zwischen den europäischen und den deutschen Staat-Verbände-Beziehungen gemeinhin eine weitreichende Kompatibilität konstatiert; anders liegt der Fall in Frankreich (Quittkat 2003). Die besonderen Charakterzüge des französischen Systems werden mit der Bezeichnung „Etatismus" auf den Begriff gebracht (Eising/Kohler-Koch 1999). Zwar herrscht Übereinstimmung darüber, dass internationale und binnengesellschaftliche Kontextbedingungen die Verfassungswirklichkeit Frankreichs in den vergangenen vierzig Jahren verändert haben, doch besteht auch Einigkeit darüber, dass der Staat als Akteur nach wie vor eine erhebliche und oft sogar dominierende Rolle im politischen System Frankreichs einnimmt (Uterwedde 2012: 182ff). In etatistischer Tradition wird der *intérêt général* ausschließlich vom Staat vertreten und die öffentlichen politischen Akteure stehen der Einflussnahme von Interessengruppen sehr skeptisch gegenüber. Die Bereitschaft des Staates, Partikularinteressen – mit dem Ziel der Gemeinwohlförderung – zu berücksichtigen, ist nur bedingt gegeben, so dass französische Interessengruppen eher re-aktiv als aktiv die Politik mitgestalten. Entsprechend ist das etatistische Modell des Regierens in Frankreich durch die dominante Rolle des Staates und autoritative Entscheidungsprozesse sowie durch eine eher konfliktreiche politische Kultur gekennzeichnet (Schmidt 1999). Frankreich unterscheidet sich somit traditionell nicht nur deutlich von der bundesrepublikanischen Konsensorientierung, sondern auch von der europäischen „Verhandlungskultur".

Die vorliegende Untersuchung ist in zwei Teile gegliedert. Zunächst werden die Veränderungen der Bedingungen für die Interessenvertretung auf EU-Ebene seit den 1990er Jahren aus Sicht der Wirtschaftsverbände diskutiert. Hieran schließt die empirische Untersuchung der nationalen Unterschiede bei der europäischen Interessenvermittlung französischer und deutscher Wirtschaftsverbände an, wobei der Frage nachgegangen wird, welche die relevanten Einflussgrößen bei der Interessenvermittlung nationaler Wirtschaftsverbände in der EU sind, um die relative Bedeutung des nationalen Faktors zu ermessen. Im Fazit werden die wesentlichen empirischen Ergebnisse nochmals in Hinblick auf die Frage zusammengefasst, ob nationale Traditionen der Staat-Verbände-Beziehungen im Kontext europäischer Interessenvertretung noch wirksam sind.

Tabelle 1: EUROLOB I und II – Datensatz

	Deutschland	Frankreich	Großbritannien	Total
Wirtschaftsverbände 1999	289	113	196	598
Rücklaufquote 1999	43,13 %	32,75 %	41,00 %	40,05 %
Wirtschaftsverbände 2012	186	55	101	342
Rücklaufquote 2012	25,31 %	15,32 %	13,70 %	18,68 %

Grundlage des vorliegenden Beitrags sind zwei Vollerhebungen über europäische Strategien der Interessenvermittlung, die sich vor allem an Wirtschaftsverbände in Deutschland, Frankreich und Großbritannien richteten (EUROLOB I, 1999 und EUROLOB II, 2012). Beide Umfragen wurden am Mannheimer Zentrum für europäische Sozialforschung der Universität Mannheim durchgeführt und liefern zusammen eine breite Datenbasis, um die Unterschiede und Ähnlichkeiten der Lobbystrategien der nationalen Wirtschaftsverbände herauszuarbeiten und zu erklären (Tabelle 1).[1]

1. Allgemeine Veränderungen europäischer Interessenvertretung (1999 - 2012)

Wie bereits angesprochen, haben sich seit der Jahrhundertwende die Kontextbedingungen für die europäische Interessenvermittlung nationaler Wirtschaftsverbände verändert, was sich auch in der Einschätzung der Wirtschaftsverbandsvertreter widerspiegelt.

---

[1] Mit der Einbeziehung der britischen Wirtschaftsverbände verbreitert sich die Datenbasis und die qualitative Datenanalyse gewinnt an Validität. Die Dateninterpretation konzentriert sich ausschließlich auf den französisch-deutschen Vergleich.

Abbildung 1: Bedeutungswandel politischer Institutionen seit den 1990er Jahren (2012; D, F, GB)

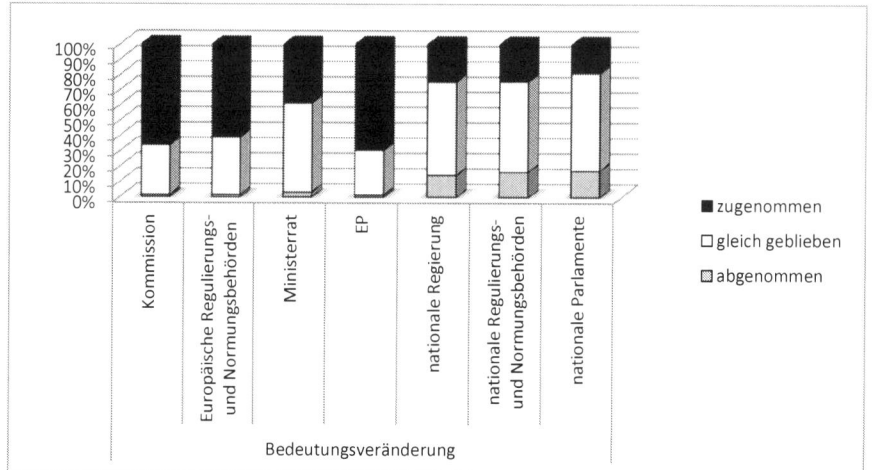

Zum einen hat sich das gesamte Entscheidungsgefüge der EU durch die Kompetenzstärkung der supranationalen Organe mit dem Vertrag von Nizza (2001) und dem Vertrag von Lissabon (2009) gewandelt und geht sowohl mit neuen Möglichkeiten als auch neuen Einschränkungen für die Interessenvertretung einher. So ist zwar die Bedeutung der nationalen politischen Institutionen für das europäische Lobbying der meisten nationalen Wirtschaftsverbände gleich geblieben, aber die Relevanz der EU-Institutionen hat zugenommen (Abbildung 1). Außerdem konstatieren die Interessenvertreter eine bessere Zugänglichkeit des Europäischen Parlaments und der Kommission für nationale Wirtschaftsverbände.

Die größere Offenheit dieser beiden europäischen Institutionen gegenüber Interessengruppen nahm ihren Ausgang im Weißbuch der Kommission „Europäisches Regieren" (Kommission 2001), dem der Aufbau des neuen Konsultationsregimes der Europäischen Kommission, das auf den Prinzipien Inklusion, Offenheit und Transparenz basiert, folgte (Kohler-Koch/Quittkat 2011). Zu den wichtigen Elementen des Öffnungsprozesses gehört auch das Grünbuch der Kommission „Europäische Transparenzinitiative" (Kommission 2006), das nach einem langen Entstehungsprozess in der Einrichtung des Transparenzregisters im Juni 2011 mündete (Bouza Garcia/Greenwood 2014; Greenwood 2011; Greenwood/Dreger 2013). In das Transparenzregister sollen sich all diejenigen Organisationen wie Wirtschaftsverbände, Bürgerverbände, Nichtregierungsorganisationen, Unternehmen, Gewerkschaften, Denkfabriken und ähnliches eintragen, die damit befasst sind, die Entscheidungsprozesse und die Politikgestaltung der EU zu beeinflussen.²

Mit der Erweiterung der Beteiligungsangebote für die organisierte Zivilgesellschaft im weitesten Sinne nahm aus Sicht der Verbände auch die Politisierung europäischer Politik zu (Abbildung 2). Offen muss an dieser Stelle bleiben, ob die Politisierung auf die neuen Themen europäischer Politik, die stärkeren Kompetenzen des EP oder auf die Breite der beteiligten zivilgesellschaftlichen Organisationen zurückzuführen ist.

Abbildung 2: Veränderungen der Bedingungen für die Interessenvertretung auf EU-Ebene seit den 1990er Jahren (2012; D, F, GB)

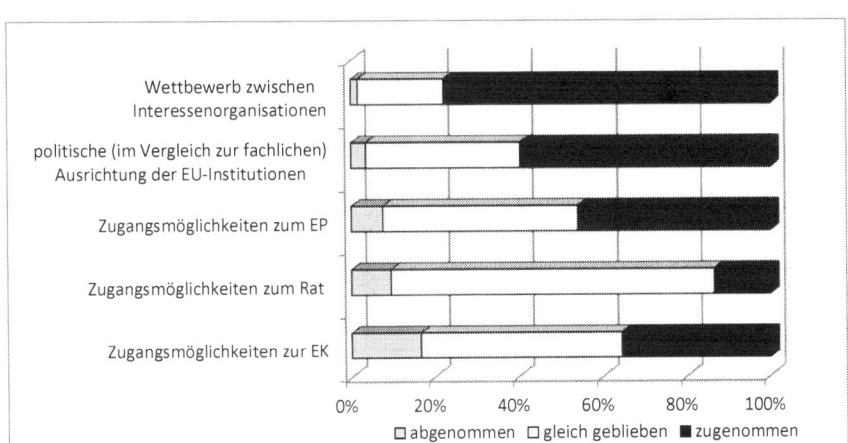

Schließlich hat die EU-Erweiterung von 15 auf 25 Mitgliedstaaten 2004 und auf 27 Mitgliedstaaten 2007[3] die Kontextbedingungen europäischen Lobbyings verändert. Nicht nur erschwert die Aufnahme von Staaten mit einer (sehr) schwachen Tradition unabhängiger Wirtschaftsverbände die bi- und multilaterale Zusammenarbeit innerhalb der europäischen Dachverbände und bei der direkten europäischen Interessenvertretung. Darüber hinaus ist die Zahl nationaler Wirtschaftsverbände auf EU-Ebene durch die Erweiterungen sowie die neuen Beteiligungsangebote erheblich angewachsen und hat den Wettbewerb zwischen Interessenvertretern deutlich verschärft (Abbildung 2).

---

2   http://ec.europa.eu/transparencyregister/info/about-register/whyTransparencyRegister.do?locale=de; 15.11.2014.
3   Die Aufnahme Kroatiens als 28. Mitgliedsland der EU am 1.07.2013 spiegelt sich in den zur Verfügung stehenden Untersuchungsdaten nicht wider, da die Erhebung von EUROLOB II im Jahr 2012 durchgeführt wurde.

Neben den veränderten Kontextbedingungen lassen sich auch Veränderungen in den Lobbyaktivitäten nationaler Wirtschaftsverbände konstatieren. Ein Vergleich der Daten von 1999 und 2012 legt offen, dass die Zahl nationaler Verbände, die direkte Kontakte zur EU-Ebene unterhalten, abgenommen hat (Abbildung 3). Besonders stark ist der Rückgang der Kontakte zu den europäischen Regulierungs- und Normungsbehörden sowie zur Kommission, wobei der Rückgang bei der Kommission sowohl die Führungsebene als auch die Arbeitsebene betrifft.

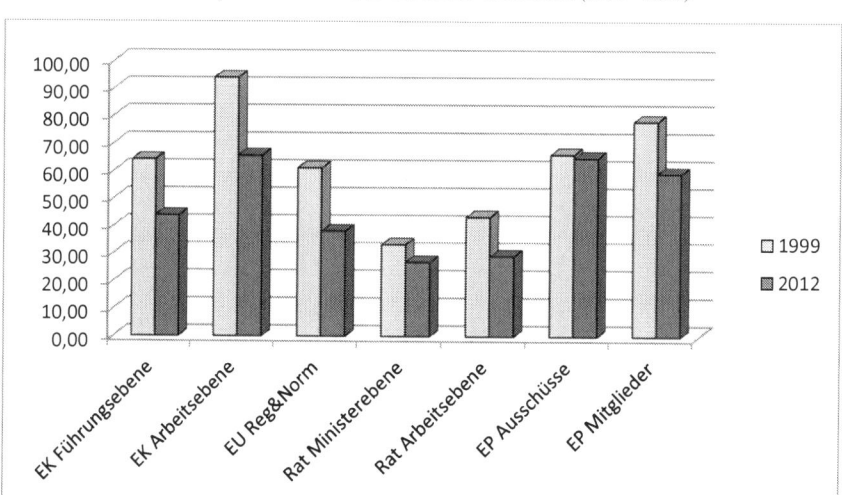

Abbildung 3: Anteil nationaler Wirtschaftsverbände, die direkte Kontakte zu den politischen Institutionen der EU unterhalten (1999 - 2012)

Zugleich lässt sich allerdings bei denjenigen nationalen Verbänden, die auf europäischer Ebene aktiv sind, eine Intensivierung der EU-Kontakte verzeichnen (Abbildung 4). Während die Zahl der Verbände, die häufige Kontakte zur Arbeitsebene der Europäischen Kommission unterhalten, weitgehend gleich geblieben ist, hat die Regelmäßigkeit der Kontakte zum Rat und zum EP auffällig zugenommen, was freilich den veränderten Kompetenzen und Entscheidungsstrukturen der supranationalen Organe geschuldet ist.

Abbildung 4: Anteil nationaler Wirtschaftsverbände, die monatliche oder wöchentliche Kontakte zu den politischen Institutionen der EU unterhalten (1999 - 2012)

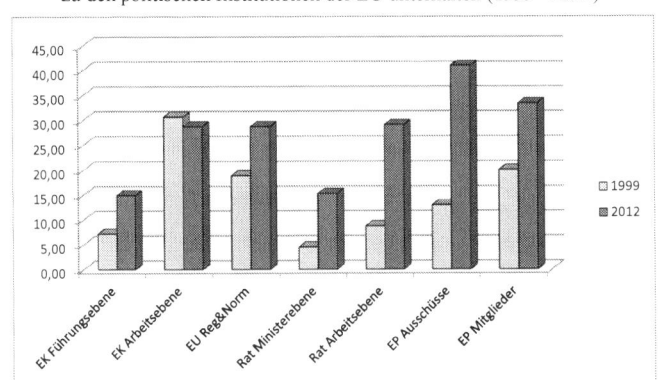

Die Verschiebungen zwischen 1999 und 2012 verweisen auf Veränderungen im Rollenverständnis der nationalen Wirtschaftsverbände, die jedoch keineswegs einheitlich sind. Während sich manche nationalen Verbände von der EU-Ebene zurückgezogen haben und europäisches Lobbying den EU-Verbänden überlassen, in denen sie aktives oder passives Mitglied sind, durchlaufen andere nationale Verbände, vor allem Branchen- und Fachverbände, einen „Emanzipationsprozess" und verstärken ihr direktes europäisches Lobbying (Kohler-Koch 2015), was auch in Verlagerungen des Aufgabenprofils nationaler Wirtschaftsverbände zum Ausdruck kommt (siehe unten).

2. Strategien europäischer Interessenvertretung nationaler Wirtschaftsverbände

Europäisches Transparenzregister

Richtet sich der Blick von allgemeinen Tendenzen auf den nationalen Vergleich zwischen Frankreich und Deutschland, so ergibt sich ein facettenreiches Bild, das in beiden Ländern Veränderungen erkennen lässt, zugleich aber auf traditionelle Muster verweist. Deutlich wird dies bereits bei den Registrierungen im europäischen Transparenzregister. Zwar unterscheidet sich die Zahl der zum 3.11.2014 registrierten Organisationen aus Frankreich (715) und Deutschland (851) insgesamt betrachtet nur geringfügig und der Anteil der Organisationen, die lokale, regionale und kommunale Behörden vertreten, der Anteil an Unternehmen sowie Denkfabriken, Forschungs- und Hochschuleinrichtungen aus Frankreich und Deutschland ist in etwa gleich (Tabelle 2); in der relativen Verteilung anderer Gruppen zeigen sich jedoch auffällige Unterschiede.

Die deutlichste Differenz wird bei den Gewerkschaften erkennbar. Die fragmentierte Gewerkschaftsstruktur Frankreichs so wie die Organisation der deutschen Gewerkschaften nach dem Industrie- und Einheitsprinzip (Ebbinghaus/Visser 2000) spiegelt sich zahlenmäßig im Transparenzregister wider, in dem fünfzig französische, aber nur zehn deutsche Gewerkschaften eingetragen sind. Dagegen sind deutsche Wirtschaftsverbände wie deutsche Nichtregierungsorganisationen stärker im Transparenzregister vertreten als französische Organisationen dieser Art. Zudem scheinen in Frankreich Beratungsfirmen, Anwaltskanzleien sowie selbständige Berater häufiger zum Einsatz für europäisches Lobbying zu kommen als in der Bundesrepublik.

Tabelle 2: Französische und deutsche Organisationen im Transparenzregister (Stand 03.11.2014)

	Sitz in Frankreich		Sitz in Deutschland	
Gewerbe-, Wirtschafts- und Berufsverbände	199	(27,83 %)	298	(35,02 %)
Beratungsfirmen, Anwaltskanzleien, selbständige Berater	89	(12,45 %)	72	(8,46 %)
Gewerkschaften	50	(6,99 %)	10	(1,18 %)
Nichtregierungsorganisationen, Plattformen, Netzwerke, o. ä.	133	(18,60 %)	205	(24,09 %)
Organisationen, die lokale, regionale und kommunale Behörden, andere öffentliche oder gemischte Einrichtungen vertreten	44	(6,15 %)	37	(4,35 %)
Unternehmen, Unternehmensgruppen	122	(17,06 %)	137	(16,10 %)
Denkfabriken, Forschungs- und Hochschuleinrichtungen	48	(6,71 %)	54	(6,35 %)
Sonstige	30	(4,20 %)	38	(4,47 %)
Insgesamt	715	(100 %)	851	(100 %)

Ob das Transparenzregister nur auf Unterschiede zwischen Frankreich und Deutschland im Hinblick auf die Verbandslandschaft verweist oder auch auf Unterschiede im Ausmaß an europäischen Aktivitäten nationaler Verbände, bleibt zu überprüfen. Am einfachsten geht dies anhand der Aktivitäten von nationalen Verbänden im Verlauf des Politikzyklus und anhand einer Untersuchung der Kontakthäufigkeiten der Verbände zu nationalen und europäischen öffentlichen Akteuren im Kontext europäischer Interessenvertretung.

Europäischer Politikzyklus

Aufgrund des europäischen Entscheidungssystems erstreckt sich der europäische Politikzyklus über die europäische und die nationale Ebene. Von Interesse ist, inwieweit Wirtschaftsverbände auf die veränderte Rolle des europäischen Parlaments im europäischen Entscheidungssystem reagieren, ob im diachronen Vergleich Verschiebungen bei den Lobbyaktivitäten bezüglich der Politikzyklusphasen erkennbar sind und ob nationale Unterschiede, die 1999 sehr ausgeprägt waren, auch im Jahr 2012 noch fortbestehen. Das Ergebnis ist eindeutig: Im Vergleich zu 1999 hat der Anteil der französischen Wirtschaftsverbände zugenommen, die während der Beratungen im Europäischen Parlament Lobbying betreiben, was der gestärkten Rolle des Europäischen Parlaments geschuldet ist und sich in noch höherem Maße auch bei deutschen Wirtschaftsverbänden zeigt. Zudem suchen französische Wirtschaftsverbände im Vergleich zu 1999 verstärkt den Kontakt zu den EU-Institutionen bei der Formulierung des nationalen Durchführungsgesetzes und während der Umsetzung europäischer Gesetzgebung durch die nationale Verwaltung. Offensichtlich bemühen sich französische Wirtschaftsverbände darum, über den Umweg der EU-Ebene eine angemessene, korrekte und zügige Umsetzung europäischen Rechts in Frankreich sicherzustellen.

Tabelle 3: Aktivitäten im Verlauf des europäischen Politikzyklus: nationale Ebene

Anteil der nationalen Verbände, die die Interessen ihrer Mitglieder häufig gegenüber nationalen Institutionen vertreten (in %)	Französische Verbände		Deutsche Verbände	
	1999	2012	1999	2012
• wenn ein Thema auf die politische Tagesordnung kommt	25,77	25,64	59,78	69,09
• bei der Formulierung der nationalen Position zum Kommissionsvorschlag	68,27	52,27	69,20	70,99
• bei der Formulierung des nationalen Durchführungsgesetzes	60,40	61,36	62,83	64,81
• während der Umsetzung durch die nationale Verwaltung	58,51	62,22	55,93	57,50

Trotz dieser verstärkten europäischen Aktivitäten ist die europäische Interessenvertretung französischer Wirtschaftsverbände in den etatistischen Staat-Verbände-Beziehungen verankert. Die Mehrheit der französischen Verbände verhält sich – ganz in etatistischer Tradition – weiterhin reaktiv und nur wenige versuchen, über die nationale oder gar die europäische Ebene die europäische politische Tagesordnung mitzugestalten. Darüber hinaus zeigt sich ein Rückgang der französischen Aktivitäten während der

Formulierung des Kommissionsvorschlags ebenso wie während der Formulierung der nationalen Position zum Kommissionsvorschlag.

Tabelle 4: Aktivitäten im Verlauf des europäischen Politikzyklus: europäische Ebene

Anteil der nationalen Verbände, die die Interessen ihrer Mitglieder häufig gegenüber nationalen Institutionen vertreten (in %)	Französische Verbände		Deutsche Verbände	
	1999	2012	1999	2012
• wenn ein Thema auf die politische Tagesordnung kommt	9,89	10,53	41,20	60,61
• während die Kommission einen Vorschlag formuliert	53,54	46,51	61,94	66,26
• während der Beratung im Europäischen Parlament	31,58	41,46	34,77	58,60
• während der Beratung im Rat	26,37	30,95	31,62	44,08
• bei der Formulierung des nationalen Durchführungsgesetzes	42,11	65,12	55,30	58,86
• während der Umsetzung durch die nationale Verwaltung	44,44	68,18	46,21	49,60

Der verspätete Beginn der Lobbyaktivitäten französischer Wirtschaftsverbände im europäischen Politikzyklus ist vor allem im Vergleich zur Bundesrepublik auffällig, wo der Anteil der Verbände, die Einfluss auf die politische Tagesordnung der EU nehmen, im Vergleich zur Jahrhundertwende erkennbar zugenommen hat. Auch Aktivitäten während der Formulierung des Kommissionsvorschlags und der nationalen Position zum Kommissionsvorschlag sind in Deutschland stabil geblieben bzw. angestiegen (Tabelle 3 und Tabelle 4).

Die Verhaftung in etatistischen Verhaltensmustern zeigt sich zudem in der Beurteilung bzw. Wahl unterschiedlicher Lobbyinstrumente. Wirtschaftsverbände in Frankreich und Deutschland zählen gleichermaßen persönliche, gezielte und regelmäßige Kontakte zu den nützlichsten Lobbyinstrumenten. Ebenso schätzen die Vertreter der Wirtschaft in beiden Ländern in derselben Weise die Mobilisierung der Medien und der Öffentlichkeit im Kontext der EU als eher schwaches Instrument ein (Abbildung 5). Jedoch lässt sich bei den französischen Wirtschaftsverbänden beobachten, dass sie die Nützlichkeit formaler Instrumente der Interessenvertretung wie schriftliche Stellungnahmen, die Präsenz in Gremien, die Teilnahme an Online-Konsultationen oder die Bereitstellung wissenschaftlicher Expertisen etwas höher einschätzen als deutsche Wirtschaftsverbände (Abbildung 5). Dies ist im Vergleich zum neo-korporatistischen System der BRD auf die traditionell schwächere Stellung von Interessengruppen und die schlechtere Zugänglichkeit öffentlicher Akteure im etatistischen Frankreich zurückzuführen. Hintergrund ist ähnlich wie bei der Zurückhaltung während der Gestaltung der politischen Tagesordnung und der Politikformulierung der hierarchische und zumeist unilaterale Charakter der Staat-Verbände-Beziehungen in Frankreich (Hayward 1996).

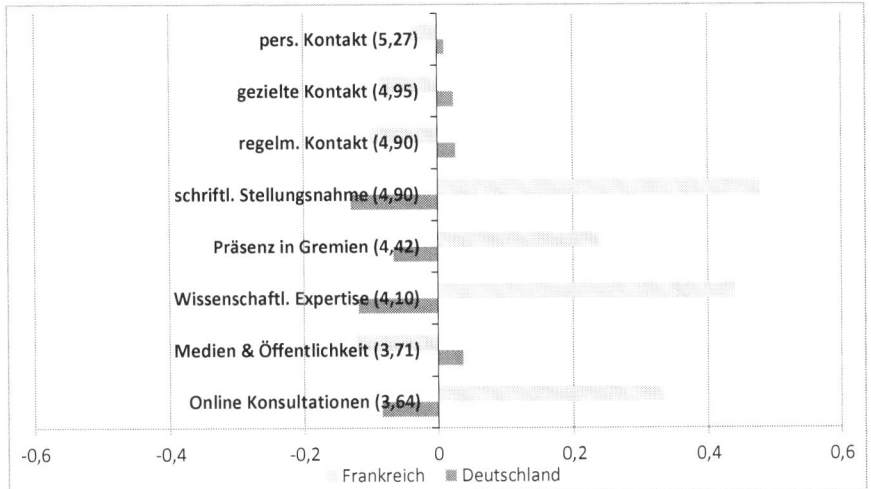

Abbildung 5: Nützlichkeit von Lobbyinstrumenten (Abweichung vom Mittelwert; 2012)

Die Ressourcenausstattung der nationalen Wirtschaftsverbände

Zeigt schon die deskriptive Statistik deutliche Hinweise auf nationale Unterschiede europäischer Interessenvermittlung, so lassen sich mit Hilfe von Regressionsanalysen die Unterschiede noch genauer herausarbeiten. Eine differenziertere Analyse ist vor allem deshalb sinnvoll, weil in der (aktuellen) Forschung auf die hohe Bedeutung von Ressourcen für die Lobbyaktivitäten von Interessengruppen in der EU hingewiesen wird. Uneinigkeit herrscht allerdings darüber, welche Ressourcen für den Zugang zu nationalen und europäischen politischen Akteuren besonders relevant sind (Pappi/Henning 1999: 258f).

Seit langem diskutiert wird die Bedeutung der Ressource „Information" beziehungsweise Fachwissen/Expertise auf EU-Ebene. Sowohl die europäische Verwaltung wie auch die europäische Politik sind bei der Formulierung und Umsetzung europäischer Entscheidungen und Gesetze auf das Wissen der nationalen (Fach-)Branchenverbände angewiesen, sowohl bezüglich technischer und ökonomischer Aspekte als auch bezüglich mitgliedstaatlicher, administrativer und/oder juristischer Spezifika (Bouwen 2002; Chalmers 2012; Meynaud/Sidjanski 1971).

Darüber hinaus sind die Ausstattung mit Finanzmitteln und die Repräsentativität einer Interessenorganisation wichtige Ressourcen bei der (europäischen) Interessenvermittlung. Die Finanzausstattung eines Verbandes bestimmt nicht nur seine Personalausstattung, sondern je höher die finanziellen Ressourcen eines Verbandes, desto intensiver kann er Lobbying betreiben, desto breiter kann er seine Lobbykontakte streuen, und desto facettenreicher ist sein Lobbyinstrumentarium. Die Repräsentativität eines Verbandes entscheidet vielfach darüber, ob ein Verband überhaupt Zugang zu öffentlichen Akteuren findet. In der EU hat das Kriterium der Repräsentativität vor allem mit der Öffnung der Europäischen Kommission gegenüber zivilgesellschaftlichen Akteuren an Bedeutung gewonnen und findet sich im neuen EU-Vertrag, wo es heißt „Die Organe geben den Bürgerinnen und Bürgern und den repräsentativen Verbänden in geeigneter Weise die Möglichkeit, ihre Ansichten in allen Bereichen des Handelns der Union öffentlich bekannt zu geben und auszutauschen." (Art. 11 Abs. 2 EUV). Allerdings existiert kein EU-Dokument, in dem systematisch und einheitlich dargelegt wird, welche Bedingungen eine Interessenorganisation erfüllen muss, um als „repräsentativ" zu gelten (Garrec 2005: 25-26). In Frankreich spielt die Repräsentativität von Wirtschaftsverbänden und Gewerkschaften vor allem im Kontext des Sozialen Dialogs und des im August 2013 in Kraft getretenen Gesetzes zur Erneuerung der Sozialpartnerschaft und zur Arbeitszeitreform eine Rolle (Quittkat 2012: 137-138). In der Bundesrepublik wird die Frage der Repräsentativität von Wirtschaftsverbänden kaum thematisiert, da die Verbandslandschaft ähnlich den Arbeitgeberverbänden und Gewerkschaften im Kern nach dem Industrie- und Einheitsprinzip organisiert ist.

Abbildung 6: Das Budget französischer und deutscher Wirtschaftsverbände (2012)

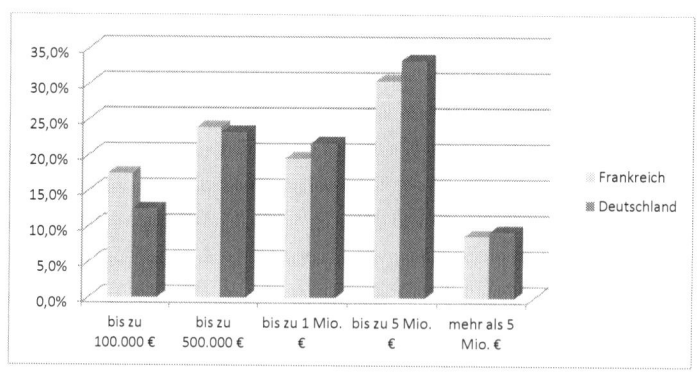

Betrachtet man nunmehr das Budget der nationalen Wirtschaftsverbände, so steht französischen Verbänden vielfach eine geringere Finanzausstattung zur Verfügung als deutschen Wirtschaftsverbänden (vgl. Abbildung 6), eine Tatsache, mit der sich französische Verbände auch schon früher abfinden mussten (Quittkat 2006: 62-63). Darüber hinaus ist der Anteil der Wirtschaftsverbände, denen es gelingt, mehr als die Hälfte ihrer potenziellen Mitglieder zu organisieren, in Frankreich mit 62,22 % deutlich niedriger als in Deutschland mit 77,08 % (Abbildung 7). Französische Wirtschaftsverbände sind somit aus strukturellen Gründen in einer schlechteren Lage als deutsche Verbände, um sich gegenüber europäischen öffentlichen Akteuren Gehör zu verschaffen.

Abbildung 7: Die Repräsentativität französischer und deutscher Wirtschaftsverbände (2012)

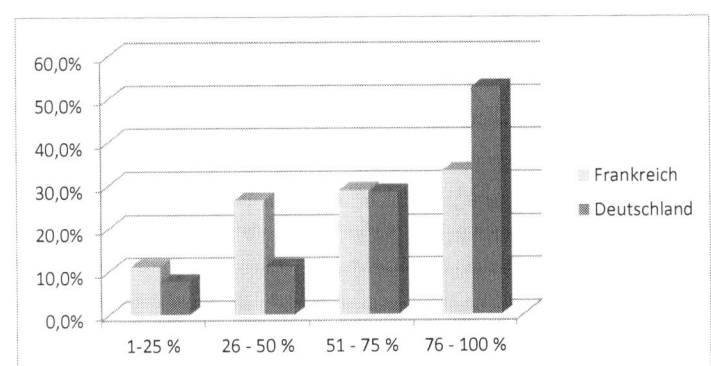

3. Die Kontaktmuster französischer und deutscher Wirtschaftsverbände mit europäischen und nationalen politischen Institutionen im Kontext europäischer Interessenvermittlung

Vor diesem Hintergrund soll im letzten Teil der Analyse europäischer Interessenvermittlung die unterschiedliche Ressourcenausstattung der französischen und deutschen Wirtschaftsverbände berücksichtigt werden. Gefragt wird danach, welche die relevanten Einflussgrößen bei der europäischen Interessenvermittlung nationaler Wirtschaftsverbände auf EU-Ebene und auf nationaler Ebene sind und ob sich nationale Unterschiede ausmachen lassen. Der Blick auf die Kontaktmuster ist, wie die Analyse der Aktivitäten im Verlauf des Politikzyklus, besonders aussagekräftig, da sich hier die spezifischen Muster neo-korporatistischer und etatistischer Staat-Verbände-Beziehungen manifestieren, wie oben dargelegt. Für die Analyse werden die zur Verfügung stehenden Variablen Budget, Repräsentativität, Arbeitsmarktgewicht und Internationalisierungsgrad berücksichtigt.

Die Regressionsanalyse zeigt, dass unter gleichen strukturellen Bedingungen Kontakte nationaler Wirtschaftsverbände zu europäischen öffentlichen Institutionen wesentlich von drei Faktoren bestimmt werden: von der Existenz einer eigenen Verbandsniederlassung in Brüssel, der Finanzausstattung des Verbandes und der Repräsentativität des Verbandes (siehe Anhang, Tabelle 6). Dass Verbände mit einem eigenen Büro in Brüssel häufiger Kontakte zu EU-Institutionen unterhalten als Verbände ohne Brüsseler Dependance überrascht kaum, da in der Regel wohl genau dies der Gründungszweck eines solchen Verbindungsbüros sein dürfte. Auch die Tatsache, dass Kontakte nationaler Wirtschaftsverbände zu öffentlichen europäischen Institutionen zunehmen, je höher das Budget der Verbände bzw. je höher die Repräsentativität der Verbände, entspricht den Erwartungen. Interessanter ist, dass die Verbandsrepräsentativität nur bei Kontakten zur Verwaltungsebene von Kommission und Rat signifikant ist, während sie bei Kontakten zur Führungsebene der Kommission und zur Führungsebene des Rates nicht ausschlaggebend ist. Wirtschaftsverbände wenden sich nur punktuell und in (politisch) „dringenden Fällen" an die europäischen Spitzenpolitiker und in solchen Situationen spielen Repräsentativität und Budget offensichtlich eine untergeordnete Rolle. Ebenso interessant ist, dass die nationale Verankerung eines Verbandes für das Lobbying auf EU-Ebene keine Bedeutung hat. Französische und deutsche Verbände weisen unter Berücksichtigung der Strukturvariablen die gleichen Kontakthäufigkeiten zu den EU Institutionen auf.

Die Ergebnisse zu den Kontakthäufigkeiten nationaler Wirtschaftsverbände mit den (eigenen) nationalen öffentlichen Akteuren im Kontext europäischen Lobbyings sind dagegen komplexer (siehe Anhang, Tabelle 7). Zwar spielt auch auf nationaler Ebene die finanzielle Verbandsausstattung eine wesentliche Rolle und andere Strukturvariablen sind gleichfalls wirksam. Aber im Unterschied zur EU-Ebene spielt die Repräsentativität eines Wirtschaftsverbandes beim europäischen Lobbying auf nationaler Ebene nur bei Kontakten zur Führungsebene der nationalen Regierung eine Rolle. Alle nationalen Wirtschaftsverbände unterhalten zu den nationalen öffentlichen Akteuren Kontakte, unabhängig von ihrer Repräsentativität, doch der Zugang zur nationalen politischen Führungsebene ist im Wesentlichen den Verbänden mit hoher Repräsentativität vorbehalten.

Anders verhält es sich mit dem Arbeitsmarktgewicht, denn je höher das Arbeitsmarktgewicht einer von einem Verband vertretenen (Fach-)Branche, desto mehr Kontakte unterhält dieser Verband zur Führungsebene der nationalen Regierung. Dieser ist, ebenso wie den Parteifraktionen im nationalen Parlament und den nationalen Parlamentariern, sehr daran gelegen, negative Auswirkungen europäischer Politik für den nationalen Arbeitsmarkt zu vermeiden. Tatsächlich sind gewählte, politische Akteure besonders sensibel bei arbeitsmarktrelevanten Themen und unterscheiden sich hierin von der nationalen Verwaltung und den Ausschüssen des Parlaments.[4]

Die Relevanz von starken finanziellen Ressourcen, hoher Repräsentativität und bedeutendem Arbeitsmarktgewicht bei Kontakten zu nationalen öffentlichen Akteuren gilt bei europäischem Lobbying für französische und deutsche Verbände gleichermaßen. Aber es zeigen sich zudem nationale Unterschiede, die unter Berücksichtigung der schlechteren Finanzausstattung und der geringeren Repräsentativität französischer Wirtschaftsverbände (statistisch) signifikant sind: Überraschenderweise haben französische Wirtschaftsverbände im Kontext europäischer Interessenvermittlung signifikant geringere Kontakte zu ihren nationalen politischen Institutionen als deutsche Wirtschaftsverbände. Die einzige Ausnahme bilden Kontakte zur Führungsebene der nationalen Regierung, die in Frankreich und Deutschland ähnlich selten sind und ausschließlich von dem Budget eines Verbandes, seiner Repräsentativität und dem Arbeitsmarktgewicht der vertretenen (Fach-)Branche bestimmt werden.

Wie lassen sich die signifikant geringeren Kontakte französischer Wirtschaftsverbände zu ihren nationalen politischen Institutionen erklären? Zunächst sei in Erinnerung gerufen, dass im Kontext des EU-Lobbyings in Frankreich ebenso wie in Deutschland (oder Großbritannien) die nationale Regierung Hauptansprechpartner fast aller nationalen Wirtschaftsverbände ist, gefolgt von Kommission und EP. Die im Vergleich zur Bundesrepublik signifikant geringeren Kontakte der französischen Verbände zur Arbeitsebene der Regierung wie auch zum nationalen Parlament verweisen auf eine geringere Zusammenarbeit zwischen Staat und Verbänden in Frankreich als in Deutschland bei der Mitgestaltung europäischer Politik. Ob dies tatsächlich eine völlige Abkehr von traditionellen Mustern etatistischer Staat-Verbände-Beziehungen darstellt, darf angezweifelt werden. Vielmehr mag auch der Zeitpunkt der Umfrage als Einflussfaktor relevant sein. Die EUROLOB II Umfrage fand zwischen März und Juli 2012 statt, das heißt während der Präsidentschaftswahlen, die den Wechsel von einer Mitte-Rechts Regierung (Nicolas Sarkozy, UMP) zu einer sozialistischen Regierung (François Hollande, PS) brachten. Zudem hatte Frankreich auch unter Sarkozy seit der Finanzkrise 2008 mit erheblichen Wirtschaftsproblemen zu kämpfen und war mit einem schrumpfenden Anteil am Welthandel konfrontiert, der der sinkenden Wettbewerbsfähigkeit der französischen Unternehmen aufgrund zu hoher Sozialabgaben zugeschrieben wurde.

Zugleich reflektiert das Ergebnis eine gewisse Emanzipation französischer Wirtschaftsverbände vom französischen Staat, die sich am veränderten Aufgabenprofil französischer Wirtschaftsverbände zeigt. Bei französischen wie auch bei deutschen Verbän-

---

4 Ein weiterer Faktor, der die Lobbystrategie von nationalen Wirtschaftsverbänden beeinflusst, ist der Internationalisierungsgrad einer (Fach-) Branche: Je internationalisierter die vertretene Branche, desto seltener sucht der Verband Kontakte zu den Parteifraktionen und den Mitgliedern des nationalen Parlaments.

den hat eine Verlagerung im Aufgabenprofil stattgefunden (Tabelle 5). Im Bereich der Marktkoordination zeichneten 2012 im Vergleich zu 1999 in beiden Ländern Verbände weniger für die Definition technischer Normen (Mitarbeit in den nationalen und europäischen Normungs- und Regulierungsbehörden), die Festlegung von Qualitäts- und Ausbildungsstandards oder die Regelung von Marktzutrittsbedingungen verantwortlich. Abgenommen hat in beiden Ländern auch die Zahl der Wirtschaftsverbände, die Dienstleistungen wie die Sammlung und Bereitstellung von Statistiken und Brancheninformationen, Marktforschung, individuelle juristische und ökonomische Beratung oder den Zugang zu Beratungsfirmen anbieten, wobei der Rückgang in Frankreich deutlich stärker war als in der Bundesrepublik. Parallel dazu lässt sich eine erhebliche Zunahme an Verbänden beobachten, die für die politische Interessenvertretung ihrer Mitglieder zuständig zeichnen.

Tabelle 5: Aufgabenprofil französischer und deutscher Wirtschaftsverbände (1999; 2012)

	Deutsche Verbände		Französische Verbände	
	1999	2012	1999	2012
Interessenvertretung (IV)				
Monitoring politischer Entwicklungen	67,97%	85,54%	53,33%	62,79%
Information der Mitglieder über politische Entwicklungen	81,49%	93,41%	39,05%	65,91%
Repräsentation der Mitglieder in politischen Gremien und Anhörungen	82,21%	91,57%	33,33%	70,45%
IV gegenüber anderen Interessenorganisationen	94,66%	95,21%	87,62%	86,05%
IV gegen über Gewerkschaften	27,40%	41,46%	64,76%	57,14%
Dienstleistungen (DL)				
Statistiken und Brancheninformationen	95,73%	90,96%	90,65%	79,55%
Marktforschung	61,21%	61,11%	75,70%	58,14%
individuelle rechtliche und wirtschaftliche Beratung	67,26%	58,54%	86,92%	76,19%
Zugang zu Beratungsfirmen	39,86%	39,13%	60,75%	54,55%
Werbemaßnahmen und Öffentlichkeitsarbeit	82,21%	82,72%	90,65%	66,67%
Fortbildungs- und Qualifikationsangebote für Mitglieder	64,06%	74,53%	54,21%	52,27%
Marktkoordination (MK)				
Definition technischer Normen und Standards	63,64%	57,59%	67,59%	56,82%
Festlegung von Qualitäts- und Ausbildungsstandards	54,91%	50,97%	59,26%	36,36%
Koordinierung von Forschung und Entwicklung	42,55%	42,68%	42,59%	33,33%
Regelung von Marktzutrittsbedingungen	30,55%	20,39%	36,11%	32,50%
Vergabe von Lizenzen und Zertifikaten	16,36%	20,26%	13,89%	11,90%
Streitschlichtung zwischen Mitgliedern	46,91%	30,77%	47,22%	45,24%

Spannend ist hier, dass die Veränderungen in Deutschland und Frankreich im Kern auf eine Angleichung des Aufgabenprofils von nationalen Wirtschaftsverbänden hinweisen, wobei die Verschiebungen bei den französischen Wirtschaftsverbänden mit sehr viel stärkeren Veränderungen einhergehen als bei den deutschen Verbänden. Während für deutsche Wirtschaftsverbände die politische Interessenvertretung ihrer Mitglieder seit jeher eine Kernaufgabe ist, entwickeln sich französische Wirtschaftsverbände – provokativ formuliert – erst jetzt von „Serviceprovidern" zu „Lobbyorganisationen".

Fazit

Die europäische Interessenvermittlung nationaler Wirtschaftsverbände war in den vergangenen Jahren erheblichen Veränderungen ausgesetzt, die von den Wirtschaftsverbänden auch deutlich wahrgenommen werden. Immer mehr Interessengruppen sind auf EU-Ebene aktiv, europäische Entscheidungen berücksichtigen immer häufiger nicht nur technische, sondern auch politische Aspekte, das Europäische Parlament ist heute ein wichtiger Entscheider im Politikprozess und ihm muss – neben der Kommission – erhöhte Aufmerksamkeit geschenkt werden. Das veränderte Entscheidungsgefüge und die Politisierung europäischer Politik gingen einher mit einer Veränderung des Aufgabenprofils vor allem französischer Wirtschaftsverbände, die ihren Schwerpunkt nicht mehr nur auf Dienstleistungen für Mitglieder legen, sondern aktiv als deren Interessenvertreter auf europäischer und nationaler Ebene auftreten.

Auch wenn deutsche und französische Wirtschaftsverbände heute gleichermaßen ein stärkeres Gewicht auf die politische Interessenvertretung ihrer Mitglieder legen als vor der Jahrhundertwende und die Intensität der Kontakte nach Brüssel bei den EU-orientierten Verbänden zugenommen hat, so zeigen sich doch nationale Unterschiede in den Strategien europäischer Interessenvermittlung, die deutlich auf die nationale politische Kultur und die Verankerung im jeweiligen nationalen politischen System zurückzuführen sind, aber auch auf die schlechtere Ressourcenausstattung französischer Wirtschaftsverbände.

Vor allem bei den Kontaktmustern zu den nationalen öffentlichen Institutionen im Kontext europäischer Interessenvertretung zeigen sich unter Berücksichtigung der strukturell schlechteren Ausgangsposition der französischen Wirtschaftsverbände nationale Unterschiede, allerdings in unerwarteter Richtung: Trotz Verankerung im etatistischen Frankreich haben französische Wirtschaftsverbände im Vergleich zu ihren deutschen Kollegen nicht mehr regelmäßige Kontakte zu ihrer nationalen Regierung, der in der etatistischen Logik auf EU-Ebene die Rolle eines Fürsprechers der nationalen (Wirtschafts-) Interessen zugeschrieben wird, sondern weniger häufige Kontakte. Dieses überraschende Ergebnis muss mit den politischen Kontextbedingungen zum Zeitpunkt der EUROLOB II Umfrage (Frühsommer 2012) in Verbindung gebracht werden, als die immer weiter sinkende Wettbewerbsfähigkeit der französischen Unternehmen den zu hohen Sozialabgaben in Frankreich zugeschrieben wurde und zudem eine neue, sozialistische Regierung an die Macht kam.

Die Kontaktmuster französischer und deutscher Wirtschaftsverbände zur EU-Ebene gleichen sich, aber nur unter Berücksichtigung der schlechteren Finanzausstattung französischer Verbände und ihrer geringeren Repräsentativität. Insgesamt sind die Kontakte französischer Wirtschaftsverbände zur EU-Ebene aufgrund dieser strukturellen Nachteile seltener. Zudem agieren die französischen Wirtschaftsverbände immer noch eher reaktiv als (pro-)aktiv was den Zeitpunkt ihrer Lobbyaktivitäten im Verlauf des europäischen Politikzyklus betrifft, denn sie versuchen nur in Ausnahmefällen, die politische Agenda mitzugestalten.

Die Untersuchung ergibt ein gemischtes Bild hinsichtlich der Frage, ob nationale Traditionen der Staat-Verbände-Beziehungen im Kontext europäischer Interessenvertretung noch wirksam sind. Einerseits mag das reaktive Verhalten im Verlauf des europäischen Politikzyklus als Beweis für das Verharren in althergebrachten etatistischen Denk- und Handlungsmustern herhalten. Andererseits zeigt sich eine Ablösung der französischen Verbände von ihrer Orientierung auf die nationale Regierung und eine Veränderung ihres Aufgabenprofils vom Dienstleister zum politischen Interessenvertreter. Vor dem Hintergrund der hohen Skepsis, mit der Interessengruppen in Frankreich begegnet wird, ist diese offene Umorientierung durchaus bemerkenswert und deutet eine Veränderung in den französischen Staat-Verbände-Beziehungen an, die allerdings erst durch eine Verbesserung der Ressourcenausstattung der französischen Wirtschaftsverbände eine stärkere Dynamik gewinnen kann.

Literatur

Bouwen, Peter (2002): „Corporate lobbying in the European Union: The logic of access", in: Journal of European Public Policy, 9, S. 365-390.

Bouza Garcia, Luis/*Greenwood,* Justin (2014): „The European Citizens' Initiative: A new sphere of EU politics?", in: Interest Groups & Advocacy, 3: 3, S. 246-267.

Chalmers, Adam William (2012): „Trading information for access: informational lobbying strategies and interest group access to the European Union", in: Journal of European Public Policy, 20: 1, S. 39-58.

Kommission (2001): European Governance: A White Paper, Brüssel.

Kommission (2006): Green Paper: European transparency initiative, Brüssel.

Ebbinghaus, Bernhard/*Visser,* Jelle (2000): Trade Unions in Western Europe since 1945, Basingstoke und Oxford: Macmillan.

Eising, Rainer/*Kohler-Koch,* Beate (1999): „Introduction: network governance in the European Union", in: Kohler-Koch, Beate/Eising, Rainer (Hrsg.): The Transformation of Governance in the European Union, London: Routledge, S. 3-13.

Garrec, Brendan (2005): Die Einbindung der Zivilgesellschaft im politischen System der Europäischen Union: der Zivildialog als Versprechen einer „partizipativen" Demokratie? Die Einbindungsstrategie der Kommission und die europäische Strategie der Globalisierungskritiker von Attac im Vergleich, Masterarbeit, Postgraduierten-Studiengang Europawissenschaften Berlin, Humboldt Universität, Berlin.

Greenwood, Justin (2011): „The Lobby Regulation Element of the European Transparency Initiative: between liberal and deliberative modes of democracy", in: Comparative European Politics, 9, S. 317-343.

Greenwood, Justin/*Dreger,* Joanna (2013): „The Transparency Register: A European vanguard of strong lobby regulation?", in: Interest Groups & Advocacy, 2:3, S. 139–162.

Hayward, Jack (1996): „Groupes d'intérêt, pluralisme et démocratie", in: Pouvoirs, 79, S. 5-19.

Kohler-Koch, Beate (1999): The Evolution and Transformation of European Governance, London: Routledge.

Kohler-Koch, Beate (2014): Tectonic shifts under the surface? European networking for a better interest representation of German industry, unveröffentlichtes Manuskript.

Kohler-Koch, Beate/*Quittkat,* Christine (2011): Die Entzauberung partizipativer Demokratie. Zur Rolle der Zivilgesellschaft bei der Demokratisierung von EU-Governance, Frankfurt: Campus.

Mazey, Sonia/*Richardson,* Jeremy (1997): „The Commission and the Lobby", in: Edwards, Geoffrey/Spence, David (Hrsg.): The European Commission, London: Cartermill, 178-212.

Meynaud, Jean/*Sidjanski,* Dusan (1971): Les groupes de pression dans la Communauté Européenne 1958-1968. Structure et action des organisations professionnelles, Brüssel: Université Libre de Bruxelles.

Pappi, Franz U./*Henning,* Christian H.C.A. (1999): „The Organization of Influence on the EC's common Agricultural Policy: A Network Approach", in: European Journal of Political Research, 36: 2, S. 257-281.

Quittkat, Christine (2003): „Europäisierung der Interessenvermittlung: Anpassung französischer Wirtschaftsverbände an die EG", in: Zeitschrift für Politikwissenschaft, 4/03, S. 1961-1978.

Quittkat, Christine (2006): „Europäisierung der Interessenvermittlung. Französische Wirtschaftsverbände zwischen Beständigkeit und Wandel. Wiesbaden: VS-Verlag für Sozialwissenschaften.

Quittkat, Christine (2012): Interessengruppen in Frankreich, in: Kimmel, Adolf/Uterwedde, Henrik (Hrsg.): Länderbericht Frankreich, Bonn: Bundeszentrale für politische Bildung, S. 127-144.

Schmidt, Vivian A. (1999): National Patterns of Governance under Siège: The Impact of European Integration, London: Routledge.
Uterwedde, Henrik (2012): „Zwischen Staat und Markt. Frankreichs Wirtschaftsmodell im Wandel", in: Kimmel, Adolf/Uterwedde, Henrik (Hrsg.): Länderbericht Frankreich, Bonn: Bundeszentrale für politische Bildung, S. 172-190.

Anhang

Tabelle 6: Regressionsanalyse: Kontakte zur EU-Ebene (2012)

	EK Führungs-ebene	EK Arbeits-ebene	EP Ausschüsse	EP Mitglieder	Rat Minister	Rat COREPER
(Constant)	0,424	0,620	0,676	0,632	0,241	0,202
NATIONALITÄT (Ref.: BRD)						
Frankreich	-0,197	-0,230	-0,420	-0,484	-0,169	-0,379
Großbritannien	-0,071	-0,059	-0,277	-0,460	-0,093	0,031
Büro in Brüssel	0,523**	1,086**	1,110**	0,962**	0,441**	0,676**
STRUKTURVARIABLEN						
Budget	0,285**	0,407**	0,496**	0,476**	0,292**	0,290**
Repräsentativität	0,107	0,276**	0,356**	0,244**	0,132	0,215*
Arbeitsmarktgewicht	0,135	0,021	0,071	0,112	0,126	0,111
Internationalisierung	-0,050	-0,056	-0,207*	-0,162	-0,098	-0,113
R^2	0,234	0,303	0,383	0,369	0,256	0,244
N	185	198	188	196	181	185

* signifikant auf Fünf-Prozent-Niveau; ** signifikant auf Ein-Prozent-Niveau

Tabelle 7: Regressionsanalyse: Kontakte zur nationalen Ebene (2012)

	nat. Regierung Führungsebene	nat. Regierung Arbeitsebene	nat. Parlament Fraktionen	nat. Parlament Mitglieder	nat. Parlament Ausschüsse
(Constant)	0,336	1,460**	1,480**	1,734**	1,217*
NATIONALITÄT (Ref.: BRD)					
Frankreich	-0,199	-0,641*	-0,975**	-1,020**	-0,747*
Großbritannien	0,193	0,400	-0,266	-0,304	0,558*
Büro in Brüssel	0,408	-0,094	0,545	0,404	0,482
STRUKTURVARIABLEN					
Budget	0,336**	,599**	0,371**	0,431**	0,396**
Repräsentativität	0,220*	0,178	0,133	0,145	0,081
Arbeitsmarktgewicht	0,312**	0,068	0,297*	0,381**	0,189
Internationalisierung	-0,105	0,001	-0,284*	-0,316*	-0,114
R^2	0,207	0,224	0,226	0,250	0,203
N	191	198	193	197	193

* signifikant auf Fünf-Prozent-Niveau; ** signifikant auf Ein-Prozent-Niveau

Sozialversicherungssysteme im Vergleich: Die Entwicklung der Rolle nicht-staatlicher Akteure in Deutschland und Frankreich

Patrick Hassenteufel, Louise Lartigot-Hervier

Die Sozialversicherungssysteme in Deutschland und Frankreich werden im Allgemeinen in dieselbe wohlfahrtsstaatliche Kategorie eines konservativ-korporatistischen Systems eingeordnet (Esping-Andersen 1990). Dies hat triftige historische Gründe, sind doch die Prinzipien, auf denen das erste umfassende französische Sozialversicherungsgesetz (Gesetz von 1928) gründet, weitgehend von der deutschen Gesetzgebung der 1880er Jahren inspiriert. Die Existenz dieses Systems auch in den Gebieten Elsass-Lothringens, die mit dem Friedensvertrag nach dem Ersten Weltkrieg ja wieder französisch geworden waren, trug übrigens in starkem Maße dazu bei, dass die Frage der Sozialversicherungen in Frankreich zu Beginn der 1920er Jahre auf die politische Tagesordnung gelangte.

Diese auf dem Prinzip von Sozialversicherungen beruhenden Systeme sind dadurch gekennzeichnet, dass nicht-staatliche Akteure wie Arbeitnehmergewerkschaften und Arbeitgeberverbände in Trägerschaft und Abläufen eine große Rolle spielen. Sie verwalten und leiten gemeinsam vor allem die Kassen für Krankenversicherung, Arbeitslosenversicherung und Rentenversicherung. Man kann für Frankreich noch die Familienkassen hinzufügen, deren Besonderheit darin besteht, dass sie zusätzlich von Familienverbänden verwaltet werden. Die Rolle der nicht-staatlichen Akteure beschränkt sich jedoch nicht auf die Verwaltung der Kassen zur Absicherung sozialer Risiken der Versicherten (die zur Beitragszahlung verpflichtet sind): Auch Verhandlungen über Kollektivverträge sind für die Regulierung der Sozialversicherungssysteme in Deutschland und Frankreich sehr wichtig. In Frankreich führen sie zu Vereinbarungen, die entweder zwischen Gewerkschaften und Arbeitgeberverbänden (zu den Gebieten Arbeitslosigkeit und Zusatzrente) oder zwischen Kassen und Medizinergewerkschaften getroffen werden. In Deutschland sind solche Kollektivvereinbarungen auf dem Gebiet der Krankenversicherung besonders stark ausgeprägt: Vereinbarungen zwischen den Kassen und den Ärzteverbänden (insbesondere die Honorare betreffend) und Vereinbarungen zwischen Kassen und Krankenhausträgern (Länder, Kommunen,

Vereinigungen, privaten Trägern), die in der DKG (Deutsche Krankenhaus-Gesellschaft) zusammengeschlossen sind.

Die Existenz und Funktion der Kassen sowie die Bedeutung der Kollektivverträge zwischen nicht-staatlichen Akteuren sorgen dafür, dass letzteren in beiden Ländern eine Schlüsselposition bei der Gestaltung der Sozialpolitiken zukommt. Hier wie dort agieren diese als nicht-institutionalisierte Vetospieler (Ebbinghaus 2010) ganz massiv im Sinne des Erhalts des institutionellen Status quo (dies gilt für die Arbeitnehmergewerkschaften und Ärztevertretungen – in Frankreich sind dies Gewerkschaften, in Deutschland Verbände – sowie verschiedene französische Arbeitgeberorganisationen und Familienverbände).

Dieses historische Erbe trug in Frankreich und in Deutschland zu hoher Stabilität und Kontinuität der Sozialversicherungssysteme bei. Allerdings wurden sie mit den Reformen, die in den 1990er Jahren verabschiedet und in den 2000er Jahren verstärkt fortgesetzt wurden, zunehmend in Frage gestellt. So soll zunächst dargestellt werden, wie diese Rolle der nicht-staatlichen Akteure verändert wurde, sowohl auf Ebene der Institutionen durch die zunehmende Kontrolle des Staates über paritätische soziale Einrichtungen, als auch bei Verhandlungen zu Kollektivverträgen, die stärkeren staatlichen Vorgaben unterliegen. Im nächsten Schritt wird nach Erklärungen für diese Entwicklung gefragt, wobei wir einen akteurszentrierten sozialpolitischen Ansatz verfolgen, der die Akteure in den Mittelpunkt stellt (Rolle der „reformierenden" Akteure und Entwicklung der gewerkschaftlichen Positionen). Und schließlich fragen wir danach, ob diese Entwicklung zu einer wachsenden Konvergenz der Situation in Frankreich und Deutschland führt.

1. Schwindender Einfluss der nicht-staatlichen Akteure im deutschen und französischen Sozialsystem

Diese seit den 1990er Jahren zu beobachtende Entwicklung wird in den Bereichen der Krankenversicherung und der Arbeitslosenversicherung untersucht, wo die historische Rolle der nicht-staatlichen Akteure besonders gut deutlich wird, und zwar auf Ebene der Institutionen und der Kollektivverhandlungen.

1.1 Veränderungen bei den paritätischen Einrichtungen

In Frankreich wird 1996 mit dem Plan Juppé die Handlungsautonomie der Sozialpartner (Arbeitgeber, Gewerkschaften) als Träger der Kassen geschmälert. Diese Reform stärkt die Kompetenzen des nationalen Direktors der *Caisse Nationale d'Assurance*

Maladie des Travailleurs Salariés (CNAMTS, allgemeine Krankenkasse), eines hohen, von der Regierung ernannten Beamten, der fortan die Ernennung der Direktoren der örtlichen Kassen kontrolliert, was früher zu den Prärogativen der paritätisch besetzten Verwaltungsräte zählte. Diese verlieren im Übrigen weitere Teile ihrer Kompetenzen zugunsten der Direktoren. Danach wird mit dem Krankenversicherungsgesetz vom August 2004 die *Union nationale des caisses d'assurance maladie* (UNCAM – Nationale Vereinigung der Krankenversicherungskassen) gegründet, womit die drei wichtigsten Gruppen zusammengeschlossen werden (allgemeine, landwirtschaftliche und freiberufliche Krankenkasse). Sie wird vom Direktor der CNAMTS geleitet, der wiederum von der Regierung ernannt und mit neuen Vorrechten ausgestattet wird: Er führt nunmehr die Verhandlungen mit den Ärztegewerkschaften und anderen niedergelassenen Berufen im Gesundheitswesen und unterzeichnet die Medizinervereinbarungen, denen die Regierung zustimmen muss. Dabei handelt es sich um eine wichtige Prärogative, die zuvor dem Verwaltungsratsvorsitzenden der CNAMTS zukam, der den Reihen der Sozialpartner entstammte. Der Generaldirektor der UNCAM entscheidet auch über die Erstattungsfähigkeit medizinischer Maßnahmen und Leistungen sowie über deren Höhe und Klassifizierung. Mit dieser massiven Stärkung der Kompetenzen des Generaldirektors der UNCAM, dessen Mandat fünf Jahre dauert und der allein für die Ernennung der Direktoren der örtlichen Kassen verantwortlich ist, geht die Schwächung der paritätischen Instanzen einher. Die UNCAM hat nunmehr wie alle Krankenkassen keinen Verwaltungsrat mehr, sondern nur noch einfache „Beiräte", die lediglich die großen Linien vorgeben, Empfehlungen zu den Vereinbarungen aussprechen und sich zu Vorschlägen des Vorstands und zur Ernennung und Verabschiedung von dessen Mitgliedern äußern (Bras 2004).

Diese Neudefinition der Beziehungen zwischen Staat und Krankenkassen betrifft auch den Krankenhaussektor. Die Verordnungen vom April 1996 führten zur Einrichtung von Regionalen Krankenhausagenturen (ARH – *Agences régionales d'hospitalisation*), die zugleich die regionale Krankenhauspolitik definieren und umsetzen (Lenkung), die Tätigkeit öffentlicher und privater Einrichtungen koordinieren (Planung) und deren Finanzausstattung (Finanzierung) festlegen sollen. In diesen Agenturen sind Kompetenzen vereinigt, die früher zwischen Staat und Krankenversicherung aufgeteilt waren. Mit ihrer Einrichtung wird zugleich die Lenkungsfunktion durch die Direktion für Krankenhäuser und Pflegeorganisation (*Direction de l'hospitalisation et de l'organisation des soins* – DHOS) sowie des zuständigen Ministeriums gestärkt, während die paritätischen Krankenkassen ihre Kompetenzen für Privatkliniken verlieren. Diese Regionalisierung, die von Verwaltungsagenturen gelenkt wurde, erhielt durch die Einrichtung von regionalen Gesundheitsagenturen (*Agences Régionales de Santé* – ARS), die im Rahmen des 2009 verabschiedeten Gesetzes „Krankenhäuser, Patienten, Gesundheit und Territorien" geschaffen wurden, eine weitere Stärkung. Sie absorbieren die ARH und die regionalen

Krankenkassenvereinigungen. Allerdings verfügen sie über umfangreichere Kompetenzen im Krankenhausbereich (aufgrund der größeren Weisungsbefugnis gegenüber den Klinikdirektoren, die ihrerseits innerhalb ihrer Einrichtung gestärkt werden) als gegenüber niedergelassenen Ärzten und Anbietern von Gesundheitsleistungen (deren wichtigste Tätigkeitsfelder der CNAMTS unterstehen) sowie im medizinisch-sozialen Bereich (wo die Kompetenzen mit den Départements geteilt werden) (Bras 2009).

Diese institutionelle Entwicklung betrifft auch die französische Arbeitslosenversicherung, wo 2008 der *Pôle Emploi* (Beschäftigungszentrum) geschaffen wird (Lartigot-Hervier 2014). Dazu werden das Netzwerk der Assedic (*Associations pour l'Emploi dans l'Industrie et le commerce* – Vereinigungen für die Beschäftigung in Industrie und Handel), die paritätische Einrichtungen sind, und die ANPE (*Agence nationale pour l'Emploi* – Nationale Beschäftigungsagentur, mit einem dreigliedrigen paritätischen Beirat) zusammengeschlossen. Aufgabe der neuen Einrichtung ist es, Arbeitssuchende zu vermitteln (Hauptaufgabe der früheren ANPE), sie zu registrieren und Leistungen zu zahlen (der wichtigste Auftrag der früheren Assedic) sowie steuerbasierte Leistungen der nationalen Fürsorge im Auftrag des Staates zu erbringen. Da die Unedic (*Union nationale interprofessionnelle pour l'emploi dans l'industrie et le commerce* – Nationaler branchenübergreifender Verband für Beschäftigung in Industrie und Handel) weiter fortbesteht, bleiben die Sozialpartner dennoch Verhandlungspartner bei den Vereinbarungen zur Arbeitslosenversicherung (wo die Höhe der Beiträge und des Arbeitslosengeldes festgelegt werden). Dagegen hat die Unedic den Auftrag zur Einziehung der Beiträge zur Arbeitslosenversicherung verloren.[1] Das paritätische System verwaltet auch nicht länger das Netzwerk der Leistungszahlungen, das in die Hände des *Pôle Emploi* übergeht. Ihm bleibt lediglich noch die Verwaltung der Mittel als Möglichkeit, Einfluss auf Entscheidungen zu nehmen.

Der Staat ernennt den Generaldirektor des *Pôle Emploi*, in dessen Verwaltungsrat fast ebenso viele Vertreter des Staates (oder von ihm ernannte Personen) wie Sozialpartner (die sehr heterogene Gruppierungen repräsentieren) sitzen. Aufgrund seiner Ernennung per Verordnung und auch aufgrund der Zusammensetzung des Verwaltungsrats ist der Generaldirektor der Regierung gegenüber rechenschaftspflichtig und diskutiert mit ihr die strategischen Linien, nicht jedoch mit den Sozialpartnern im Verwaltungsrat. Diese haben immer wieder das Ungleichgewicht in der Lenkung sowie den Umstand angeprangert, dass sie auf die Entscheidungen des Verwaltungsrats des *Pôle emploi* keinen Einfluss nehmen können, und dies, obwohl die von ihnen verwalteten Sozialbeiträge 60 % zu dessen Finanzierung beitragen. Zudem wurde den Sozialpartnern der Unedic die Befugnis genommen, Mittel für Beschäftigungsmaßnahmen zuzuweisen: Seit dem Gesetz von 2005 war ihnen die Aufgabe zugekommen, die Maßnahmen zur beruflichen

---

[1] Die an die Acoss (*Agence centrale des organismes de sécurité sociale*) übergeht.

Wiedereingliederung und Arbeitsbeschaffung umzusetzen; von nun an ist der *Pôle emploi* alleiniger Entscheider (Willmann 2009: 836). So beteiligt sich die Unedic an der Finanzierung der Beschäftigungsmaßnahmen, indem sie 10 % aller Sozialversicherungsleistungen beisteuert, hat jedoch keine Entscheidungsbefugnis auf diesem Gebiet.

Zwar bleibt die Unedic mit geschmälerten Prärogativen erhalten, doch ist die Schwächung der Sozialpartner in der Trägerschaft offenkundig. Der scheinbare Erhalt der Unedic und der Verhandlungsbefugnis der Sozialpartner bei Vereinbarungen zur Arbeitslosigkeit verdeckt einen wichtigen Kompetenzverlust (Einzug der Beiträge, Zuweisung von Leistungen, Schiedsverfahren über Ausgaben für Beschäftigungsmaßnahmen), zu dem ein nur schwaches Gewicht innerhalb der neuen Einrichtung hinzukommt.

Diese Schaffung des *Pôle Emploi* war insbesondere von Hartz III (Drittes Gesetz für moderne Dienstleistungen am Arbeitsmarkt) inspiriert, wodurch die Bundesanstalt für Arbeit in die Bundesagentur für Arbeit (BA) umgewandelt wurde (vgl. Ebbinghaus 2010: 271 ff). Sie erbringt Leistungen der Arbeitsvermittlung und Arbeitsförderung sowie finanzielle Entgeltersatzleistungen, wozu sie Mittel aus der Arbeitslosenversicherung oder der steuerbasierten staatlichen Fürsorge erhält. Seit dieser Reform ist die BA zur leistungsorientierten Steuerung bei der Vermittlung von Arbeitslosen verpflichtet. Zugleich wird die Konkurrenz seitens privater Dienstleister gestärkt insbesondere bei der Vermittlung von Langzeitarbeitslosen. Die Einführung marktähnlicher Mechanismen führte zum Abbau der traditionell engen Netzwerke zwischen den öffentlichen Arbeitsmarktdienstleistern und den Anbietern von Weiterbildungsmaßnahmen oder anderen Dienstleistungen, die häufig in enger Verbindung mit den Sozialpartnern standen (Ebbinghaus, Eichhorst 2007: 48-49). Die Lenkung des Systems beruht jetzt auf vertraglichen Vereinbarungen (Ziele und Mittel werden zwischen der Bundesregierung und der BA sowie zwischen der BA und ihren Regionaldirektionen und lokalen Dependancen ausgehandelt). Dies lässt den Sozialpartnern, die Träger dieser Agenturen sind, weniger Handlungsspielraum.

Hinzu kommt, dass sich die Bundesanstalt für Arbeit früher aus einem von der Regierung ernannten Präsidenten, einem ehrenamtlichen dreigliedrigen Verwaltungsrat mit rund 50 Mitgliedern (Vertreter von Gewerkschaften, Arbeitgebern sowie von Kommunen, Ländern und Bundesstaat) sowie einer hauptamtlichen Direktion zusammensetzte. Seit der Hartz III-Reform ist der Präsident nunmehr Teil des hauptamtlichen Direktoriums, das aus drei Mitgliedern besteht, wovon keiner den Reihen der Sozialpartner entstammt. Der dreigliedrige ehrenamtliche Verwaltungsrat wurde auf die Hälfte reduziert (von 54 auf 27 Mitglieder). Diese Veränderung des Organigramms und die Beschränkung der Sozialpartner auf eine Überwachungs- und Beratungsfunktion ebenso wie der Personalabbau führen zu einem verringerten Einfluss der Gewerkschaften auf die Entscheidungen der Bundesregierung. Daneben wird auch die Selbstverwaltung auf regionaler Ebene abgeschafft, so dass die Sozialpartner keinerlei Möglichkeit mehr haben, Lösungen mit Blick auf die spezifische Situation der jeweiligen Region mit den politischen Akteuren herbeizuführen. Auf lokaler Ebene werden die dreigliedrigen Ausschüsse beibehalten, verlieren jedoch ihre Budgetvollmacht: Sie müssen sich damit begnügen, die Umsetzung der auf Bundesebene festgelegten Regeln zu überwachen (Ebbinghaus 2010: 271). „So war also der Einfluss der Sozialpartner auf die aktive Steuerung der Arbeitsmarktpolitik und die Verteilung der Mittel zuvor erheblich, wurde jedoch durch die jüngsten Hartz-Reformen beträchtlich geschmälert (…) er ist nun schwächer und erfolgt indirekter als in der Vergangenheit." (Ebbinghaus, Eichhorst 2007: 10 und 43, Original englisch).

In Deutschland ist die institutionelle Schwächung der Sozialpartner zugunsten des Staates auch auf dem Gebiet der Krankenversicherung deutlich spürbar, insbesondere infolge des Wettbewerbsstärkungsgesetzes (WSG), das 2007 verabschiedet wurde (Gerlinger, Mosebach, Schmucker 2008). Damit wurde ein Gesundheitsfonds geschaffen, der alle Einnahmequellen der Krankenkassen zusammenfasst (Beiträge der Arbeitgeber und Arbeitnehmer sowie steuerliche Einkünfte). So verlieren die Kassen ihre Rolle als Verwalter der Beiträge, da die Einziehung auf regionaler und föderaler Ebene bei der Bundesversicherungsanstalt zentralisiert wird, die auch die Aufteilung der Mittel des Fonds auf die Kassen gemäß eines neuen Lastenausgleichssystems (Risikostrukturausgleich) vornimmt. Und vor allem legt nun der Staat per Verordnung einen einheitlichen Beitragssatz für alle Krankenkassen fest. So wird mit dem Gesundheitsfonds a priori ein Budget für die Krankenversicherung eingeführt, wie es seit 1996 in Frankreich mit den Gesetzen zur Finanzierung der Sozialversicherung der Fall ist (LFSS).

Der stärkere Einfluss des Staates kommt auch in der Schaffung des Gemeinsamen Bundesausschusses 2003 und des GKV Spitzenverbands 2007 zum Ausdruck. Der Gemeinsame Bundesausschuss, der aus Vertretern von Ärzten, Kassen und Patienten (allerdings ohne Stimmrecht) besteht, hat die Aufgabe, den Katalog an erstattungsfähigen Leistungen zu erstellen. In ihm sind die früheren paritätischen Ausschüsse zu den einzelnen Sektoren aufgegangen, so dass er zur wichtigsten Einrichtung des selbstverwalteten Krankenversicherungssystems wird. Seit dem Gesetz von 2007 (WSG) wird er von einer „neutralen" Person in Vollzeittätigkeit geleitet, die der Ausschuss bezahlt. Mit dieser Zentralisierung und Professionalisierung (Ausbau der Expertise) wird die staatliche Steuerung und Kontrolle erleichtert (Gerlinger, Schmucker 2009: 10). Gleiches gilt für die neue föderale Dachstruktur aller Kassen[2], den GKV Spitzenverband, eine Anstalt des öffentlichen Rechts mit rund 100 Beschäftigten, dem ebenfalls eine externe Person vorsteht. Seine Einrichtung mit dem Gesetz von 2007 führt zu einer erheblichen Schwächung der Rolle der föderalen Strukturen bei jeder einzelnen Kasse. Die beiden

---

[2] Intern wurde die Kompetenz der gewählten Mandatsträger seit der Reform von 1992 (GSG) zum großen Teil einer Instanz übertragen, die aus Vollzeitkräften besteht (Gerlinger, Schmucker 2009: 11)

genannten Einrichtungen wurden nach und nach in quasi-Agenturen umgewandelt, die über größere Fachkenntnisse verfügen und an der Umsetzung der staatlich vorgegebenen Politiken mitwirken, was sowohl die Kontrolle medizinischer Leistungen, als auch der Pharma-Industrie in das Krankenkassensystem verstärken.

In beiden Ländern geht die Schwächung der Rolle der Sozialpartner in den Schlüsseleinrichtungen zur Regulierung der Krankenversicherung und der Arbeitslosenversicherung mit einem verringerten Verhandlungsspielraum bei den Kollektivverträgen einher.

1.2 Staatlicher Rahmen für Kollektivverträge im Krankenversicherungssektor

Diese Entwicklung ist vor allem auf dem Krankenversicherungssektor sichtbar. In Frankreich wird mit der Verfassungsreform von 1996 die Verantwortung für den Gesetzesentwurf zur Finanzierung der Sozialversicherung (*Lois de financement de la Sécurité Sociale* – LFSS) dem Parlament übertragen. Entsprechend legt das Parlament jährlich ein nationales Ziel für die Ausgabenentwicklung der Krankenversicherungen bei Krankenhäusern und niedergelassenen Ärzten (*Objectif national de l'évolution des dépenses d'assurance maladie* – ONDAM) fest. Faktisch belassen die LFSS den Parlamentariern jedoch nur einen eng begrenzten Handlungsspielraum; sie erscheinen vielmehr als Stärkung der Handlungs- und Reformbefugnisse der Regierung, da deren gesetzliche Ermächtigung zum Eingriff ins Krankenversicherungssystem gestärkt wird. Wie das Haushaltsgesetz (*Loi des finances*) erlaubt auch die LFSS dem Parlament viel eher, die Vollstreckung des Sozialhaushalts durch die Regierung zu autorisieren, als dass das Budget selbst im Parlament festgelegt würde. Zudem erlauben die LFSS eine engere Aufsicht des Staates bei den Verhandlungen zwischen Kassen und Medizinergewerkschaften, da diese Verhandlungen innerhalb eines Rahmens finanzieller Vorgaben stattfinden, der nicht von ihnen selbst bestimmt wurde. Honorarerhöhungen etwa, die zwischen Kassen und Medizinergewerkschaften ausgehandelt werden, müssen sich künftig innerhalb der Vorgaben des ONDAM bewegen. Und mit dem Gesetz von 2004 wurde das Verfahren eines Alarmkomitees eingerichtet, womit der Direktor der UNCAM bei drohender Überschreitung der Zielvorgaben zu sofortigen Maßnahmen greifen kann. Hinzu kommt, dass die Verordnung vom April 1996 zur Organisation der Sozialversicherungskassen dem Staat neue Instrumente an die Hand gibt, sich per Ministererlass an die Stelle der Verhandlungspartner zu setzen, wenn es zu keiner Einigung zwischen den paritätischen Akteuren und den Medizinergewerkschaften kommt. Diese Möglichkeit, die LFSS an die Stelle von Tarifverhandlungen zu setzen, wurde durch die Einführung eines optionalen Sektors[3] in den LSFF für 2012 illustriert (in Form eines Zusatzartikels, nachdem Verhandlungen dazu seit mehreren Jahren erfolglos verlaufen waren).

In Deutschland erfolgte diese Eingrenzung stärker durch die Zentralisierung, die mit Schaffung des Gesundheitsfonds, des Gemeinsamen Bundesausschusses von 2003 und des GKV Spitzenverbands 2007 erfolgte. Parallel dazu wurden die Verhandlungen zwischen Medizinern und Kassen stärker von Experten, die von der Regierung ernannt werden, begleitet und entschieden (so z.B. Ende 2008 die Verabschiedung des Punktesystems für die Vergütung medizinischer Leistungen). Und schließlich geht im Krankenhausbereich die Einführung eines neuen Tarifsystems gemäß Fallpauschalen mit einer Zentralisierung der Vertragsverhandlung zwischen Kassen und Krankenhäusern einher (Böhm 2009). Diese Entwicklungen wurden als Übergang zu einem „staatlich gezähmten Korporatismus" analysiert (Gerlinger 2010: 130).

In Frankreich wie in Deutschland haben wir es so mit einer wachsenden Einflussnahme auf die Interaktionen zwischen nicht-staatlichen Akteuren zu tun. Man kann hier von einer „Regierung auf Distanz" durch den Staat sprechen, der immer strengere Spielregeln festlegt und sich mit immer umfangreicheren Mechanismen zur Überwachung, Kontrolle, Evaluierung und Sanktionierung gegenüber allen Akteuren im Krankenversicherungsbereich ausstattet (Hassenteufel 2011).

2. Eine akteurszentrierte Erklärung der sozialpolitischen Reformen

Um die jüngeren Entwicklungen in den beiden Wohlfahrtsstaaten zu erklären, wird häufig der wirtschaftliche Kontext angeführt. Insbesondere die schlechtere Situation der Sozialkassen seit den Krisen der 1970er Jahre, die Einführung des gemeinsamen Binnenmarktes, die Maastricht-Kriterien, die Rezession von 1993 und die Krise, zu der in Deutschland die Kosten für die Wiedervereinigung hinzukamen, haben ein Paradigma der Ausgabenkontrolle erzwungen. Bezüglich der Schwächung der Rolle nicht-staatlicher Akteure in den sozialen Sicherungssystemen dürfte der wirtschaftliche Kontext allein jedoch nicht als Erklärung ausreichen. Es ist nicht zu verstehen, warum die Senkung der Sozialausgaben eine Schwächung der Rolle dieser Akteure bedeuten musste. Stattdessen wären hier drei Erklärungsmuster sozialpolitischer Art anzuführen: die politischen Logiken der Entscheidungsprozesse, die programmgestaltende Rolle der staatsbezogenen Akteure und die Spaltung der Gewerkschaften.

---

3   Einer Kategorie zwischen Sektor 1 (Honorare gemäß Krankenversicherungstarif) und Sektor 2 (freie Honorare), innerhalb dessen die Ärzte (Fachärzte) mindestens 30 % ihrer Leistungen ohne Überschreitung erbringen und diese auf 50 % des erstattungsfähigen Basistarifs begrenzen müssen.

2.1 Zunehmend autonome Entscheidungen der Politik

In Frankreich wurde die Rolle des Staates durch den im Plan Juppé verabschiedeten Entscheidungsprozess gestärkt: Dieser Entscheidungsprozess zeichnet sich durch eine nach außen abgeschottete Gruppe von staatlichen Akteuren aus, die nicht-staatliche Akteure weitgehend ausschließen (Hassenteufel et a. 1999). Die Reform wurde von fünf hohen Beamten entworfen (darunter der Berater für Soziales beim Premierminister). Bei ihrer Planung griff die Gruppe auf den Bestand an „Reformrezepten" zu, die in den offiziellen Berichten zur Krankenversicherung zur Verfügung standen, und an deren Erstellung manche der Beamten selbst beteiligt gewesen waren. Bis zur Verkündung des Plans arbeitete die Gruppe unter größter Geheimhaltung, wobei selbst die Direktion der Sozialversicherung (*Direction de la Sécurité Sociale* – DSS) weitgehend ausgeschlossen blieb. Auch wenn das Verfahren zur Erstellung der darauf folgenden Verordnungen dann stärker transparent war, blieb es nach außen abgeschottet und unterlag den Vorgaben, die Alain Juppé in seiner Rede vor der Nationalversammlung formuliert hatte. Die paritätischen Akteure und die Ärzte-Gewerkschaften waren zwar beratend hinzugezogen worden, doch konnten sie nur sehr geringen Einfluss auf den Entscheidungsprozess selbst nehmen. So trugen die Verordnungen quasi exklusiv die Handschrift der Verwaltungsspitze, genauer gesagt, der DSS in enger Zusammenarbeit mit den Ministerbüros (*cabinets*) von Jacques Barrot, Minister für Arbeit und Soziales, und Premierminister Alain Juppé, und in geringerem Maße auch dem von Hervé Gaymard, Staatssekretär für Gesundheit und Soziales. Die weiteren Arbeitsgruppen, zu denen weitere Akteure hinzugezogen wurden, hatten lediglich beratende Funktion.

Für die Abschottung dieses Entscheidungsprozesses wären ergänzend drei Erklärungen hinzufügen. Die erste ist rein institutioneller Natur: Indem die Regierung den Weg über Verordnungen wählte, verschaffte sie sich die Möglichkeit, allein zu handeln und einen hohen zeitlichen Druck aufzubauen, der die Interventionsmöglichkeiten der anderen Akteure beim Parlament einschränkte. Die zweite ist politischer Natur: Die politische Priorität des Juppé-Plans nahm noch zu, nachdem man in Sachen Renten im öffentlichen Dienst infolge der massiven Streikbewegungen im November-Dezember 1995 zurückgewichen war und rein finanzpolitische Maßnahmen verabschiedet hatte (Rückführung der Verschuldung im Sozialsystem sowie Erhöhung der Beiträge und der allgemeinen Sozialabgaben durch die erste Verordnung vom Januar 1996). Bedingung, um überhaupt eine Reform zu verwirklichen, die mit den früheren rein finanzpolitischen Plänen bricht, war es, institutionelle Maßnahmen zu verwirklichen. Die dritte Erklärung ist strategischer Natur. Die Interessen, die der Plan Juppé tangierte, waren gespalten, mit den Gewerkschaften der Lohnempfänger auf der einen und den Ärztegewerkschaften auf der anderen Seite. Die Unterstützung des Juppé-Plans durch eine Mehrheit der CFDT hinter Nicole Notat wurde von der CGT und der FO (ebenso wie von der SUD und der FSU) heftig kritisiert. Dagegen haben auf Seiten der Ärztegewerkschaften MG France, die wichtigste Gewerkschaft für Allgemeinmediziner, und ein Teil der Organisationen von Krankenhausmedizinern, insbesondere die I.N.M.H., den Plan gut gehießen.

Die politische Logik spielt eine ebenso wichtige Rolle bei der Schaffung des *Pôle Emploi*, die zur Linie des expliziten Bruchs passt, die der neu gewählte Präsident Nicolas Sarkozy verkörperte (Hassenteufel: 2012). Sie wird zunächst auf die Reform der speziellen Rentenregime (Eisenbahner etc.) angewandt, wo der politische Einsatz besonders hoch ist und wo nach Meinung von Beobachtern die „Mutter aller Schlachten" geschlagen wird (Cahuc, Zylberberg 2010: 29). Nicolas Sarkozy kann sich damit von seinem Vorgänger im Amt Jacques Chirac absetzen: Zum Jahresende 1995 hatte die Regierung Juppé diese Reform zurückziehen müssen. Aus Angst, dasselbe Schicksal zu erleiden, verzichteten die nachfolgenden Regierungen Jospin und Raffarin darauf, sie durchzuführen. Nicolas Sarkozy, der sich als eine Person präsentierte, die jene Maßnahmen zu Ende bringt, die früheren Regierungen nicht gelungen sind oder die sie nicht umzusetzen „wagten", kündigte den Zusammenschluss von ANPE und Assedic mit folgenden Worten an: „Seien wir doch ehrlich. Schon seit 20 Jahren spricht man darüber und von wenigen Ausnahmen abgesehen, muss ein Arbeitsloser immer noch einen wahren Hindernislauf absolvieren. Was ist jetzt zu tun? Nochmals 20 Jahre warten? Ich will den Arbeitslosen in den Mittelpunkt dieses Systems stellen." (Rede vom 18. September 2007). Sein Voluntarismus wird hier noch unterstrichen durch die Verwendung der ersten Person Singular und sehr enge zeitliche Vorgaben: „Ich beauftrage Christine Lagarde, mir innerhalb von 14 Tagen Vorschläge zum Fusionsverfahren von ANPE und Unédic zu machen." (id.) Der Entwurf und die Verabschiedung des Gesetzes wurden im Eiltempo durchgezogen, wobei weniger als fünf Monate zwischen der Ankündigung der Fusion am 2. Oktober 2007[4] und der Verabschiedung durch das Parlament am 31. Januar 2008 vergingen. Viele Akteure haben auf die extrem knappen Fristen hingewiesen, innerhalb deren die Fusion vorbereitet wurde (vgl. den Alduy-Bericht, S. 22 ff, Lartigot-Hervier 2012), die „im Sturmschritt" (Bonnand 2012: 15 und 49) von einer am 28. April 2008 provisorisch eingerichteten nationalen Instanz durchgeführt wurde.

In Deutschland geht die Verselbständigung der Politik andere Wege. Hier wählt man nicht etwa abgeschottete Entscheidungsprozesse, die innerhalb kurzer Zeit über die Bühne gehen, sondern man erzielt eine Einigung zwischen den beiden großen Par-

---

4 Runder Tisch zur Wiedereingliederung durch Arbeit, Generalrat der Côte d'Or, 2. 10. 2007, Rede von N. Sarkozy „über die Politik zugunsten der Wiedereingliederung durch Arbeit, insbesondere zur Reform sozialer Mindestleistungen und staatlich geförderter Verträge", vgl. http://discours.vie-publique.fr/notices/077002974.html

teien im Falle der Krankenversicherung und richtet eine ad hoc-Kommission ein im Falle der Arbeitslosenversicherung.

Schon 1992 hatte man sich bei der Verabschiedung einer Krankenversicherungsreform zum ersten Mal auf eine „große Koalition" stützen müssen. Das größte politische Problem für die Regierung Kohl war dabei die sozialdemokratische Mehrheit im Bundesrat. Gesundheitsminister Horst Seehofer (CSU) hatte daher mit der SPD verhandelt, so dass die Reform an Substanz zunahm und die Verabschiedung im Bundestag ohne größere Änderungsvorschläge möglich wurde. Man hatte die Unterstützung der Opposition gewonnen, so dass sich der politische Entscheidungsprozess bei der Verabschiedung des Gesetzes 1992 von früheren Verfahren unterschied, denn sowohl die Intervention seitens der „Gesundheitsdienstleister", vornehmlich der von der FDP vertretenen Ärzte, als auch die Opposition der Länder, die bisher eine Reform der Kassenorganisation und der Krankenhausfinanzierung verhindert hatten, wurden vereitelt (Perschke-Hartmann: 1993). Dieselbe Strategie wurde 2003 angewandt, dieses Mal mit einer von der SPD geführten Regierung und einer CDU-CSU-Mehrheit im Bundesrat, als es um das Gesetz zur Modernisierung der Krankenversicherung (GMG) und die Verabschiedung der Reform von 2007 (WSG) durch die erste Regierung einer großen Koalition unter Angela Merkel ging.

Dagegen wählte die Regierung Schröder den Weg zu Reformen über Ausschüsse, zugleich als Alternative zum sozialen Dialog und zur Legitimierung des Vorgehens durch die Hinzuziehung von Experten. Das deutlichste Beispiel dafür ist die Hartz-Kommission. Deren 15 Mitglieder wurden von Gerhard Schröder selbst ernannt, darunter einige Vertreter von Gewerkschaften und Arbeitgebern, Forscher, Unternehmensberater und Persönlichkeiten aus Wirtschaft und Verwaltung, alle sorgfältig ausgewählte Verfechter des Paradigmas der Aktivierung von Arbeitssuchenden. Bereits die Zusammensetzung der Kommission lässt einen Bruch mit der bisherigen Art von Reformen erkennen, wobei nicht mehr nach einem Konsens mit den Gewerkschafts- und Arbeitgeberorganisationen gesucht wurde (Giraud, Lechevalier 2008: 5; Rudischhauser, Zimmermann 2004: 256). Nur zwei Vertreter des Deutschen Gewerkschaftsbunds (DGB)[5] waren in diesem Ausschuss, angeblich Gewerkschafter aus der zweiten Reihe (wie ein Ver.di-Vertreter im Interview erklärte), die Gerhard Schröder ohne Rücksprache mit den Gewerkschaften ausgewählt hatte.

Im Anschluss an den Hartz-Bericht setzte Gerhard Schröder schon im März 2003 die Reformen des Arbeitsmarkts und der Arbeitslosenversicherung in den größeren Zusammenhang der Agenda 2010, die absolute Priorität auf die eigene Integrationsleistung des Arbeitslosen legte (Bourgeois 2004: 12; Rudischhauser, Zimmermann 2004: 257).

---

5   Peter Gasser, IG-Metall-Bezirksleiter Nordrhein-Westfalen, und Isolde Kunkel-Weber, Mitglied des Ver.di-Bundesvorstands.

Dies spiegelte die Position der Arbeitgeber wider, die die Debatte um den „Standort Deutschland" in Gang gebracht hatten. Schröder erhielt auch dadurch Unterstützung, dass sich innerhalb seiner Regierung die Tendenz zwischen Gegnern und Befürwortern der Reform umkehrte: So gewannen die Reformbefürworter die Mehrheit zu Lasten des linken Flügels der SPD. Schröder konnte die Gelegenheit nutzen und schnell handeln, so dass sowohl für die Vorbereitung der Reform wenig Zeit blieb als auch für die Opposition, um ein kohärentes Alternativ-Projekt vorzulegen. Ein solches Vorgehen stand in starkem Kontrast zu den langen Zeiträumen, in denen seit Ende des 19. Jahrhunderts bis zu den 1970er Jahren Reformen eingeleitet und Grundlagen der Sozialversicherungen jeweils neu verhandelt wurden (Lartigot-Hervier 2012: Kapitel 1). Die verkürzte politische Zeitlichkeit ist hier ein wichtiges Erklärungsmuster (de Maillard, Surel: 2012: 16). Wie in Frankreich wurde auch in Deutschland die Reform der Arbeitslosenversicherung in einem erstaunlich kurzen Zeitraum umgesetzt. Innerhalb eines Jahres wurden die Reformen „der Gesellschaft in Eilmärschen aufgezwungen" (Veil 2005: 18), während man in Großbritannien für die entsprechende Fusion fünf Jahre benötigt hatte.

2.2 Die Rolle der programmatischen Akteure

Die politischen Akteure an der Spitze der Exekutive in Frankreich und Deutschland spielten bei diesen Reformen, die inhaltlich zuweilen von langer Hand in Gremien vorbereitet worden waren, eine Schlüsselrolle. Die Akteure hatten sich in diesen Gremien auf ein Programm des Wandels verständigt, das ihre eigene Position im Gesundheitswesen stärken sollte. Solche programmatisch bestimmenden Akteure sind in beiden Ländern auszumachen.

In Frankreich ist seit den 1980er Jahren zu beobachten, dass sich eine Elite von hohen Beamten etabliert, die in der Verwaltung des Sozialversicherungssystems Karriere macht und dabei zahlreiche Positionen (in der Zentralverwaltung, in Ministerialbüros, in Verwaltungskommissionen) besetzt. Sie verfolgen gemeinsame Konzepte und spielen eine zentrale Rolle beim Entwurf von Politiken speziell zur Krankenversicherung, aber auch zur Familienpolitik (Hassenteufel et alii, 1999) und zur Beschäftigung (Colomb: 2012). Dies erklärt, weshalb diese Politiken ungeachtet von Regierungswechseln eine starke Kontinuität aufweisen. Sie basieren im Kern auf einem kohärenten Programm öffentlichen Handelns, in dessen Zentrum die staatliche Steuerung steht. Um dieses Programm umzusetzen und zugleich Unabhängigkeit vom Finanzministerium, von den Sozialpartnern als Träger der Kassen, von Interessengruppen (Ärzte, Pharma-Industrie) und politischen Akteuren zu erlangen, stützen sich diese hohen Beamten auf Macht- und Wissensressourcen (Expertise), die sie dank der sukzessiven Stellenbesetzung mit vielfältigen Kompetenzen erlangt haben. Im Fall der Krankenversicherung verdankt die homogene Gruppe ihre Spezialisierung der Bündelung von Fachwissen und Können, insbesondere innerhalb spezialisierter Organe wie der *Cour des comptes* (Rechnungshof) und der *Inspection Générale des Affaires Sociales* (IGAS – Generalinspektion für Soziales) oder der DSS, die sich als Schlüsselinstitution in diesem Sektor behauptete. Zudem spielen zwischenmenschliche Verbindungen und die starke gegenseitige Wertschätzung dieser Akteure eine wichtige integrative Rolle. So sind auf Initiative einiger hoher Beamter informelle Netzwerke entstanden, die dazu beitragen, dass Ministerialbüros eher auf der Basis zwischenmenschlicher Affinitäten und weniger aufgrund von politischen Zugehörigkeiten gebildet werden. Schließlich teilen diese Akteure alle dasselbe Programm des Wandels, das man so formulieren könnte: „Um die Sozialversicherung zu retten, muss man sie an die finanziellen Zwänge anpassen, wobei die Leitungsfunktion des Staates verstärkt und Sozialleistungen auf die Bedürftigsten konzentriert werden müssen." Obwohl diese Akteure sich den grundlegenden Prinzipien der französischen Sozialversicherung stark verpflichtet fühlen, bevorzugen sie doch bei der Ausgestaltung der Sozialversicherungspolitiken einen finanziellen Ansatz mit dem Schwerpunkt auf der Verantwortung des Staates und einer Kritik des paritätischen Systems. Diese Behauptung der führenden Rolle des Staates gegenüber den Sozialversicherungskassen wird zu einem Leitmotiv, das keinesfalls völlig neu ist, sich jedoch nach 1981 besonders stark durchsetzt.

Auch in Deutschland hat sich eine Gruppe von Krankenversicherungsspezialisten zunehmend verselbständigt, und zwar sowohl gegenüber den Sozialpartnern, die die Kassen verwalten (insbesondere die Gewerkschaften) als auch gegenüber den Ärzten. Diese „programmgestaltende Koalition" setzt sich aus drei Kategorien von Akteuren zusammen (Hassenteufel et alii, 2010). Dies sind zunächst die Bundesminister für Gesundheit, die zugleich Abgeordnete sind (wie in England behalten sie nach ihrer Ernennung ins Kabinett ihren Abgeordnetensitz im Parlament). Die Verbindung zu den Fachleuten im Parlament ist ganz deutlich bei Horst Seehofer (CSU) und Ulla Schmidt (SPD), den beiden wichtigsten für die Krankenkassen zuständigen Ministern im Analysezeitraum. Beide zeichnen sich durch ihre Fachkenntnisse und vor allem durch die Dauer ihres Ministeramts (von sechs bzw. sieben Jahren) aus. Während eines so langen Zeitraums als Verantwortliche der Krankenversicherung konnten sie langfristige Politiken durchführen und sich dabei mit einer eingespielten und kohärenten Mannschaft von politischen Beamten umgeben. Diese bilden die zweite Kategorie der programmgestaltenden Akteure: Sie besetzen Schlüsselpositionen im Gesundheitsministerium (Leiter der Krankenversicherungsabteilung und Leiter der politischen Abteilung), sind jedoch keine Berufsbeamten. Sie sind Spezialisten infolge ihrer früheren Funktion in Parlamentariergruppen oder im Krankenversicherungssystem oder als Mediziner. Die dritte Gruppe der programmbildenden Akteure sind die Abgeordneten. Genauer gesagt, die Fraktionschefs von CDU/CSU und SPD sowie die gesundheitspolitischen Sprecher beider Gruppierungen spielen hier eine wichtige Rolle. Dabei ist anzumerken, dass sich das Profil dieser fachlich ausgewiesenen Abgeordneten gewandelt hat, insbesondere in der SPD. Zu Beginn der 1990er Jahre konnten die beiden einflussreichsten SPD-Abgeordneten in Sachen Krankenversicherung, Klaus Kirchner und Rudolf Dressler, auf eine Vergangenheit als Gewerkschafter zurückblicken. Dagegen waren in der Legislaturperiode 2005-2009 die gesundheitspolitischen Sprecher der SPD Carola Raiman und der CDU Annette Widmann-Mauz weder aus der Selbstverwaltung hervorgegangen, noch hatten sie zuvor verantwortliche Positionen in Verbänden oder Gewerkschaften inne gehabt. Und unter den 31 Mitgliedern im Gesundheitsausschuss sind nur zwei Gewerkschafter und sieben Profis aus dem Gesundheitswesen (die meisten ohne Verbindung zu Berufsorganisationen). So ist seit den 1970er Jahren zu beobachten, dass die für soziale Belange zuständigen Parlamentarier zunehmend von Interessengruppen unabhängig sind (Trampusch 2005).

2.3 Die Positionierung der Sozialpartner

Schließlich lässt sich die schwindende Bedeutung nicht-staatlicher Akteure in den Sozialversicherungssystemen in Deutschland und Frankreich auch damit erklären, dass die Regierungen eine Strategie neuer Allianzen entwickelt haben. Sie haben es verstanden, die Spaltungen in den Gewerkschaften zu nutzen, um politische Tauschgeschäfte anzubieten, so einen Teil der Verantwortlichen für ihr Projekt zu gewinnen und die Gegner zu umgehen (Lartigot-Hervier 2012).

Im Fall der französischen Arbeitslosenversicherung war die Opposition zwischen der FO und der CFDT entscheidend. Als das Projekt einer Fusion verkündet wurde, war der Medef (*Mouvement des entreprises de France* – Unternehmerverband) umgehend dafür ebenso die Gewerkschaft CFDT, die sich für Beschäftigungsmaßnahmen aussprach, während sich die FO widersetzte, da sie eine Beeinträchtigung des paritätischen Prinzips fürchtete, wenn die sich der staatliche Einfluss auf die Arbeitslosenversicherung noch verstärken würde. Die FO betrachtete die Fusion als einen neuen Überfall[6], da 60 % des Budgets des *Pôle Emploi* aus Sozialbeiträgen stammen. Sie versuchte, während des gesamten Beratungsverfahrens der Reform Druck auf die Regierung auszuüben, indem sie die betroffenen Beschäftigten wiederholt zum Streik aufrief. Aber obwohl sie darin von anderen Gewerkschaften unterstützt wurde (insbesondere von der CGT, SNU und SUD), konnte diese Opposition keinen Einfluss auf die Reform nehmen.

---

6 Diese Formulierung hatte man bereits bei den Reformen der Krankenversicherung verwendet, vgl. Lartigot-Hervier 2012, Kapitel 3.

Die CFDT war dagegen, dass die Unedic vollständig in den *Pôle Emploi* überging, denn dies hätte die „Infragestellung der Rolle der Sozialpartner im sozialen Rechtssystem, die Schwächung der Bedeutung der Verhandlungen" bedeutet (Bonnand 2012: 14). Diese Bedingung der CFDT für die Unterstützung wurde im Gesetzesentwurf berücksichtigt: Die Rolle des Unedic sowie die Anwesenheit der Sozialpartner im Verwaltungsrat des *Pôle Emploi* blieben erhalten. Anzumerken ist, dass die Führer der CFDT diese Reform auch als Gelegenheit betrachteten, eine neue Form des paritätischen Systems und eine andere Art der Einflussnahme innerhalb des Systems zu entwickeln, sie sahen sie als „eine Chance, wieder paritätischen Einfluss bei der Ausrichtung, der Evaluierung der Umsetzung, bei der Entscheidungshilfe, der Unterstützung von Sozialverhandlungen und der Stärkung der Sozialdemokratie zu gewinnen" (so ein Verantwortlicher der CFDT im Interview).

Auch den deutschen Gewerkschaften ist es nicht gelungen, gegenüber der Regierung Schröder, die mit Macht die Reform des Arbeitsmarkts und der Arbeitslosenversicherung vorantrieb, eine kohärente politische Position zu formulieren. Geschwächt durch den Arbeitsamtsskandal und unter dem Loyalitätszwang der SPD gegenüber[7], wurden sie von den Beratungen der Hartz-Reformen und des daraus entstehenden Systems ausgeschlossen. Mit der Hartz-IV-Reform von 2004 kommt es jedoch zum Bruch zwischen DGB und SPD, und die Spaltungen innerhalb der Vereinigungen, die bereits 2002 zwischen IG BCE und einem Teil der IG Metall auf der einen Seite und IG Metall sowie IG Bau und Ver.di auf der anderen entstanden waren, verschärften sich (Menz 2005, Fleckenstein 2008). Auch in Deutschland konnte die Exekutive aus diesen Spaltungen Nutzen ziehen und Unterstützung für die Durchsetzung der Reformen erlangen.

Die gleiche Strategie ist bei der Krankenversicherung zu beobachten (vgl. Lartigot-Hervier 2012). In Frankreich herrscht eine strukturelle Spaltung zwischen der FO und der CFDT sowie eine Allianz zwischen der Exekutive und der CFDT bei den Reformen Juppé (1995), Douste-Blazy (2004) und in gewissem Maße für das HPST-Gesetz (*Hôpital, patients, santé et territoires*) (2009). In Deutschland waren die Reformen der Jahre 1990 noch einvernehmlich erfolgt, doch mit der Reform von 2003 regten sich die ersten Widerstände, vor allem bei den Sozialpartnern: Das damalige Gesetz erfüllte weitgehend die Forderungen der Arbeitgeber, während es gegen den Widerstand des DGB eine Sonderabgabe allein zu Lasten der Versicherten einführte. 2007 konnte die Exekutive jedoch die Reform zu Ende führen und sich dabei auf die gemeinsame Zustimmung von

---

7   Bis dahin existierte eine quasi automatische Mitgliedschaft der Verantwortlichen und Anhänger des DGB in der SPD. Angesichts der Erarbeitung der Hartz-Reformen kam es zu dem neuen Umstand, dass der Gewerkschaftsverband zum ersten Mal grundlegende Uneinigkeit mit seinen politischen Mittlerorganisation bekundete. Der DGB hatte jedoch noch nicht mit der SPD „gebrochen" und die Umstrukturierung der BA (Hartz III) aus Loyalität zu ihrem historischen Partner unterstützt.

SPD und CDU/CSU stützen, während alle Verantwortlichen der Krankenversicherung dagegen waren (Schroeder und Paquet 2009; Hansen 2009; Lambertin 2009).

Schlussfolgerung: Deutsch-französische Konvergenzen?

Unsere Analyse lässt eindeutig starke Parallelen zwischen den Entwicklungen in beiden Ländern erkennen, wenn man sie unter dem Gesichtspunkt der Rolle nicht-staatlicher Akteure in den Sozialversicherungssystemen betrachtet. Wir unterscheiden uns mit dieser Ansicht von den Ergebnissen der Untersuchung von Klenk et alii (2012), die in Deutschland einen größeren Erhalt der Selbstverwaltung sehen (aufgrund des größeren Gewichts der historischen Entwicklung und einer mächtigeren Gewerkschaftsbewegung), sowie in Frankreich eine größere Infragestellung der paritätischen Verwaltung. Wir gehen zwar nicht so weit, von einer Harmonisierung beider Systeme zu sprechen, doch scheinen diese sich unserer Ansicht nach einander anzunähern, nicht nur, was die paritätische Verwaltung und die Rolle der Kassen anbelangt, sondern auch, wenn es um die Verfahren bei der Verabschiedung von Reformen und die Entwicklung des Zusammenspiels der verschiedenen Akteure zugunsten des Staates und zu Lasten nicht-staatlicher Akteure geht. Dennoch sprechen wir nicht von einer „Verstaatlichung" wie Klenk et alii. Wir meinen vielmehr, dass die nicht-staatlichen Akteure (die ihre institutionellen Positionen und Ressourcen beibehalten) aus der Distanz durch den Staat regiert werden, ebenso wie auch deren Interaktionen, die weiterhin eine Rolle bei der Steuerung der sozialen Sicherungssysteme spielen, wie es die jüngsten Verhandlungen über die *fléxicurité* in Frankreich (Caune 2013) oder auch jene zwischen Kassen und Medizinern in beiden Ländern zeigen.

Übersetzung: Dr. Erika Mursa

Literatur

Alduy Bericht (2011): Rapport d'information du Sénat fait au nom de la mission commune d'information relative à Pôle emploi, enregistré à la présidence du Sénat de 5 juillet 2011, n°713, par Jean-Paul Alduy, tomes I et II.
Böhm, Karl (2009): „Federalisme and the new Politcs of Hospital Financing", in: German Policy Studies (5) 1.
Bonnand, Gaby (2012): Pôle emploi: de quoi j'me mêle?, Ivry-sur-Seine: Éditions de l'Atelier.
Bourgeois, Isabelle (2004): „Hartz IV: la fin des trappes à inactivité?", in: Regards sur l'économie allemande. Bulletin économique du CIRAC, octobre (68).

Bras, Pierre-Louis (2004): „Notre système de santé sera-t-il encore mieux gouverné?", in: Droit social, n°11.

Bras, Pierre-Louis (2009): „La création des agences régionales de santé: notre système de santé sera-t-il encore mieux gouverné?", in: Droit social, n°11.

Cahuc, Pierre/*Zylberberg,* André (2010): Les réformes ratées du Président Sarkozy, Paris: Flammarion.

Caune, Hélène (2013): Les États providence sont aussi des Etats membres: comparaison des logiques nationales de l'européanisation des politiques de l'emploi en France et au Portugal, Paris: Sciences Po, thèse pour le doctorat en science politique.

Colomb, Fabrice (2012): Les politiques de l'emploi (1960-2000). Sociologie d'une catégorie de politique publique, Rennes: Presses Universitaires de Rennes.

Ebbinghaus, Bernhard (2010): „Reforming Bismarckian Corporatism: The Changing Role of Social Partnership in Continental Europe", in: A Long Good Bye to Bismarck, Palier, Bruno (Hrsg.), Amsterdam: Amsterdam University Press.

Ebbinghaus, Bernhard/*Eichhorst,* Werner (2007): Distribution of Responsibility for Social Security and Labour Market Policy, Working Paper, Country Report: Germany, Amsterdam: Amsterdam University Press.

Esping-Andersen, Gosta (1990): The three Worlds of Welfare Capitalism, Princeton (N.J.): Princeton University Press.

Fleckenstein, Timo (2008): „Restructuring Welfare for the Unemployed: the Hartz Legislation", in Germany, Journal of European Social Policy, 18 (2).

Gerlinger, Thomas (2010): „Health Care Reform in Germany", in: German Policy Studies, 6 (1).

Gerlinger, Thomas/*Mosebach,* Kai/*Schmucker,* Rolf (2008): „Mehr Staat, mehr Wettbewerb: Gesundheitsfond ante portas", in: Blätter für deutsche und internationale Politik 53 (10)

Gerlinger, Thomas/*Schmucker,* Rolf (2009): „A Long Farewell to the Bismarck System: Incremental Change in the German Health Insurance System", in: German Policy Studies, (5) 1.

Giraud, Olivier/*Lechevalier,* Arnaud (2008): „Les réformes Hartz des politiques de l'emploi: instrument ou reflet de la normalisation du marché du travail?", in: Note du CERFA, IFRI, avril (54).

Hansen, Volker (2009): „Die Bundesvereinigung der Deutschen Arbeitgeberverbände und die Gesundheitsreform 2007", in: Gesundheitsreform 2007. Nach der Reform ist vor der Reform, Schroeder, Wolfgang/Paquet, Robert (Hrsg.), Wiesbaden: VS Verlag für Sozialwissenschaften.

Hassenteufel, Patrick (2011): „Les transformations du mode de gouvernement de l'assurance maladie: une comparaison France/Allemagne", in: La revue de l'IRES, 3 (70).

Hassenteufel, Patrick (2012): „La sécurité sociale, entre «ruptures» affichées et transformations silencieuses, Chapitre 15", in: Politiques publiques, 3: Les politiques publiques sous Sarkozy, Maillard de, Jacques/Surel, Yves (Hrsg.), Paris: Presses de Sciences Po.

Hassenteufel, Patrick/*Bachir,* Myriam/*Bussat,* Virginie/*Genieys,* William/*Martin,* Claude/*Serré,* Marina (1999): L'émergence d'une „élite du Welfare"? Le cas des politiques de protection maladie et en matière de prestations familiales (1981-1997), Rapport pour la MIRE.

Hassenteufel, Patrick/*Genieys,* William/*Moreno,* Javier/*Smyrl,* Marc (2010): „Programmatic Actors and the Transformation of European Health Care Systems", in: Journal of Health Politics, Policy and Law, 35 (4).

Klenk, Tanja/*Weyrauch,* Philine/*Haarmann,* Alexander/*Nullmeier,* Franck (2012): Abkehr vom Korporatismus? Der Wandel der Sozialversicherungen im europäischen Vergleich, Frankfurt am Main: Campus Verlag.

Lambertin, Knut (2009): „Die Gewerkschaften und die Gesundheitsreform 2007", in: Gesundheitsreform 2007. Nach der Reform ist vor der Reform, Schroeder, Wolfgang/Paquet, Robert (Hrsg.), Wiesbaden: VS Verlag für Sozialwissenschaften.

Lartigot-Hervier, Louise (2012): La Peau de chagrin? Affaiblissement syndical dans les assurances sociales en France et en Allemagne. Comparaison des assurances maladie et chômage, Paris: Sciences Po, thèse pour le doctorat en science politique.

Lartigot-Hervier, Louise (2014): „Réformer en présence de veto players. Méta-réformes et syndicats dans les assurances chômage en France et en Allemagne", in: Gouvernement & action publique, Juillet-septembre, 3 (3).

Maillard de, Jacques/*Surel,* Yves (Hrsg.), (2012): Politiques publiques, 3: Les politiques publiques sous Sarkozy, Paris: Presses de Sciences Po.

Menz, Georg (2005): „Old bottles – new wine: The New Dynamics of Industrial Relations", in: German Politics, 14 (2).

Perschke-Hartmann, Christiane (1993): „Das Gesundheitsstrukturgesetz von 1992. Zur Selbstverwaltung im Gesundheitswesen", in: Leviathan, 21.

Rudischhauser, Sabine/*Zimmermann,* Bénédicte (2004): „De la critique à l'expertise. La modernisation de l'action publique: le cas du chômage en France et en Allemagne", in: Les sciences sociales à l'épreuve de l'action. Le savant, le politique et l'Europe, Zimmermann, Bénédicte (Hrsg.), Paris, Édition de la Maison des Sciences de l'Homme.

Schroeder, Wolfgang/*Paquet,* Robert (Hrsg.), (2009): Nach der Reform ist vor der Reform, Wiesbaden: VS Verlag für Sozialwissenschaften.

Trampusch, Christine (2005): „From Interest Groups to Parties: The Change in the Career Patterns of the Legislative Elite in German Social Policy", in: German Politics, 14 (1).

Veil, Mechthild (2005): „Les lois Hartz, plus qu'une réforme du marché du travail?", in: Chronique internationale de l'IRES, janvier (92).

Willmann, Christophe (2009): „L'autonomie des partenaires sociaux en débat: Pôle emploi et la convention d'assurance chômage du 19 février 2009", in: Droit social, juillet-août (7/8).

„Welches Frankreich in zehn Jahren?"
Ein Bericht mit interessantem methodischem Ansatz

Selma Mahfouz[1]

Im Juli 2013 beauftragte der französische Staatspräsident im Anschluss an eine Klausurtagung zu den längerfristigen Perspektiven für Frankreich die Denkfabrik *France Stratégie* mit ihrem Präsidenten Jean Pisani-Ferry, einen Bericht zu den Herausforderungen der kommenden zehn Jahre zu erstellen und dabei Verfahren der Konzertation und Diskussion einzusetzen.

Dieser Bericht „Welches Frankreich in zehn Jahren?", der online verfügbar ist[2], wurde dem französischen Staatspräsidenten im Juni 2014 übergeben. Er liefert eine Diagnose zur Situation Frankreichs, zu seinem relativen Rückstand auf wirtschaftlichem Gebiet, aber auch zu seinen Stärken sozialer, demografischer oder wissenschaftlicher Art. Er nennt die bestehenden Blockaden und verweist auf die verschiedenen Großbaustellen des nächsten Jahrzehnts sowie die damit verbundenen Herausforderungen, und zwar was Institutionen, Wirtschaftskraft, Zukunft des Sozialmodells oder Nachhaltigkeit des Wachstums betrifft. Zu jedem einzelnen Gebiet werden Zehn-Jahres-Ziele vorgeschlagen mit Indikatoren, die in einem beigefügten Heft detailliert genannt sind.

Im Folgenden soll zunächst die Methode für die Erstellung des Berichts erläutert werden, die auf einer breit angelegten Konzertation gründet. Sie wird eingehend beschrieben, es wird analysiert, in welcher Weise sie sich in den Berichtsergebnissen niederschlug, und es wird danach gefragt, wie die Diskussionen über den Bericht hinaus fortgesetzt werden.

---

1   Die Autorin ist die stellvertretende Generalsekretärin des staatlichen Thinktanks *France Stratégie*.
2   http://www.strategie.gouv.fr/publications/france-10-ans

1. Wie wurde die Konzertation zum Thema Frankreich in zehn Jahren organisiert?

Die Vorarbeiten zum Bericht „Welches Frankreich in zehn Jahren?" begannen im Sommer 2013, als der französische Staatspräsident den Generalkommissar von *France Stratégie* Jean Pisani-Ferry beauftragte, bei einer Klausurtagung der Regierung in das Thema „Frankreich in zehn Jahren" einzuführen.

Eine Expertengruppe von *France Stratégie* hatte dazu eine einführende Note im Umfang von rund zwanzig Seiten vorbereitet und darin die großen Fragen identifiziert, die sich im genannten Zeithorizont stellen.[3] Wichtigstes Ziel der Veröffentlichung war es, die Diskussion zu eröffnen. Sie setzt daher mit Überlegungen zum Zeitrahmen von zehn Jahren an, innerhalb dessen strukturelle Entscheidungen möglich sind und Veränderungen von größerer Tragweite eingeleitet werden können. Es gibt in Frankreich und anderswo verschiedene historische Beispiele dafür, dass solche Ziele, die in einem ferneren Horizont liegen und häufig zum Zeitpunkt ihrer Formulierung als irrealistisch gelten, letztlich doch mobilisierend und richtungsweisend für öffentliches Handeln sind, Prospektiven leiten und Energien beschleunigen. Dies war beispielsweise der Fall für das 1985 vom damaligen Erziehungsminister Jean-Pierre Chevènement fixierte Ziel, noch vor dem Jahr 2000 80 % einer Altersklasse zum Abitur zu führen, woraufhin die Zahl der Abiturienten rasch anstieg. Die einführende Note enthält zudem verschiedene Daten zu Frankreich und seinem Umfeld im Zeitfenster von zehn Jahren und stellt vor allem drei Leitfragen für die Debatte zur Zukunft Frankreichs: Welche Position will man innerhalb der Globalisierung einnehmen? Wie sieht das Modell der Gleichheit aus? Welche Vision von Fortschritt wird verfolgt?

Im Anschluss an die Klausurtagung der Regierung vom 19. August 2013 wurde *France Stratégie* vom französischen Staatspräsidenten und Premierminister beauftragt, die Überlegungen zu den Herausforderungen der nächsten zehn Jahre fortzusetzen und sich dabei auf den Austausch mit den Sozialpartnern und der Zivilgesellschaft zu stützen.

So wurden fünf Themenkomplexe definiert, die sich auf die Zukunft des Produktionsmodells, des Sozialmodells, des republikanischen Modells und des Zusammenlebens, des europäischen Projekts und auf die Nachhaltigkeit des Wachstumsmodells bezogen. Zu jedem einzelnen Thema wurden Ende September 2013 „Positionsbestimmungen" in Form von fünfzehnseitigen Noten veröffentlicht, die von *France Stratégie* erarbeitet wurden, um als Einstieg in die Diskussion zu dienen.

Zu den genannten Fragen wurden in den Monaten Oktober und November 2013 in Frankreich landesweit fünf Themendiskussionen geführt. Dazu wurden jeweils an einem Tag Sozialpartner, Vereinigungen, nationale und lokale gewählte Mandatsträger,

---

3   http://www.strategie.gouv.fr/publications/france-dix-ans

französische und ausländische Experten sowie Vertreter der Verwaltung eingeladen. Die Diskussionen zeigten, wo Übereinstimmung besteht und welche Themen diskutabel sind. Sie wurden ergänzt durch schriftliche Beiträge einzelner Teilnehmer, wodurch bestimmte Fragen vertieft wurden, so etwa zu den Perspektiven von Wachstum und Produktivität, die unter Wirtschaftswissenschaftlern umstritten sind (s. unten).

Auch auf regionaler Ebene wurden acht Diskussionsrunden geführt, um die regionalen Herausforderungen und die territorial unterschiedlichen Gegebenheiten zu erfassen, so in Straßburg, Rennes, Jouy-en-Josas, Nancy, Toulouse, Lille, Lyon und Bobigny. Dabei trafen lokale Akteure, Unternehmenschefs, Vereinigungen und gewählte Mandatsträger aufeinander.

Neben ihrer Teilnahme an den nationalen oder regionalen Themenkonferenzen wurden die Sozialpartner im Laufe der Arbeiten auch im Rahmen bilateraler Treffen befragt, so dass erste Schlussfolgerungen ausgetauscht und bereits vor Fertigstellung des Berichts ihre Reaktionen wahrgenommen werden konnten. An diesem Verfahren waren die Sozialpartner sehr interessiert, wenngleich sich nicht alle in den Analysen oder Richtungen des Berichts wiederfinden, der keineswegs die Reizthemen für Arbeitgeber oder Gewerkschaften aussparen wollte. Bereits mit Übergabe des Berichts an den Staatspräsidenten wurde ein Treffen mit den Sozialpartnern anberaumt. Dessen große Orientierungslinien und möglichen Implikationen für weitere Überlegungen der Sozialpartner wurden zudem von Jean Pisani-Ferry bei der Eröffnung der großen Sozialkonferenz im Sommer 2014 vorgestellt.

Die gewählten Mandatsträger, insbesondere die Parlamentarier, wurden ebenfalls in die Überlegungen mit einbezogen. Die Präsidenten von Nationalversammlung und Senat leiteten jeweils eine Arbeitsgruppe zu diesem Thema, an der die verschiedenen Parlamentariergruppen teilnahmen. In beiden Kammern fanden auch zwei Sitzungen mit Vertretern von *France Stratégie* statt, so dass man sich über die nach Ansicht der Parlamentarier wichtigsten Herausforderungen austauschen konnte. Auch der Präsident des Rates für Wirtschaft, Soziales und Umwelt (*Conseil économique, social et environnemental* – CESE) organisierte eine Tagung, zu der die verschiedenen Gruppen und Sektionen hinzugezogen wurden.

Ende September wurde eine Debatte mit verschiedenen Thinktanks organisiert, um die Konsultation mittels gemeinsamer Überlegungen und Analysen in Gang zu bringen. Dazu zählten Attac, das *Center for European Policy Studies*, Fondapol, die Fondation Nicolas Hulot, die Fondation Robert Schuman, das Institut Montaigne und Terra Nova. Es folgten weitere Austauschforen mit verschiedenen Denkzirkeln (*Clubs de réflexion*).

Weitere Arbeitsklausuren wurden zu transversalen Themen organisiert, so etwa zur Digitalisierung mit dem Nationalen Rat für Digitalisierung, zur Beschäftigung oder zu den Übersee-Gebieten mit Experten, Politikern und Praktikern.

Zudem wurde auf der Website von *France Stratégie* ein Forum eingerichtet, so dass der Meinungsaustausch gefördert und die Gelegenheit gegeben wurde, eigene Gesichtspunkte und Analysen ausführlich zu erläutern. Rund siebzig schriftliche Beiträge gingen dazu ein und wurden online gestellt. Sie wurden in den Überlegungen von *France Stratégie* berücksichtigt.

Um das Feld der Konzertation noch stärker zu erweitern, wurden die verschiedenen Diskussionen durch drei Verfahren ergänzt.

Zunächst wurde ganz klassisch eine Umfrage gestartet, um ein Meinungsbild zu verschiedenen Fragen zu erstellen. So wurden im Oktober 2013 in Frankreich 1.083 repräsentative Personen über 15 Jahre vom Meinungsforschungsinstitut BVA zu den fünf vorab formulierten Themengebieten (Zusammenleben, Sozialmodell, Produktionsmodell, Wachstumsmodell, Europa) sowie zu ihren Ängsten und Erwartungen befragt. Dabei zeigte sich zunächst, dass der Pessimismus hinsichtlich der Situation Frankreichs in zehn Jahren (67 % Pessimisten) deutlich stärker ausgeprägt war als die persönliche Situation betreffend (41 % Pessimisten). Die größte Angst gilt der Zunahme von Ungleichheiten, doch auch Fragen bezüglich der Klimaerwärmung, der Staatsverschuldung oder Spannungen aufgrund der sozialen Diversität sind sehr präsent. Zu den frappierenden Ergebnissen der Umfrage zählt dabei die Antwort auf folgende Frage: „Wenn Sie sich Frankreich in zehn Jahren vorstellen, glauben Sie, dass die verschiedenen Gruppen, aus denen sich Frankreich zusammensetzt, zusammen oder getrennt leben? In gutem Einvernehmen oder mit Spannungen?". Nur 17 % der Befragten antworteten: „zusammen, in gutem Einvernehmen". 45 % antworteten „getrennt", 37 % „zusammen, mit Spannungen".

Um bestimmte Fragen zu vertiefen, wurde bei einem Panel von ausgewählten Bürgern mit unterschiedlicher Herkunft eine qualitativ orientierte Untersuchung durchgeführt. Dreizehn Gruppen zu drei Personen (Triaden), darunter junge Eltern, Rentner, Studierende, Berufstätige aus verschiedenen Bereichen haben dabei ihre Meinung geäußert und in zweieinhalbstündigen Sitzungen diskutiert, wozu ihnen die erwähnten einführenden, von *France Stratégie* vorbereitete Statements vorgelegt wurden. Auch mit Unternehmenschefs und Freiberuflern wurden Interviews geführt. Dieses Verfahren der Konsultation, das von TNS Sofres organisiert wurde, stieß auf ein gutes Echo. Die befragten Personen hatten vorab die Dokumente gelesen und zeigten sich zufrieden darüber, dass sie ihre Meinung äußern konnten. Damit konnte man die unterschwelligen Gründe für die im Laufe der Umfragen geäußerten Meinungen deutlicher nachvollziehen.

Schließlich wurde in Kooperation mit Skyrock im November 2013 für drei Wochen eine Mitmach-Plattform eingerichtet (www.fr10a.fr), auf der vor allem jüngere Internet-User Vorschläge zu Frankreich in zehn Jahren machen, für oder gegen die jeweiligen Vorschläge stimmen und sie online diskutieren konnten. Fast 1.000 Personen nahmen teil, rund 1.700 Vorschläge gingen ein, und mehr als 27.000 Mal wurde abgestimmt. Neben Fragen, von denen junge Leute direkt betroffen sind, wie Beschäftigung und Bildung, waren die häufigsten Themen auf die Institutionen bezogen.

Die Ergebnisse dieser Meinungsanalysen sind online verfügbar. Zudem wurden die Erkenntnisse aus den Bürgergesprächen als Synthese veröffentlicht.

Die Arbeiten der Teams von *France Stratégie* wurden durch diese Diskussionsrunden und Konsultationen ergänzt und angereichert. Damit einher gingen zahlreiche Anhörungen und bilaterale Gespräche mit Persönlichkeiten aus der wirtschaftlichen, sozialen und intellektuellen Debatte. Verantwortliche aus der Regierung, die Präsidentschaft der Republik, der Premierminister und wichtige Ministerien wurden ebenfalls im Laufe der Untersuchungen befragt.

2. Inwiefern hat das Konzertationsverfahren die Überlegungen zu Frankreich in zehn Jahren beeinflusst?

Es ist immer schwierig, die Entstehungsgeschichte eines Berichts nachzuzeichnen und genau anzugeben, in welchem Maße die Einzelgespräche zum Endergebnis beigetragen haben: Die Reflexionen der Autoren entwickeln sich letztlich im Laufe von Monaten, von internen und externen Gesprächen, von Untersuchungen zu Daten und Meinungen, und es ist nicht einfach, nachträglich auseinanderzusetzen, wer welchen Beitrag dazu lieferte.

Zwei Beispiele illustrieren jedoch, inwiefern die geführten Diskussionen die Überlegungen und den endgültigen Bericht mehr oder weniger stark beeinflussen konnten. Dies waren die Debatten zu Wachstum und zu institutionellen Fragen.

Die Frage des Wachstums war bereits in der ersten einführenden Note vom Sommer 2013 enthalten. Sie erfuhr jedoch im Laufe der Diskussionen eine andere Dimension und Wendung. Zunächst galt die Debatte vor allem unter Ökonomen den Wachstumsperspektiven und der Analyse zukünftiger Produktivitätszuwächse. Dies wird insbesondere in verschiedenen Beiträgen von Wirtschaftswissenschaftlern deutlich (Boone, Renucci 2013; Cette 2013; Passet 2013)[4]: Die Diskussion drehte sich darum, wieviel von dem während der Krise verlorenen Terrain (*output gap*) zurückgewonnen werden kann und auch wie die mittelfristigen Entwicklungsperspektiven von globalen Produktions-

---

4   Die Beiträge sind auf der Website von *France Stratégie* abrufbar.

faktoren einzuschätzen sind, wobei die Ansichten über die von den Innovationen der Informations- und Kommunikationstechnologien zu erwartenden Effekte unterschiedlich waren. Diese grundlegenden wirtschaftlichen Fragen riefen im Laufe der verschiedenen Diskussionen fundamentale Zweifel hervor. So ging es häufig weniger darum, wie und mit welcher Geschwindigkeit das Wachstum wieder herbeizuführen wäre, sondern vielmehr, ob Wachstum möglich und wünschenswert sei. Der Verlust des Konsenses in der Wachstumsfrage kann im Verlauf der Diskussionen nachgezeichnet werden. Für die einen, vor allem die Jüngeren, ist Wachstum eine Realität aus früheren Jahrhunderten, während die aktuelle Realität, die sie kennen, letztlich die Stagnation ist; anderen wird eine eventuelles neuerliches Wachstum ohnehin nicht zugutekommen, entweder weil sich manche Territorien ausgeschlossen fühlen oder allgemeiner, weil es Ungleichheiten verstärken und sie selbst auf der Strecke lassen wird. Für wieder andere ist Wachstum nicht wünschenswert, wenn es mit Umweltbelastungen einhergeht oder finanziell nicht auf Dauer zu erhalten ist. Durch diese Diskussionen erhielt das Nachdenken über ein neues Wachstumsmodell und die Notwendigkeit, Wachstum zu „qualifizieren", das heißt, der Qualität des Wachstums und nicht nur dessen Geschwindigkeit mehr Gewicht zu schenken, eine deutliche Orientierung. So schlägt der Bericht vor, zusammen mit den Wachstumszahlen des Bruttoinlandsprodukts regelmäßig bestimmte Indikatoren für die ökologische, soziale und finanzielle Nachhaltigkeit des Wachstums anzugeben.

Ein weiteres Beispiel für den Einfluss der Konzertation auf die weiteren Überlegungen und auf den Abschlussbericht ist die Bedeutung der institutionellen Themen. Gewiss war die Frage nach dem Zusammenleben und allgemeiner dem Vertrauen schon von vorneherein gestellt worden, doch wurde erst im Laufe des Konzertationsprozesses deutlich, dass den Institutionen dabei eine wesentliche Rolle zukommt. Fragen dazu sind aus den verschiedensten Blickwinkeln aufgetaucht. So im Zuge der Diskussionen zum Wachstum, das sich zunehmend in den Metropolen konzentriert, womit sich die Frage nach einer geeigneten territorialen Organisation stellt, die eine Verteilung des Wachstums auf alle Territorien bewirken kann (hier geht es um die Rolle der Regionen und deren Verbindung zu den Metropolen). Ebenfalls bei den Umfragen und den Triadengesprächen, die weitreichende Fragen nach dem Funktionieren unserer repräsentativen Demokratie bzw. nach dem Verhalten der gewählten Mandatsträger stellten. So gingen auf dem Mitmach-Forum im Internet, das für junge Leute eingerichtet wurde, zahlreiche Vorschläge zu institutionellen Themen ein (Abschaffung der Ämterhäufung, Berücksichtigung von leeren Stimmzetteln, klarere Strukturen in der Verwaltungshierarchie). Fragen zu den Institutionen beschränken sich jedoch nicht auf die Mandatsträger oder die Welt der Politik. So sind beim Thema Schule nur 22% der befragten Franzosen der Ansicht, dass die Schule in Frankreich soziale Ungleichheiten verringert (51% meinen, dass sie nichts daran ändert, 26%, dass sie die Ungleichheiten verstärkt). Die Wahrnehmung der sozialen Unterschiede, die schon bei der Umfrage als frappierend erwähnt worden war, verlangt logischerweise nach Antworten institutioneller Art. Aus diesem Grunde hat der Bericht das Thema der „Demokratie des Vertrauens" an die oberste Stelle gesetzt. Dies wäre vermutlich ohne die Konzertationsverfahren nicht der Fall gewesen.

Die beiden Beispiele sind selbstverständlich nicht erschöpfend. Jede einzelne Analyse des Berichts wurde im Verlauf von Diskussionen verfasst, angepasst und in Frage gestellt. Die genannten Beispiele zeigen jedoch ganz konkret, inwiefern die Konzertation und die Diskussionen zu den Arbeiten beigetragen haben.

Allgemeiner gesprochen haben die Debatten unterstrichen, dass der Bericht notwendigerweise die Blockaden in der französischen Gesellschaft benennen muss. Sie zeigten deutlich, dass Frankreich heute über die eigenen Schwächen und Stärken hinaus mit bestimmten kollektiven Entscheidungen konfrontiert ist, die noch nicht getroffen wurden, so zur Position angesichts der Globalisierung, zur Zukunft seines Sozialmodells, zu den Grundlagen des Zusammenlebens, zum Wachstum, wie oben dargelegt, und zur Zukunft des Projekts Europa. Die fortgesetzten Zweifel zu diesen Fragen beeinträchtigen das Vertrauen und stellen ein klares Hindernis für die Definition einer allgemeinen Richtung und für die Mobilisierung der Akteure dar.

Dies ist auch einer der Gründe dafür, weshalb der Bericht „Welches Frankreich in zehn Jahren?" sich dafür entschied, Ziele für die Gestaltung des Landes in den kommenden zehn Jahren zu formulieren, anstatt eine Liste von Reformen aufzustellen. Dass er eher zeigt, wo Frankreich in zehn Jahren stehen kann, wenn es sich aus seinem Dilemma zu befreien vermag. Der Bericht zeichnet das Bild Frankreichs in zehn Jahren, und zwar einerseits „ausbuchstabiert", unter Nennung von acht großen Zielen: eine Demokratie des Vertrauens, eine tatsächliche republikanische Gleichheit, ein unternehmerischer und effizienter Staat, eine verantwortungsvolle Entwicklung, eine durchlässige und weltoffene Gesellschaft, eine dynamische Wirtschaft, ein sichtbares und inklusives Sozialmodell und ein Europa, das als Triebkraft wirkt. Und er zeigt auch Frankreich in zehn Jahren „in Ziffern", wobei jedes Thema mit Zahlen belegt wird, die den konkreten Weg zeigen, der in zehn Jahren zurückgelegt werden kann.

3. Wie geht die Debatte über die Schlussfolgerungen des Berichts weiter?

Der Bericht „Welches Frankreich in zehn Jahren?" wurde im Juni 2014 dem französischen Staatspräsidenten bei einer Klausurtagung der Regierung übergeben. Zwar war das politische Echo relativ begrenzt, doch wurde der Bericht überwiegend positiv aufgenommen. Die Medien haben ausführlich und verlässlich darüber berichtet. Das angewandte Verfahren und die Analyseergebnisse riefen Interesse hervor und lösten Diskussionen aus. Dieses Interesse äußerte sich auch in sehr zahlreichen Einladungen dazu, die Überlegungen zu Frankreich in zehn Jahren auf verschiedenen Foren zu präsentieren: Kolloquien, Diskussionsrunden, Treffen mit Jugendlichen, Sommeruniversitäten politischer Parteien in Paris, in den französischen Regionen oder im Ausland (in Deutschland wurde er am Tag nach der Übergabe an den Staatspräsidenten im dfi präsentiert).

All diese Debatten sind zunächst einmal Anlass, sich über die getroffenen Feststellungen, die Analysen und Ziele auszutauschen. Sie lassen zuweilen (häufig?) Übereinstimmung bei der Diagnose erkennen ebenso wie den Wunsch, bei den Veränderungen weiter und schneller voranzukommen. In einigen Fällen lassen sie auch jene Konfliktlinien zutage treten, die im Bericht hervorgehoben wurden.

Über diese Debatten hinaus wurden verschiedene Arbeitsaufträge unternommen, um einige Baustellen verstärkt zu bearbeiten. So sollen einzelne Empfehlungen operationalisiert und bestimmte Themen vertieft werden. Dies gilt beispielsweise für die Workshops „öffentliches Handeln von morgen", die von den Sozialpartnern bei der großen Sozialkonferenz angeregt wurden und zusammen mit Thierry Mandon, Staatssekretär für die Reform und Verschlankung des Staates, organisiert werden. Diese Workshops, bei denen Akteure, Vertreter der Benutzer, Sozialpartner, Experten, Franzosen und ausländische Bürger zusammentreffen, sollen die großen Entwicklungen identifizieren, die beim Nachdenken über öffentliches Handeln in zehn Jahren zu berücksichtigen sind.

Wie beim Thema „Frankreich in zehn Jahren" stützen sich auch diese Überlegungen stark auf Debatten, die in Paris und in den Regionen geführt werden, die sie somit anreichern und in verschiedene Richtungen hin öffnen.

Übersetzung: Dr. Erika Mursa

Literatur

Boone Laurence/*Renucci* Céline (2013): „Quelle croissance pour la France?", http://www.strategie.gouv.fr/sites/strategie.gouv.fr/files/atoms/files/boone-renucci1.pdf

Cette, Gilbert (2013): „Croissance de la productivité: quelles perspectives pour la France?", http://www.strategie.gouv.fr/sites/strategie.gouv.fr/files/atoms/files/cette.pdf

Passet Oliver (2013): „La France dans 10 ans: l'évolution de notre modèle productif", http://www.strategie.gouv.fr/blog/wp-content/uploads/2013/11/La-France-dans-10-ans-O.-Passet.pdf

Die deutsch-französische Freundschaft digital gestalten: Französischen und deutschen Bürgern zum direkten Kontakt verhelfen

Hans Herth

Seit einem halben Jahrhundert begegnen wir uns mit Erstaunen – regelmäßig und hoch ritualisiert – und sind erfreut über eine Freundschaft, die solange unwahrscheinlich gewesen war. Noch nie waren sich zwei Nationen so nahe, waren so intensiv über gemeinsame staatliche Institutionen miteinander vernetzt (einschließlich des militärischen Bereichs), wie Deutschland und Frankreich. Dazu gehören der Austausch von Beamten, vielfältige Begegnungen junger Menschen und Schulpartnerschaften, gemeinsame Unternehmen und Städtepartnerschaften, die immer noch neu entstehen.

Das deutsch-französische Paar kann Modellcharakter beanspruchen – und wir wissen dies auch zu feiern.

Die Sakralisierung dieser Freundschaft, die Wangenküsse und das sich wiederholende Selbst-Beglückwünschen stehen in einem eigentümlichen Kontrast zum Gefühl des Verlustes an deutsch-französischer Substanz, das vor allem die Generationen beklagen, die noch eine andere Art deutsch-französischer Beziehung kennen gelernt haben. Es war die Erfahrung einer Minderheit, die sich durch ein gemeinsames Schicksal, und sei es noch so tragisch, eng miteinander verbunden fühlte. Sie reicht von den verbotenen Liebschaften, die sich während Besatzung und Befreiung entwickelt hatten und ihrer Kohorte an Kriegskindern, bis hin zur gemeinsamen Lebenswirklichkeit von Franzosen und Deutschen in den französischen Besatzungszonen im Südwesten der alten Bundesrepublik und in Berlin. Dort sind die ersten Städtepartnerschaften entstanden, auf Initiative derjenigen, die die Kriegs- und Nachkriegsereignisse zusammengeführt hatten. Die Ältesten unter uns erinnern sich an die Intensität jener Pionier-Freundschaften. Sie stehen im großen Kontrast zur fortschreitenden Banalisierung ritualisierter Beziehungen, die standardisiert sind und sicher auch sympathisch, aber irgendwie sinnentleert.

Die fortbestehende Fremdheit

Nostalgie der Alten ... oder realistische Einschätzung? Tatsache ist, dass sich Glanz und Prestige unserer beiden Nachbarsprachen und Nachbarkulturen zunehmend abstumpfen. Wenn das Verhalten am Gedanken der Nützlichkeit ausgerichtet wird, vor allem jetzt in der Wirtschaftskrise, fällt die Wahl beim Erlernen der Fremdsprachen in unseren Schulen vor allem auf sogenannte „internationale Sprachen" oder „Weltsprachen". Die kulturellen Aspekte, die die Entscheidung bei der Wahl der Sprachen beeinflussen könnten, gehen dabei verloren.

Gleichzeitig und jenseits des reinen Schulbetriebs stellen wir jeden Tag von Neuem fest, dass die gegenseitigen Vorurteile weit davon entfernt sind zu verschwinden. Die Entschuldigung, dass der – scheinbar – gerechtfertigte Hass auf den Anderen durch negative historische Erfahrungen entstanden sein könnte, existiert so nicht mehr. Die Vorurteile werden auch nicht durch die gemäßigteren und auf Ausgleich bedachten Sichtweisen all jener kompensiert, die als Erwachsene die Erfahrung eines engen Kontakts mit der jeweils anderen Gesellschaft gemacht haben.

Unser gemeinsames deutsch-französisches Leben reduziert sich mehr und mehr auf das sommerliche Zusammenleben als Touristen, während unsere wirtschaftlichen Schwierigkeiten bisweilen Konkurrenzsituationen entstehen lassen, die sich in echte Rivalitäten verwandeln. Dies erklärt dann auch die täglichen Bekundungen des Misstrauens und der offenen Feindschaft auf der einen Seite, die übertriebenen Lobreden auf der anderen. Beide Extreme werden zu Karikaturen, bis hin zur politischen Lüge.

Das deutsch-französische Verhältnis am Scheideweg?

Aus dem Humus der deutsch-französischen Koexistenz, die auf die Zeit gegenseitiger Besatzung zurückgeht, aus der sich anschließenden ersten Welle der Städtepartnerschaften, initiiert durch jene, die das Nachbarland und die französische Präsenz in Deutschland erlebt haben, sind echte zwischenmenschliche Beziehungen entstanden, die über mehrere Generationen weitergegeben wurden, so nebensächlich sie damals auch erschienen sein mochten.

Dieser Quell versiegt und wenn er sich regeneriert, dann bestenfalls im Rahmen spezifischer Austauschbeziehungen, durch relativ geschlossene und begrenzte Begegnungen im Rahmen von Unternehmenskooperationen, durch alle Arten schulischen Austauschs, durch Kultur, bis hin zur deutsch-französischen Zusammenarbeit, die das Austauschprogramm Erasmus der Europäischen Union vorsieht.

Global gesehen jedoch werden die persönlichen Kontakte, die im Rahmen deutsch-französischer Programme und ritualisierter Städtepartnerschaften stattfinden, oberflächlicher und standardisierter. Kurz gesagt, jenseits von sehr spezifischen deutsch-französischen Netzwerken konsumieren die Deutschen Frankreich, und (etwas seltener) die Franzosen Deutschland (wobei sie sich dabei häufig mit Berlin begnügen). Soll das wirklich reichen?

Anders gesagt, anstelle neuer Dynamik droht das Abstellgleis. Hinter der scheinbaren Vitalität der deutsch-französischen Beziehung, etwa auf der Ebene mancher Städtepartnerschaften, lauern Indifferenz und Desinteresse: Wenn eindeutig Mittel, Gelegenheiten, Vorwände und Motivation fehlen, um einzelne Menschen aus beiden Gesellschaften zu Begegnung und Austausch zu bewegen, wird die – damit einhergehende – schreiende Leere erst richtig sichtbar.

Neustart des Motors

Diese Leere ist ein Hindernis für die weitere Ausweitung der deutsch-französischen Beziehungen, derjenigen, die noch wirkliches Wachstumspotenzial besitzen: die Vervielfältigung der direkten zwischenmenschlichen Kontakte jenseits des Schüleraustausches und der internationalisierten Studiengänge, jenseits der internationalen oder rein deutsch-französischen Unternehmensgruppen, jenseits der kollektiven Rituale oder der organisierten Bewegung im Rahmen von Städtepartnerschaften.

Städtepartnerschaften und deutsch-französische Gesellschaften aller Art sollten den nächsten Gang einlegen und kulturelle Aktivitäten vorsehen, die einer großen Mehrheit zugänglich sind und ihr Instrumente und Inhalte zur Verfügung stellen, um die Kultur des Nachbarn kennen zu lernen, einschließlich und prioritär dem nötigen Erlernen der Sprache des Nachbarn.

Jenseits dieser Vorfeldarbeit müssen wir für Franzosen und Deutsche ein Vielfaches an Möglichkeiten schaffen, um sich kennenzulernen, von Angesicht zu Angesicht, und zwischenmenschliche Kontakte zu entwickeln, die die kulturelle Fremdheit auflösen können, die unsere beiden Gesellschaften immer noch trennt. Dafür brauchen wir entsprechende Anlässe, Anregungen und die notwendigen Finanzmittel.

Anders gesagt, wir benötigen die Werkzeuge, um den freien Austausch zwischen französischen und deutschen Bürgern zu ermöglichen, wir müssen die Stützen einziehen, die dabei helfen, die Bürger untereinander zu vernetzen, um gemeinsame Aktivitäten zu teilen, und zwar jenseits von Vereinsorganisationen, die mit ihren Beschränkungen und Erschwernissen die spontane Vervielfältigung von Kontakten behindern.

Der Erfolg der sozialen Netzwerke: Sie stellen Mittel zum individuellen Handeln bereit

Die technischen Voraussetzungen und die unterschiedlichen Netzwerke stehen national und international bereits zur Verfügung: Gemeinsam ausgehen, *couch-surfing*, die Sprache des Anderen sprechen, einen Stadtführer finden, etc. Wenn man all jene Netzgemeinschaften zusammenfügt, die es erlauben, eine Leidenschaft oder ein Steckenpferd zu teilen, sind die Möglichkeiten zur Schaffung sozialer Netzwerkplattformen grenzenlos.

Ebenso gibt es Plattformen, wie z. B. *meet-up*, bei denen jeder die (digitale) Gruppe finden oder auch eine Initiativgruppe neu starten kann, die seinen persönlichen Wünschen entspricht. Die „Boulespieler von Sydney" ebenso wie die „Russischen Schmetterlingsjäger vom Niederrhein", was gewünscht ist, wird möglich.

Vor einigen Jahren hat eine junge Wienerin die Gruppe der „Deutschsprechenden von Paris" gegründet. Sie zählt heute 800 Mitglieder und führt regelmäßig, an unterschiedlichen Orten in Paris, eine wechselnde Zahl deutschsprachiger Menschen aller Altersgruppen, von unterschiedlicher Herkunft und Nationalität zusammen.

Der Erfolg solcher Plattformen, auf denen sich die Gruppen mehr oder weniger verbindlich zusammenschließen können, entspricht der (wachsenden) Nachfrage nach vereinsmäßigen Verbindungen – ohne die üblichen Zwänge des Vereinswesens.

Plattform deutsch-französischer Verbindungen

Die Idee ist also die Schaffung einer digitalen Plattform französisch-deutscher Verbindungen, die es erlaubt, bestehende und ganz unterschiedliche Aktivitäten zusammenzuführen, die imstande sind, eine Verbindung zwischen Deutschen und Franzosen herbeizuführen. Diese Plattform wäre sowohl für jene zugänglich, die ein entsprechendes Angebot oder eine entsprechende Gruppe suchen, als auch für jene, die (mit geringem Aufwand) einen Vorschlag platzieren oder eine Gruppe gründen wollen, die die lokalen, regionalen und grenzüberschreitenden französisch-deutschen Akteure zusammenführt.

Mit einem solchen Werkzeug ließen sich die Formen gemeinschaftlicher wie auch individueller Beziehungen vervielfältigen, mit dem Ziel, diese stabiler zu gestalten oder neu zu errichten, wo diese noch nicht existieren (bzw. schlecht funktionieren oder gar nicht mehr vorhanden sind).

Deutsche und Franzosen teilen ihre Aktivitäten und ihre Lebenswirklichkeit

Wie wäre es, wenn Deutsche, die in Frankreich leben bzw. dorthin fahren und umgekehrt Franzosen, die in Deutschland leben oder sich dort aufhalten, mehr miteinander tun könnten als nur sich zu streifen? Wie könnte man ihnen helfen, die Kontakte enger zu gestalten und sich zu vermischen?

- Den Reisenden zu empfangen (und ihm zu sagen, wo er Hilfe findet): beim Suchen einer kostenlosen bzw. deutschsprachigen Übernachtungsmöglichkeit, eines ehrenamtlichen deutschsprachigen Reiseführers, der die Stadt (Region) kennt; von Gesprächspartnern, die mit guten Ratschlägen oder bei der Suche nach authentischem Erleben weiterhelfen.

- Den Zugewanderten zu empfangen und ihm zu helfen, am Ort neue Wurzeln zu schlagen: Rat und Hilfe bei den nötigen (Behörden-) Gängen, bei Übersetzungen, Unterkunft, Arbeit, beim Empfang der neu angekommenen Kinder (mit Informationen und Unterstützung im Schulalltag), mit Ratschlägen für das Leben am Ort, bei der Einführung dort und beim praktischen Üben der Alltagssprache.

- Die Sprache des Nachbarn lernen, den Zugang, das vertiefende Üben und den Erwerb von Kenntnissen unterstützen: ein aktiver sprachlicher Austausch, Treffen von linguistischen Tandems, Kurse und praktische Unterstützung bei den Hausaufgaben.

- Am Ort zusammen leben: ortsansässige Franzosen und Deutschen organisieren gemeinsame Veranstaltungen, gehen miteinander aus und planen Vorhaben für größere oder kleinere thematische Gruppen.

- Speziell zweisprachige und deutschsprachige Treffen vermehren und unterstützen: Stammtische, regelmäßige Treffen junger Mütter (bilinguale Krabbelgruppen), Buch- und Leseclubs, Kinoclubs, französisch-deutsche Chöre, aber auch gemeinsame Sport- und Freizeitaktivitäten von Franzosen und Deutschen (gemeinsam Kochen, gemeinsame Ausflüge/Wanderungen, gemeinsames Reisen, Picknick, Joggen), Organisation von Konferenzen.

- etc.

All das existiert bereits, hier und da, im Rahmen satzungsgemäß konstituierter und damit gezwungenermaßen begrenzter Vereine

Eine digitale Plattform, ein soziales Netz, würde es jedoch erlauben, die unterschiedlichen lokalen Initiativen zu vervielfältigen und freier zu gestalten. Es würde gleichzeitig möglich, mit den so gestalteten Netzwerkgruppen direkt abzurechnen (bspw. mit Systemen wie „pay-pal") oder auch individuelle Unkostenbeiträge zu berücksichtigen, und die Leistungen einfacher auszuzahlen oder auch Formen von lokalem Sponsoring zu entwickeln (durch verbilligte und sonstige Angebote der Wirtschaft).

Die Finanzierung

Eine Gruppe zu eröffnen bedeutet auch, ein jährliches, bezahltes Abonnement vorzusehen (ein psychologisch guter Preis liegt vermutlich bei plus/minus 100 Euro), was mittelfristig ermöglichen sollte, die laufende Kosten für das Funktionieren einer solchen Netzwerkplattform zu decken.

Im Augenblick geht es darum, die Konstruktion der Plattform vorzubereiten, die ganz unterschiedliche Startbeiträge brauchen wird: nötig wären Subventionen für eine illustrierte Bedienungsanleitung, Beiträge größerer Unternehmen, die zum einen als Sponsoren und zum anderen als Werbekunden auftreten…

Zurzeit ist das Grundgerüst einer solchen Netzwerkplattform für mögliche Initiatoren in Vorbereitung, weitere Informationen oder Unterstützungsangebote über die Adresse der Deutsch-Französischen Gesellschaften in Frankreich/*Fédération des Associations Franco-Allemandes*: centrale.fafa@gmail.com.

Übersetzung: Brigitte Veit

Beiträge

Unbequeme Partner, ungewisse Zukunft?
Deutschland, Frankreich und Europa[1]

Henrik Uterwedde

Vierzig Jahre Arbeit am Deutsch-Französischen Institut – das ist ein ganzes Berufsleben, in der Geschichte indessen eine eher kurze Zeitspanne. Grund genug für den Versuch, die vergangenen Jahrzehnte historisch einzuordnen und der Frage nach Konstanten und Veränderungen in den deutsch-französischen Beziehungen und in Europa nachzugehen. Dabei wäre es vermessen, alle Bereiche dieser komplexen Entwicklungen ausmessen zu wollen. Vielmehr werde ich mich auf die Bereiche der Wirtschafts- und der Währungspolitik konzentrieren, die meine aktive Zeit am Institut weitgehend geprägt haben.

Eine Tagung im Oktober

Ich möchte Ihnen zum Einstieg von einer Tagung berichten, die unser Institut im Schlosshotel Monrepos ausgerichtet hat. Das Thema lautete „Deutschland, Frankreich und die europäische Krise." Hohe Beamte, Politiker, Wissenschaftler und Journalisten aus beiden Ländern haben sich ausgetauscht. Der Grundton war über weite Strecken pessimistisch. Angesichts der weltweiten wirtschaftlichen Probleme sei eine gemeinsame, koordinierte Antwort notwendig; es wurden aber starke Zweifel geäußert, ob die deutsch-französische Kooperation dies leisten könne, angesichts tiefer Meinungsverschiedenheiten zwischen den Partnern. Ein Kollege notierte: „Die Diskussionen sind beherrscht von dem Thema der Immobilität in den deutsch-französischen Beziehungen, wobei sich die unterschiedlichen nationalen Perspektiven in den Beiträgen der Teilnehmer deutlich abzeichnen." (Menyesch 1974: 8f). Die unterschiedlichen innenpolitischen Problemlagen und Handlungszwänge wurden wiederholt angesprochen, weil sie beide Regierungen in gegensätzliche Richtungen drängen. Es wurde bezweifelt, dass der deutsch-französische Bilateralismus noch angemessen sei angesichts des internationalen, weltweiten Charakters der Probleme.

---

1 Leicht überarbeitete Fassung des Vortrags, den der Verfasser am 27.11.2014 in der Musikhalle Ludwigsburg anlässlich seiner Verabschiedung gehalten hat.

Angesichts dieser sich häufenden Streitfragen fragte ein prominenter Teilnehmer fast verzweifelt, wo denn der deutsch-französische Pioniergeist der Gründerjahre geblieben sei. Er erntete postwendenden Widerspruch von einem anderen prominenten Teilnehmer, Alfred Grosser: Dieser verwies darauf, dass die deutsch-französische Verständigung weder ein Selbstzweck noch die Kooperation eine Harmonieveranstaltung sei. Und Grosser weiter: „Veranstaltungen wie dieses Kolloquium sind dazu da, um auf strukturelle Schwierigkeiten hinzuweisen, sie offenzulegen. Probleme auszusprechen ist nicht destruktiv, sondern im Gegenteil eine konstruktive Aufgabe!" (Menyesch 1974: 150).

Eine spannende Tagung mit hohem Aktualitätswert. Nur: sie fand nicht im Herbst 2014, sondern im Oktober 1974 statt, vor vierzig Jahren. Ich war damals ganz frisch ans Institut gekommen und war zutiefst beeindruckt von dieser Tagung, und sie hat Spuren bei mir hinterlassen. So ist es kein Zufall, dass ich mich bei der Vorbereitung dieses Vortrags an dieses Ereignis erinnert und den Tagungsband von damals in die Hand genommen habe. Ich kann Ihnen sagen: Es ist schon verblüffend, wie aktuell sich aus heutiger Sicht zahlreiche Argumente und Kontroversen darstellen.

So können wir schon einmal eines festhalten im Hinblick auf unsere heutigen Schwierigkeiten, eine gemeinsame Antwort auf die europäischen Probleme zu entwerfen: Früher war nicht alles besser zwischen Deutschland und Frankreich, ganz im Gegenteil! Auch damals schon waren wir einander unbequeme, zuweilen nervige Partner; auch damals war unsere europäische Zukunft alles andere als gewiss. Die damals Verantwortlichen, Bundeskanzler Helmut Schmidt und Präsident Valéry Giscard d'Estaing, die heute mit einigem Recht als eine Art *dream team* der deutsch-französischen Kooperation gelten, mussten sich Kompromisse und gemeinsame Lösungsvorschläge sehr hart erarbeiten.

Die 1970er Jahre – eine Zeitenwende

Bleiben wir noch eine Weile in den frühen 1970er Jahren. Warum markieren sie eine Zeitenwende?

1971 zerfällt das Weltwährungssystem der Nachkriegszeit, das der Wiederaufbauzeit viel Stabilität gebracht hatte. 1973 folgt der erste „Ölschock", die „Ölkrise", wie man damals sage. Doch er wird begleitet durch einen grundlegenden Wandel der Weltwirtschaft: neue Schwellenländer drängen auf den Markt, die weltweite Konkurrenz intensiviert sich, was für viele Industriebranchen mehr oder minder harte Anpassungsprozesse auslöst. Gleichzeitig richten sich vor allem die großen Konzerne immer stärker auf eine globale Strategie aus – nicht nur im Handel, sondern auch in der Produktion. Der Begriff der „multinationalen Konzerne" kommt auf. „Internationalisierung" nennt man diesen Prozess; später wird er durch den Begriff der Globalisierung abgelöst. Die 1970er Jahre markieren nichts anderes als den Beginn vom Ende der National-Ökonomie. Dazu kommt das Ende des scheinbar unbegrenzten Wachstums, mit allen Konsequenzen für Arbeitsplätze, Staatshaushalte und soziale Sicherung. Im übrigen beginnt mit dem Bericht des *Club of Rome* über die „Grenzen des Wachstums" (1972) die Ökologie, Einzug in die politischen Debatten und später in die Politik zu halten.

Alle diese Tendenzen und Entwicklungen waren damals neu. Sie erforderten schwierige Anpassungsleistungen der Regierungen und der Bürger, und das bis heute. Dies galt für die nationale Politik, aber auch für die Europäische Union, die gerade die erste Erweiterungsrunde von der EWG der Sechs zur EG der Neun hinter sich hatte. Der Zerfall des Währungssystems bedrohte Errungenschaften der europäischen Integration, insbesondere des Gemeinsamen Binnenmarktes und des Agrarmarktes. Zudem wurde 1974 schnell und schlagartig klar, dass angesichts immer engerer Wirtschaftsverflechtungen und angesichts der weltweiten Dimension der Krise nationale Alleingänge keinen Sinn mehr ergeben, dass die Probleme nur gemeinsam bewältigt werden können, dass Europa also zu gemeinsamem Handeln finden muss. Die EU brauchte mehr Koordinierung, vor allem in der Wirtschafts-, in der Währungs-, in der Energiepolitik. Es bleibt das Verdienst von Helmut Schmidt und Valéry Giscard d'Estaing, dass sie diese neuen Herausforderungen mit aller Deutlichkeit erkannten und daraus die notwendigen politischen Konsequenzen gezogen haben. Denn sie bestimmten ihre gemeinsamen politischen Initiativen: Stabilisierung der Währungsfront durch die Schaffung des Europäischen Währungssystems (EWS); eine enge Koordinierung der Wirtschaftspolitik zur Überwindung der Krise; Gipfeltreffen der führenden Industriestaaten (heute bekannt als G5 oder G9); schließlich auch die Vertiefung der politischen Integration und die Einführung der direkten Volkswahlen für das Europäische Parlament. In den 1970er Jahren begann das, was man seither als „deutsch-französischen Motor der europäischen Integration" bezeichnet hat.

Allerdings stellte sich sehr schnell heraus, dass gemeinsames Handeln sich in der Realität nur sehr mühsam realisieren ließ. Zu unterschiedlich waren die Probleme und Voraussetzungen in unseren Ländern, zu unterschiedlich auch die innenpolitischen Konstellationen und wirtschaftspolitischen Leitbilder und Herangehensweisen. Es waren diese Schwierigkeiten, die auf der erwähnten Tagung des Instituts 1974 ausführlich zur Sprache kamen. Sie äußerten sich vor allem in Unverständnis und Kritik des jeweiligen Partners; man machte sich Vorwürfe, es überwog der Eindruck der Zerrissenheit zwischen Frankreich und Deutschland. Aber mein damaliger Kollege Dieter Menyesch, der den Ertrag der Tagung damals bilanzierte, hob zu Recht hervor, dass nicht der Streit das Entscheidende war. Er sah vielmehr den Beginn einer neuen Etappe der deutsch-französischen Zusammenarbeit: nämlich die Notwendigkeit einer immer engeren Abstimmung in Politikfeldern, die bislang zum Kern nationaler Souveränität zählten: in erster Linie die Wirtschaftspolitik. Das hatte es bislang so noch nicht gegeben. Beide Partner standen also wie die übrigen Europäer vor völlig neuartigen Aufgaben, für die sie noch nicht ausreichend vorbereitet waren. Denn die Instrumente der bilateralen Zusammenarbeit waren überwiegend klassisch-diplomatisch; sie waren (noch) nicht auf die immer engere Koordinierung von Politiken ausgerichtet, die wie die Wirtschaftspolitik zum Kern der Innenpolitik zählen. Die neuen Aufgaben der Europapolitik aber waren immer weniger klassisch-diplomatischer Natur; sie hatten immer mehr mit der gemeinsamen politischen Gestaltung Europas zu tun: Es war, wenn Sie so wollen, der Beginn der „europäischen Innenpolitik". Giscards damaliger Premierminister Jacques Chirac hat dies im Juli 1974 einmal so ausgedrückt: „Europapolitik ist keine Außenpolitik mehr. Sie ist etwas anderes geworden und nicht mehr von den Zielen zu trennen, die wir uns selbst [also in der nationalen Politik, H.U.] gesetzt haben".[2]

Übrigens fanden diese damals neuen Herausforderungen ihren Niederschlag auch in der Arbeit des Instituts: Kurz zuvor, 1972, hatte unser damaliger Direktor Robert Picht begonnen, aus einer eher beschaulichen, kleinen Einrichtung ein modernes Zentrum für Forschung und Information und später auch Dokumentation zu formen. Er hatte erkannt, dass die Phase der deutsch-französischen Aussöhnung und Verständigung immer stärker überlagert wurde von einer intensiven politischen Zusammenarbeit im Rahmen der Europäischen Integration. Wenn ich aber mit einem Partner kooperieren will, muss ich ihn besser kennen, muss sein Denken, sein Handeln, seine grundlegenden Motive, die Entscheidungsabläufe im Nachbarland bis hin zur Innenpolitik präziser erfassen und verstehen. Das war damals alles andere als selbstverständlich. Deshalb bauten wir unsere analytischen Fähigkeiten aus, machten uns an Projekte, die beide Länder miteinander verglichen. Es ging um Themen wie: Rolle der Nation und des Nationalstaates, wirtschaftliche und gesellschaftliche Strukturen, Föderalismus und Zentralismus, Verhältnis Staat, Wirtschaft und Gesellschaft, Rolle der Verbände, sozialer Konflikt und Sozialpartnerschaft. Alle diese Analysen – später kam als weiteres Instrument die Frankreich-Bibliothek hinzu – sollten die handelnden Akteure, aber auch eine breitere Öffentlichkeit mit präziseren Informationen versorgen, die sie für das Verständnis des Partnerlandes und die Kooperation benötigten. Sie werden übrigens bemerken, dass die damit entstandenen Kompetenzfelder nicht primär in der Außenpolitik und den internationalen Beziehungen liegen, sondern sich auf die Binnenstrukturen, die inneren Befindlichkeiten unserer beiden Länder fokussieren: Staat und Verwaltungssystem, Wirtschaft und Gesellschaft, Parteien und Innenpolitik, Leitbilder und Werte. Das macht bis heute die Besonderheit des Instituts aus.

---

2   Im Original: „La politique européenne ne relève plus de notre politique étrangère. Elle est autre et ne saurait être détachée des objectifs que nous avons fixés pour nous-mêmes."

Unbequeme Partner, ungewisse Zukunft? 115

Kontinuitätslinien und Veränderungen

Wir springen jetzt nach vorn in die Gegenwart. Was hat sich verändert in den vergangenen 40 Jahren? Eine ganze Menge, muss man sagen. Europa hat zahlreiche Krisen bestehen und überwinden müssen, hat entscheidende Fortschritte erzielt: Ich nenne nur

- die Wiedervereinigung Deutschlands, die ohne die Europäische Integration, die Verankerung der Bundesrepublik im Westen und auch die Ostpolitik nicht so friedlich hätte über die Bühne gehen können,

- die Öffnung Europas und die Erweiterung der EU auf heute 28 Mitgliedstaaten,

- Fortschritte der wirtschaftlichen Integration: gemeinsamer Binnenmarkt, Schaffung einer europäischen Währungsunion, die das 1979 geschaffene EWS ablöste,

- Fortschritte der politischen Union, die allerdings oft halbherzig blieben und auch Rückschläge verkraften mussten (gescheiterter Verfassungsentwurf 2005).

Es hat sich aber auch der oben beschriebene neue Trend der 1970er Jahre fortgesetzt, beschleunigt und eine neue Qualität erhalten. Aus der Internationalisierung ist die Globalisierung geworden, mit ihren zahlreichen Chancen, aber auch Problemen und Anpassungszwängen für die nationale Politik. Die wirtschaftliche Integration hat sich vertieft und damit auch die wechselseitige Abhängigkeit unserer Länder. Europa hat darauf mit neuen Integrationsschritten reagiert: der gemeinsame Binnenmarkt wurde errichtet, und mit dem Maastricht-Vertrag 1991 erfolgte der Sprung in die gemeinsame Währung, die Wirtschafts- und Währungsunion (1999).

Was ist der gemeinsame Nenner dieser Entwicklungen? Die Verzahnung zwischen nationaler und europäischer Wirtschaft, nationaler und europäischer Politik hat enorm zugenommen. Ich habe das einmal „europäische Innenpolitik" genannt, aber das Phänomen ist umfassender:

Erstens wird nationale Wirtschaftspolitik zunehmend von außen mitbestimmt: durch die Globalisierung, durch europäische Regelwerke, durch Entscheidungen der EU, vor allem aber durch die Währungsunion.

Zweitens haben umgekehrt auch nationale Entscheidungen vor allem der größeren Länder Auswirkungen auf die Nachbarn und auf die Europäische Union: Eine Wirtschaftskrise in Deutschland schlägt unmittelbar auf die Nachbarn durch; Versäumnisse der Reformpolitik, wie vor 15 Jahren in Deutschland und heute in Frankreich, beeinträchtigen die Chancen auch der europäischen Wirtschaft.

Deshalb bemühen sich, drittens, die Regierungen, ihre Politik immer enger miteinander abzustimmen und teilweise zu vergemeinschaften. Hier tauchen die Themen der 1970er Jahre wieder auf, die die Agenda nach wie vor beherrschen: Wirtschaftspolitik, Währungspolitik, eine gemeinsame Energiestrategie.

Viertens ist das Bewusstsein für diese wechselseitigen Abhängigkeiten gewachsen. Wir wissen heute: Weil wir so miteinander verflochten sind, kann es uns nicht egal sein, wie es dem Nachbarn geht, ob er seine Probleme im Griff hat oder nicht. Ein afrikanisches Sprichwort sagt: „Wenn das Haus deines Nachbarn brennt, ist es auch dein Problem." Wir versuchen auch immer öfter, uns bei der Suche nach Lösungen von den europäischen Partnern inspirieren zu lassen: das ist das Prinzip „Lernen vom Nachbarn". Vereinfacher und kürzer ausgedrückt: Wir Europäer sitzen buchstäblich alle im gleichen Boot. Keiner kann sich aus diesem Boot herausstehlen, weil er glaubt, alleine besser klarzukommen. Das gilt auch für Deutschland. Wir müssen gemeinsam dieses Boot steuern.

Warum ist das aber so schwierig? Warum haben wir den Eindruck, dass man sich in Europa im permanenten Streit verliert, anstatt die Probleme anzupacken? Das liegt zum einen an den Themen, um die es geht. Sie sind innenpolitisch oft hart umstritten – zu Recht: Es gibt keine „richtige" Wirtschaftspolitik, die man kraft höherer Erkenntnis definieren und von oben her verordnen könnte – auch wenn manche Technokraten und zuweilen auch Wirtschaftsprofessoren davon träumen mögen. In einer demokratischen, pluralistischen Gesellschaft ist der Streit um den besten Weg legitim, ja notwendig: Parteien, Verbände und öffentliche Debatten tragen dazu bei, unterschiedliche Interessen auszugleichen und eine mehrheitsfähige Politik zu entwerfen, die sich regelmäßig dem Votum der Bürger stellen muss. In dem Maße, wie diese Themen zunehmend auf der europäischen Bühne verhandelt werden, mischt sich die Innenpolitik immer mehr in die europäischen Entscheidungen ein.

Die große Schwierigkeit und das bislang ungelöste Problem in Europa ist, diese komplizierten innenpolitischen Abstimmungs- und Entscheidungsprozesse und die nicht minder komplizierten europäischen Kompromissfindungsprozesse miteinander zu verknüpfen. Das diplomatische Aushandeln durch die Regierungschefs hinter verschlossenen Türen mag bei klassisch außen- und sicherheitspolitischen Themen noch funktionieren – vielleicht. Heute aber geht es oft um die Frage, wie Europas Wirtschaft wieder in Schwung kommt, wie wir die hohe Jugendarbeitslosigkeit bekämpfen können, wie notwendige Haushaltsdisziplin erzwungen werden kann, wie ebenso notwendige Reformprozesse eingeleitet werden können. Das sind Fragen, die alle Bürger und Steuerzahler direkt betreffen, die deshalb Mitsprache einfordern und nicht zulassen wollen, dass von oben herab über ihre Köpfe hinweg entschieden wird. Deswegen stehen auch die Staats- und Regierungschefs, die in Brüssel Antworten finden müssen, unter einem doppelten Druck: Unter dem Druck der europäischen Sachzwänge, die eine

Einigung auf europäischer Ebene erfordern; aber eben auch unter dem Druck der innenpolitischen Stimmungen in ihrem Land. Das Drama ist, dass diese Stimmungen unsere Regierungen oft in entgegengesetzte Richtungen ziehen und damit europäische Kompromisse noch schwieriger werden. Das ist eben auch der Preis, den wir dafür zahlen, dass wir die Währungsunion nicht durch eine entsprechende politische Union ergänzt haben. Auf die Dauer aber werden wir nicht darum herumkommen, für diese Fragen „europäischer Innenpolitik" auch Verfahren und Institutionen zu schaffen, die politische Kontroversen auf europäischer Ebene und parlamentarische Abstimmungsprozesse ermöglichen. Nur so kann Legitimität für die oft umstrittenen wirtschaftspolitischen Entscheidungen auf EU-Ebene entstehen. Dabei geht es zum einen um das Überdenken der europäischen Institutionen, Regeln und Verfahren; zum anderen wird es nicht ohne Bürger, Verbände, Parteien und zivilgesellschaftliche Strukturen gehen, die diese Institutionen mit Leben erfüllen und zu einer europäischen Willensbildung beitragen können. Das mag heute noch wie Zukunftsmusik klingen, wird aber auf Dauer unverzichtbar sein, wenn wir die Europäische Union und insbesondere die Wirtschafts- und Währungsunion dauerhaft verankern wollen.

Vom intelligenten Umgang mit Differenzen

Einstweilen geht es um die Suche nach Kompromissen, in allererster Linie durch die deutsche und die französische Regierung. Dies ist, wie erwähnt, eine sehr schwierige Aufgabe. Aber sie ist nicht unmöglich. Das kann man gerade am Beispiel der Währungsunion und ihrer Krise seit 2010 veranschaulichen. Bei der Suche nach Lösungen prallten deutsche und französische Positionen zunächst fast immer aufeinander. Nur wenig ging zusammen, dafür waren gegenseitige Vorwürfe und Unterstellungen oft auf der Tagesordnung. Wir wissen warum: Die deutschen und französischen Vorstellungen über die Währungsunion sind traditionell verschieden (Uterwedde 2013). Stabilität oder Wachstum, europäische Wirtschaftsregierung oder klare, feste Regeln, Solidarität oder *no bail out*: das sind schon unterschiedliche Konzepte. Deutschland hatte seine Vorstellungen im Maastricht-Vertrag weitestgehend durchgesetzt, aber als in der Krise die Grenzen und Schwächen des Maastricht-Vertrages sichtbar wurden, brachen die Gegensätze wieder auf. Die Suche nach Kompromissen war auch deshalb erschwert, weil man sich gegenseitig finstere Hintergedanken unterstellte: Deutschland hatte den Verdacht, dass Frankreich und einige andere Partner im Süden die Krise nutzen wollten, um die Maastricht-Architektur nach ihrem Gusto umzuschreiben und unbequeme Stabilitätsregeln abzuschaffen; in Frankreich kursierten die Vorwürfe, die Deutschen seien egoistisch und wollten den Nachbarn ihren Kurs aufzwingen oder, schlimmer, der starke Nachbar wende sich von Europa ab. All dies führte zu der schrillen Begleitmusik, die heute fast jede Entscheidung im Euroraum begleitet hat.

Aber alle diese schrillen Kommentare übersehen die großen Fortschritte, die beide Regierungen in den vergangenen vier Jahren bei der Bewältigung der Krise erzielen konnten. Obwohl ihre Positionen anfangs oft gegensätzlicher nicht sein konnten, haben sie immer wieder Wege gefunden, bestehende Unterschiede einzuebnen, zu relativieren, Brücken für Kompromisslösungen zu bauen. Und zwar keine faulen, vordergründigen Kompromisse, sondern Kompromisse, die auf gemeinsamen Lernprozessen beruhen. Als die Eurokrise 2010 ausbrach, gab es kein Lehrbuch, keine Blaupause für ihre Überwindung. Wir mussten bei Null anfangen und im *trial-and-error*-Verfahren vorgehen. Dabei gab es einen gemeinsamen Lernprozess, in dessen Verlauf beide Länder erkannt haben, dass sie jeweils nur einen Teil der Wahrheit in ihrem Besitz hatten. Beispielsweise haben wir in Deutschland erkennen müssen, dass Stabilität zwar wichtig, sehr wichtig ist, aber alleine nicht ausreicht, um die Wirtschaft zukunftssicher zu machen – Stichwort Investitionslücke. Wir haben erkannt, dass der Weg über Regeln und (möglichst automatische) Sanktionen, also unter Fernhaltung der Politik, eine Währungsunion in Krisenzeiten nicht zusammenhalten kann, und dass Raum für mehr politische Koordinierung sein muss. Wir beginnen sogar zu erkennen, dass es etwas zu einfach ist, von den Franzosen Haushaltsausgleich sofort und sämtliche Reformen am besten schon gestern einzufordern, und dass manchmal etwas mehr Zeit nötig ist. Frankreich hat gelernt, Preis- und Haushaltsstabilität nicht als deutsche Marotte abzuwerten, sondern sie als Voraussetzung für dauerhafte wirtschaftliche Entwicklung anzuerkennen. Es hat erkannt, dass seine Wirtschaftsprobleme nicht aus Brüssel oder Berlin importiert, sondern hausgemacht sind und deshalb dringend Reformen im eigenen Land erfordern. Man hat auch begriffen, dass die Glaubwürdigkeit französischer Positionen leidet, wenn man in Brüssel mehr Zeit für die Haushaltskonsolidierung erfordert, diese Zeit dann aber nicht für energische Reformen nutzt. Alle diese deutsch-französischen Lernprozesse und die darauf basierenden Annäherungen haben nichts mit Verrat oder Preisgabe eigener Prinzipien zu tun, wie die Fundamentalisten in beiden Ländern immer wieder unterstellen. Sie sind vielmehr Ausdruck der Erkenntnis, dass die Wirklichkeit in Europa komplexer ist, als es Lehrbuchweisheiten und manche selbsternannten Propheten wahrhaben wollen.[3]

Auf der Grundlage dieser Annäherungen haben beide Regierungen eine Reihe von europäischen Kompromissen und Entscheidungen ermöglicht, die für die schrittweise Überwindung der Euro-Krise entscheidend waren und sind: von der Einrichtung ei-

---

3   Vgl. dazu auch die Ergebnisse der Seminarreihe mit führenden deutschen und französischen Ökonomen, die das Deutsch-Französische Institut gemeinsam mit dem Thinktank *France Stratégie* im Auftrag des Bundesministers der Finanzen 2014 durchgeführt hat (Baasner/Uterwedde 2014).

nes europäischen Krisenfonds über die Verstärkung der Stabilitätsregeln und Überwachungsmechanismen bis hin zur Bankenunion und zur stärkeren wirtschaftspolitischen Koordinierung. Das zeigt: Die deutsch-französische Kooperation funktioniert, auch und gerade in schwierigen Zeiten wie diesen. Wahr ist aber auch: Dies ist alles andere als selbstverständlich und erfordert beiderseitig politischen Willen, Mut und Weitblick.

Perspektiven der deutsch-französischen Zusammenarbeit – 5 Thesen

1. Vive la différence!

Wir sind und bleiben unterschiedlich, und das ist gut so! Unsere beiden Länder stehen für die Vielfalt der Strukturen, der Probleme, der Sichtweisen in Europa, die wir nicht immer nur als Problem, sondern auch als Chance und Potenzial wahrnehmen sollten.

Wir bleiben einander oft unbequeme Partner, haben aber gelernt, mit unseren Unterschieden konstruktiv umzugehen. Im übrigen haben die fundamentalen Differenzen der 1960er und Anfang der 1970er Jahre, die oft genug für Konflikte, ja Konfrontation zwischen unseren Ländern gesorgt hatten, sich abgeschliffen.

Insofern haben wir auch viel gemeinsam – das wird von den Fundamentalisten und im nationalen Denken verhafteten Menschen gerne übersehen.

Die verbliebenen Differenzen sind gradueller Natur und Teil einer normalen demokratischen Auseinandersetzung über den besten Weg in der Politik. Oft ergänzen sich auch unsere unterschiedlichen Sichtweisen.

2. Europa braucht die deutsch-französische Zusammenarbeit

Die Erfahrungen und die gemeinsame Fähigkeit beider Länder, mit entsprechendem politischen Willen unterschiedliche Positionen durch beharrliche, harte Arbeit zusammenzuführen. Das Gegenteil ist aber auch wahr: Deutsch-französische Kooperation ist kein Selbstzweck („*le franco-allemand*"); ihr eigentlicher Horizont, ihre Bewährungsprobe ist Europa. Daran müssen sich auch unsere Beziehungen messen lassen: ob sie einen Beitrag zu leisten vermögen, dass unser Kontinent sich weiterentwickelt, das Europäische Haus wetterfest und lebenswert für die Europäer wird.

3. Wir brauchen Europa

Eine banale Aussage, mögen Sie denken. Aber ist das heute noch so selbstverständlich, angesichts mancher Kommentare und Stimmungsmacher in beiden Ländern, die Europa, den Euro und die mühsamen Abstimmungsprozesse nur noch als Klotz am

Bein sehen, von dem man sich schnellstmöglichst befreien solle? Was unser Land betrifft, so empfehle ich in diesem Zusammenhang gerne das Buch „Die Deutschland-Illusion" des DIW-Präsidenten Marcel Fratzscher, der fachlich abgewogen, aber auch eindringlich klarstellt, „warum wir uns selbst überschätzen und Europa brauchen" – so der Untertitel des Buches (Fratzscher 2013). Bei dieser Gelegenheit sei auch daran erinnert, dass Frankreich unser wichtigster Partner bleibt, ohne den wir in Europa nur wenig bewerkstelligen können. Das gilt auf allen Feldern, in der Wirtschaft ebenso wie in der Europa-, Außen- und Sicherheitspolitik.

Es ist überdies auch höchste Zeit, sich der neuen nationalen Wehleidigkeit in den Weg zu stellen, die in unseren beiden Ländern um sich gegriffen hat. Die Tendenz, das eigene Land als Opfer zu sehen und die Schuld für eigene Probleme grundsätzlich bei anderen zu suchen, trägt nichts zur Lösung von Problemen bei, sondern fördert Legendenbildung und Europa-Verdrossenheit.

Nein, Deutschland ist nicht das Opfer des Euro, der EZB, der Schuldenländer, die uns das Geld aus der Tasche ziehen! Deutschland hat maßgeblichen Einfluss auf die Gestaltung der Wirtschafts- und Währungsunion in Europa; die gegenwärtigen und vor uns liegenden Probleme sind im Wesentlichen hausgemacht. Und auch Frankreich ist nicht Opfer der Brüsseler Stabilitätsregeln, der deutschen Dominanz, des Merkelschen Austeritätswahns oder was alles an Unsinn verbreitet wird. Auch die französischen Probleme sind hausgemacht, und es hat bislang an der nötigen Entschlossenheit nicht nur der gegenwärtigen Regierung gefehlt, sie durch mutige Veränderungen zu überwinden.

4. Wir brauchen eine deutsch-französische Kooperations- und Streitkultur

Wenn es um die Probleme geht, die wir gemeinsam lösen müssen, um Wirtschaft und Währung, um Wachstum und Stabilität, um Beschäftigung und die Sozialen Sicherung: dann dürfen wir strittige Punkte nicht ausklammern, sondern müssen sie thematisieren, dabei auch Klartext reden und dem Streit nicht aus dem Wege gehen. Nicht der Streit ist das Problem, entscheidend ist der Umgang damit. Nur wenn wir den Streit konstruktiv als Ausgangspunkt für die gemeinsame Suche nach Lösungen sehen, können wir Kompromisse erarbeiten und Differenzen einer Lösung zuführen. Aber wir brauchen dazu auch gegenseitigen Respekt, Empathie und wechselseitiges Vertrauen. Wir müssen pfleglich miteinander umgehen, müssen uns fordern, aber nicht überfordern. Es kommt eben auch auf den richtigen Ton an, wie man sich im deutsch-französischen Verhältnis unangenehme Wahrheiten sagt: Das systematische Frankreich-bashing, dem sich manche deutsche Medien (und manchmal leider auch Politiker) geradezu lustvoll widmen, gehört nicht dazu.

5. Europa nur mit uns!

Wir haben dieses Motto 2012 thematisiert und mit Projekten begleitet, anlässlich der Feiern zur Rede de Gaulles an die deutsche Jugend im Ludwigsburger Schloss:

Wir brauchen eine europäische Bürgergesellschaft, die den erwähnten, auf Dauer unverzichtbaren europäischen Willensbildungsprozess zu tragen in der Lage ist. Wir brauchen Bürger, die ihr Mitspracherecht einfordern, aber auch eigene aktive Beiträge leisten, damit Europa langsam zusammenwächst. Das ist ein gewaltiger kollektiver Lernprozess, der seine Zeit brauchen wird.

Dabei können gerade Frankreich und Deutschland wichtige Vorreiter sein: Indem sie ihre tausendfachen Netzwerke, in Städten und Gemeinden, in Schulen und Hochschulen, in Partnerschaften aller Art, nutzen für diesen Lernprozess. Am Deutsch-Französischen Institut versuchen wir, unseren Beitrag zu leisten, diese Lernprozesse in allen Bereichen des öffentlichen Lebens, in Politik, Wirtschaft, Gesellschaft und Wissenschaft, zu fördern. Insofern hat sich unser Ansatz der 1970er Jahre, Vorgänge im Nachbarland zu analysieren, präzise Informationen zu liefern, erweitert. Viele Projekte kreisen heute um das Ziel, die Dialogfähigkeit in einem Europa der Vielfalt zu stärken – ob es nun um Seminare für Journalisten geht, um Tagungen mit Bürgermeistern, um das Projekt mit jungen Europäern „Europa nur mit uns" oder andere.

Das Ziel ist immer das gleiche: Wir müssen lernen, europäisch zu denken und zu handeln. Dies ist eine komplexe, unendlich schwierige, aber auch eine faszinierende Aufgabe, die uns alle angeht und bei der wir erst am Anfang stehen. Genau deshalb freue ich mich auf die kommenden Jahre und danke für Ihre Aufmerksamkeit!

Literatur

Baasner, Frank/*Uterwedde,* Henrik (2014): Forschungszusammenarbeit zwischen Deutschland und Frankreich in den Wirtschaftswissenschaften: Bestandsaufnahme, Erfolgsbedingungen und Gestaltungsansätze für Kooperationsprojekte, dfi compact Nr. 13, Ludwigsburg: Deutsch-Französisches Institut.

Fratzscher, Marcel (2014): Die Deutschland-Illusion. Warum wir uns selbst überschätzen und Europa brauchen, München: Hanser.

Menyesch, Dieter (1975): „Neue Ansätze im deutsch-französischen Bilateralismus", in: Deutschland, Frankreich und die europäische Krise. Referate und Diskussionen des II. Deutsch-französischen Kolloquiums in Ludwigsburg vom 10. bis 13. Oktober 1974, Ludwigsburg: Deutsch-Französisches Institut, S. 7-14.

Uterwedde, Henrik (2012): „Ein Europa, zwei Visionen? Deutsche und französische Leitbilder der europäischen Wirtschafts- und Währungsunion", in: Osnabrücker Jahrbuch Frieden und Wissenschaft, Göttingen/Osnabrück: V&R Unipress/Universitätsverlag Osnabrück, S.153-167.

Zwischen Potenzial und Performanz: Eine (Neu-)Bewertung der politischen Führung des EU-Kommissionspräsidenten

Henriette Müller

Obwohl die Kompetenzen des Präsidenten der Europäischen Kommission im Vertrag von Nizza (2002) und im Vertrag von Lissabon (2009) sich nicht grundlegend voneinander unterscheiden, widmet letzterer diesem Amt einen detaillierten Absatz (EUV/2010, Art. 17/6), der den Präsidenten hinsichtlich anderer Kommissare offiziell privilegiert. Darüber hinaus trug auch die 2010/2011 geänderte Geschäftsordnung der Kommission zu einer verfahrensrechtlichen Stärkung der Präsidentschaft bei. Aus diesem Grund beschrieben mehrere Autoren die Barroso-Kommission bereits als eine „Präsidentschaft neuen Modells", in welcher die politische Führungsstärke des Amtes zum ersten Mal mehr auf der „konstitutionellen Stärkung" des Amtes basierte als auf dem „persönlichen Ansehen und der Autorität" seiner Amtsinhaber (eigene Übersetzung der Zitate, Kassim 2013a: 1, 16, 18; Kassim et al. 2013: 167; Kurpas et al. 2008: 32). Nicht zuletzt führte auch der jetzige Präsident Jean-Claude Juncker bereits vor seinem Amtsantritt eine hierarchische Ordnung unter den Kommissaren ein, welche die Vorrangposition des Präsidenten innerhalb der Kommission durchaus weiter privilegierte. Folglich scheint die Präsidentschaft sowohl aus einer verfahrensrechtlichen, als auch aus einer politischen Perspektive mächtiger denn je im politischen System der Europäischen Union zu sein.

Entgegen diesem Enthusiasmus über das Amt des Kommissionspräsidenten nimmt der Artikel eine Qualifizierung hinsichtlich Potenzial und Performanz der Kommissionspräsidenten vor. In einem ersten Schritt wird bestimmt, inwieweit sich die institutionelle Position des Amtes durch das Inkrafttreten des Vertrags von Lissabon aus dem Jahr 2009 veränderte. Hier zeigt die Analyse, dass die Formalisierung des Amtes keinen wirklichen Ausbau der politischen Macht bedeutet, sondern vielmehr einen Versuch darstellt, das Amt an die erhöhten institutionellen Einschränkungen sowohl innerhalb der Kommission als auch im institutionellen Gefüge der Europäischen Union anzupassen. In einem zweiten Schritt analysiert der Beitrag die Führungsperformanz von José Barroso an einer der Hauptanforderungen des Amtes, nämlich der Ausübung von öffentlicher Führungsstärke in der europäischen Öffentlichkeit.[1] Anhand von Theorien zur Politisierung von supra- und internationalen Organisationen, nach denen die öffentliche Sichtbarkeit eines Amtes mit einer institutionellen Stärkung desselben einhergeht, zeigt die Analyse, dass eine „Präsidentschaft neuen Modells" noch nicht eingetreten ist (Rauh/Zürn 2014: 126; Zürn 2013: 19, 32; De Wilde/Zürn 2012: 149-150). Im Gegenteil hängt die politische Führung der EU-Kommissionspräsidenten noch immer stärker von den persönlichen Führungsfähigkeiten der Amtsträger[2] als von den institutionellen Durchsetzungsmechanismen des Amtes ab. Dies zeigt sich nicht zuletzt in der Performanz von José Barroso zwischen 2006 und 2013, dem es nicht gelang, der politischen Agenda der Kommission eine starke Medienpräsenz zu verschaffen.

1. Der Präsident der Europäischen Kommission – welche Art der Führung?

Seit jeher nimmt der EU-Kommissionspräsident eine Schlüsselrolle im politischen System der Gemeinschaft ein (Spence 2006: 27). Dennoch wurde das Amt im Verlauf des europäischen Integrationsprozesses kaum mit institutionellen Durchsetzungsmechanismen ausgestattet, die dem Amtsinhaber eine starke Position verliehen hätten, obwohl die vielfältigen Funktionen des Amtes kaum ohne die Ausübung von politischer Führung zu bewältigen sind (Tömmel 2013: 789; Kassim 2013a: 1; Kassim et al. 2013: 156, 160, 178; Coombes 1970: 247). Tatsächlich ist die institutionelle und verfahrensrechtliche Macht des Amtes schwach. Trotzdem beobachteten einige Autoren eine „Stärkung der Präsidentschaft seit 2005" und dass „nun die Macht des Amtes dessen Wichtigkeit widerspiegeln" würde (eigene Übersetzung der Zitate, Kassim et al. 2013: 152; Kassim 2013b: 1; Kassim 2013a: 3). Doch was heißt das genau? Welche zentralen Funktionen muss der Präsident erfüllen und in welchen Aspekten stärkt oder beschränkt der Vertrag von Lissabon womöglich seine Position? Was bedeutet das darüber hinaus für das Führungspotenzial vergangener, gegenwärtiger und zukünftiger Amtsinhaber? Im Folgenden werden diese Fragen in zweifacher Weise beantwortet: Auf der einen Seite werden die zentralen Führungsfunktionen des Kommissionspräsidenten analysiert und auf der anderen Seite die intra- und interinstitutionellen Beziehungen des Amtes vor und nach dem Inkrafttreten des Lissabon-Vertrags untersucht.

---

1   Der Begriff „europäische Öffentlichkeit" wird hier im Singular verwendet, da die mediale Performanz Barrosos nicht in verschiedenen nationalen Öffentlichkeiten Europas vergleichend analysiert wird sondern nur anhand einer Tageszeitung, die eine pan-europäische Leserschaft aufweist.
2   Aus Gründen der besseren Lesbarkeit wird auf die zusätzliche Formulierung der weiblichen Form verzichtet. Sämtliche allgemeine Personenbezeichnungen gelten gleichwohl für beiderlei Geschlecht.

1.1 Zwischen Politik und Technokratie – die Führungsfunktionen des Amtes

In Übereinstimmung mit den Hauptfunktionen der Europäischen Kommission (EUV/2010, Art. 17/1) übernimmt der Präsident primär drei konkrete Führungsaufgaben: erstens eine Führungsrolle in der Setzung der politischen Agenda der Kommission und auch der Europäischen Union als Ganzes, zweitens in der intra- und interinstitutionellen Mediation zwischen Kommission, Europäischem Rat und zunehmend auch dem Europäischem Parlament, und drittens auch gegenüber der europäischen Öffentlichkeit im Hinblick auf die Generierung öffentlicher Unterstützung (Endo 1999: 26, 63-64; Tömmel 2013: 790; Wille 2013: 61, 64; Kassim et al. 2013: 164; Curtin 2009: 62-63; Cini 1996: 36-37; Peterson 1999: 48). Erfolgreiche politische Führung im Kontext der EU-Kommissionspräsidentschaft bedeutet also strategisch-politische Ziele mit gesamteuropäischer Ausrichtung in konsensuale Agenden umzusetzen (Führungsrolle in der Agenda-Setzung), die effektiv durch die intra- und interinstitutionellen Arenen der politischen Entscheidungsfindung auf europäischer Ebene verhandelt werden können (Führungsrolle in der institutionellen Mediation) und die darüber hinaus die Unterstützung der europäischen Öffentlichkeit gewinnen (Führungsrolle in der Öffentlichkeit) (Schroeder 2014: 3, 12-17; Van Assche 2005: 281; Young 1991: 293, 294).

Laut den Römischen Verträgen soll die Kommission die Interessen der Union fördern und zu diesem Zweck angemessene Initiativen formulieren (EGV/1957, Art. 155). Als ihr erster Vertreter versuchte der Präsident der Kommission stets politische Leitlinien vorzugeben und strategische Ziele der Kommission und der Union im weiteren Sinne zu benennen, auch wenn diese Aufgabe nicht explizit in den Verträgen kodiert ist (Curtin 2009: 91; Peterson 1999: 47). In diesem Zusammenhang beinhaltet die politische Agenda-Setzung „die Auswahl und Beurteilung von politischen Projekten auf ihre relative Wichtigkeit und ihre entsprechende Aufbereitung in konkreten Gesetzesvorschlägen, so dass sie potenziell konsensfähig sowohl im Rat als auch zunehmend im Parlament werden." (eigene Übersetzung des Zitats, Princen 2009: 19; Pollack 1997: 102; Curtin 2009: 74). Durch seine politische Expertise trägt der Kommissionspräsident in hohem Maße zur Agenda-Setzung der Kommission bei, setzt politische Prioritäten und ist zentral in die Entwicklung von strategischen Programmen gemeinsam mit dem Kollegium der Kommissare, aber auch dem Europäischen Rat und dem Europäischen Parlament eingebunden (Pollack, 1997: 121; Crum et al. 2004: 1; Peterson 1999: 48; Kassim 2013a: 14).

Die Verträge von Amsterdam (1999) und Nizza (2002) übertrugen dem Präsidenten diese Rolle des Agenda-Setzers in einer offizielleren Weise: „Die Kommission übt ihre Tätigkeit unter der politischen Führung ihres Präsidenten aus [...]." (EUV/1999, Art. 219; EUV/2002, Art. 217). Unter Berücksichtigung des Initiativrechts der Kommission erweiterten diese Verträge maßgeblich das Potenzial des Präsidenten, die politische Agenda der Kommission und darüber hinaus der Union zu setzen. Obwohl der Vertrag von Lissabon zwar die Vormachtstellung des Präsidenten gegenüber den anderen Kommissaren bestätigte, wurde der Begriff „politische Führung" gleichsam ausgespart. Die Formulierung lautet einfach: „Der Präsident legt die Leitlinien fest, nach denen die Kommission ihre Aufgaben ausübt." (EUV/2010, Art. 17/6(a)) Während die Management-Funktionen des Amtes wiederholt wurden – der Kommissionspräsident „beschließt über die interne Organisation der Kommission, um die Kohärenz, die Effizienz und das Kollegialitätsprinzip im Rahmen ihrer Tätigkeit sicherzustellen" (EUV/2010, Art. 17/6(b); EUV/2002, Art. 217/1) – wurde seine politische Funktion wieder verwässert. Es zeigt sich also, dass der Vertrag von Lissabon immer noch Spielraum für ambivalente Interpretationen zulässt, obwohl die politische Agenda-Setzung seit jeher zu den Kernkompetenzen des Kommissionspräsidenten gehört.

Im politischen System der Europäischen Union nimmt der Kommissionspräsident eine Schlüsselposition in der Vermittlung von Politikinhalten und deren Entscheidungsfindung zwischen den einzelnen politischen Arenen ein. Er ist der einzige Akteur, der gleichermaßen im Kollegium der Kommissare, im Europäischen Rat (wenn auch ohne Stimmrecht) und als regelmäßiger Redner im Europäischen Parlament partizipiert. Keine andere politische Position auf europäischer Ebene kann sich so selbstverständlich zwischen diesen drei Arenen hin- und her bewegen. Deswegen ist es nicht nur für den Amtsinhaber essenziell, zwischen den Institutionen zu vermitteln, um sein Führungspotenzial zu erfüllen; das Amt selbst spielt eine zentrale mediative Rolle zwischen den Institutionen der Europäischen Union (Peterson 1999: 48; Endo 1999: 37; Cini 2005: 7). Obgleich die Verträge auf die intra- und institutionelle Mediationsfunktion des Amtes nur indirekt eingehen, zeigt die institutionelle Struktur dennoch, dass sich diese Führungsaufgabe im Zentrum des Amtes befindet (EUV/2010, Art. 17/1 + 17/6 (a-c), 15/2; Endo 1999: 37).

Um Kompromisse zwischen den Akteuren auf europäischer Ebene zu erreichen, muss der Kommissionspräsident daher nicht nur kommunizieren, was zu tun ist, sondern – viel wichtiger – wie diese Ziele erreicht werden können. Dafür benötigt der Präsident nicht nur politische, sondern gleichermaßen technokratische und administrativ-prozedurale Expertise, um Lösungen auf der verfahrensrechtlichen Ebene anzubieten (Curtin 2009: 61, 99). Der Vertrag von Lissabon, genauso wie der Vertrag von Nizza zuvor, stattet den Präsidenten mit genau dieser Macht über die Kommission aus (EUV/2010, Art. 17/6(b)). Allerdings besteht die Expertise über verwaltungstechnische Prozesse nicht nur in der effektiven Leitung einer Organisation. Sie schließt des Weiteren auch die Fähigkeit ein, „die institutionellen Ressourcen zu erweitern und institutionelle Schranken zu öffnen." (eigene Übersetzung des Zitats, Endo 1999: 36; Peterson 1999: 48) Aus diesem Grund sind die politische Mediation und die technokratisch-prozedurale Expertise zwei Seiten derselben Medaille. Ersteres bezieht sich auf das Vorschlagen und Verhandeln von politischen Handlungsimperativen sowie dessen Konsensbildung. Letzteres weist dagegen auf die verfahrenstechnische Seite hin, nämlich auf das Wissen darüber, wie ein Gesetzesvorschlag und eine Einigung richtig umgesetzt werden können. Daher stehen Kommissionspräsidenten vor einer größeren Herausforderung als nationale Staats- und Regierungschefs, wenn sie einen Ausgleich zwischen dem politischen und dem technokratischen Profil ihres Amtes schaffen müssen (Crum et al. 2004: 1).

Als dritte Führungsfunktion soll der Präsident die Kommission und die EU als Ganzes repräsentieren. In diesem Sinne vertritt er nicht nur die Kommission und verteidigt dabei ihren Einfluss und ihr Prestige, sondern er muss sich für das „Interesse der Gemeinschaft" einsetzen sowohl auf europäischer, als auch auf internationaler Ebene. Obwohl der Vertrag von Lissabon ausdrücklicher als der Vertrag von Nizza vorsieht, dass die Kommission „die Vertretung der Union nach außen wahrnimmt" (EUV/2010, 17/1), bleibt er hinsichtlich der Präsidentschaft vage. Nichtsdestotrotz ist – seit den Wahlen zum Europäischen Parlament 2014 – der Amtsinhaber den europäischen Bürgern gegenüber stärker rechenschaftspflichtig, auch wenn die Verbindung zwischen der Kommission und der europäischen Öffentlichkeit noch immer schwächer ausgeprägt ist als jene nationaler Eliten zu deren Wählerschaft. Als eines der höchsten europäischen Ämter benötigt es dennoch ein positives Image in der Öffentlichkeit, um politische Aufmerksamkeit und Zustimmung zu gewinnen und aufrechtzuerhalten (Tömmel 2008: 140; Wille 2013: 89, 91).

1.2 Der institutionelle Spielraum des Kommissionspräsidenten

Neben den zentralen Funktionen des Amtes bestätigen auch die für das Amt vorhandenen verfahrensrechtlichen Durchsetzungsmechanismen die oben beschriebene ambivalente Stellung des Kommissionspräsidenten in den europäischen Vertragstexten. Beispielsweise hat sich das Ernennungsverfahren des Kommissionspräsidenten seit den Römischen Verträgen von 1957 enorm verändert, weg von der Nominierung des Präsidenten ausschließlich durch die Mitgliedstaaten hin zu dessen Wahl durch das Europäische Parlament. Der Vertrag von Maastricht (1993) stellt hier einen besonderen Wendepunkt dar, da dieser die Rolle des Parlaments nachhaltig stärkte und dadurch die Machtverteilung im Ernennungsverfahren der Kommission veränderte (EGV/1993, Art. 158). Seit 1995 wird der Kommissionspräsident zu Beginn der Kommissionsinvestitur in Konsultation mit dem Parlament nominiert, wodurch der Präsident einen eingeschränkten Einfluss auf die spätere Ernennung der Kommissare erhält (Nasshoven 2011: 87). Gleichzeitig erhielt das Parlament das Recht, dem designierten Präsidenten und dem ernannten Kollegium in einer weiteren Wahl das Vertrauen auszusprechen, bevor diese vom Rat offiziell eingesetzt werden konnten. Aus diesem Grund wurde auch der Zeitpunkt des Ernennungsverfahrens an die Wahlperioden des Europäischen Parlaments angeglichen (EGV/1993, Art. 158: 2).

Dennoch haben sowohl der Vertrag von Nizza, als auch der Vertrag von Lissabon dieses Verfahren am stärksten verändert. Erstens ernennt der Europäische Rat den Präsidenten mit einer qualifizierten Mehrheit anstatt mit Einstimmigkeit (EUV/2010, Art. 17(7)). Diese Veränderung bietet eine stärkere Dynamik bei der Kandidatenauswahl (Nasshoven 2011: 89-90). Zweitens muss der Kandidat vor der Auswahl des Kollegiums vom Europäischen Parlament gewählt werden, wobei die politische Mehrheit des Ausgangs der letzten europäischen Wahlen schon Berücksichtigung findet (Wille 2013: 63). Drittens müssen der designierte Präsident und das designierte Kollegium Anhörungen in den Ausschüssen des Europäischen Parlaments durchlaufen und letztendlich durch selbiges gewählt werden. Auf diese Weise wird das Ernennungsverfahren der Kommission zu einer quasi-parlamentarischen Wahl erhoben. Die politischen Gruppierungen des Parlaments entschieden dahingehend im Jahr 2013, ihre eigenen Spitzenkandidaten für die Kommissionspräsidentschaft bei den EP-Wahlen 2014 zu benennen.

Diese institutionellen Veränderungen bedeuten für den Kommissionspräsidenten einerseits eine stärkere Bindung an das Europäische Parlament, welche wiederum seine politische Legitimität sowie seinen Einfluss und seine Sichtbarkeit in der Öffentlichkeit erhöhen. Andererseits bedeutet diese neue Abhängigkeit von parteipolitischen Strömungen möglicherweise auch eine Einschränkung oder zumindest Schwächung der für das Amt erforderlichen politischen Unabhängigkeit, des Kollegialitätsprinzips der Kommission, und der Aufgabe, das gemeinsame Interesse der Union zu repräsentieren. Schließlich könnte die gleichzeitige politische Abhängigkeit von zwei nahezu gleich mächtigen aber einander entgegenwirkenden Institutionen – dem Europäischen Parlament und dem Europäischen Rat – eine entscheidende Herausforderung sein, wirkliche politische Führung auszuüben, insbesondere vor dem Hintergrund der Einführung des Kodezisionsverfahrens als ordentliches Verfahren europäischer Gesetzgebung seit 2009 (AEUV/2010, Art. 294).

Des Weiteren führte der Vertrag von Lissabon zwei zusätzliche Spitzenämter ein, welche das Potenzial in sich tragen, den Einfluss des Kommissionspräsidenten auf die politische Agenda des Europäischen Rats, die Möglichkeiten der institutionellen Mediation und seine öffentliche Sichtbarkeit, erheblich zu schwächen (Christiansen 2012: 230, 237). Zum einen gibt es seit 2009 den ständigen Präsidenten des Europäischen Rats, der den Auftrag hat, dem Rat politische Impulse zu geben und so dessen Arbeit voranzutreiben (EUV/2010, Art. 15/6(a)). Auf diese Weise schränkt dieser durchaus die Möglichkeiten des Kommissionspräsidenten ein, politische Initiativen im Rat einzubringen und die politische Agenda der Union maßgeblich zu beeinflussen (Curtin

2009: 77). Auf der anderen Seite steht die Hohe Vertreterin für Außen- und Sicherheitspolitik (GASP). Obwohl der Kommissionspräsident keine formellen Kompetenzen in der GASP hat, wird seine internationale Sichtbarkeit dennoch insofern eingeschränkt als die Hohe Vertreterin für „die Kohärenz des auswärtigen Handelns der Union" verantwortlich ist (EUV/2010, Art. 18/4).

Demgegenüber besteht die Haupteinschränkung innerhalb der Kommission darin, dass jeder Mitgliedstaat einen Kommissar entsendet und das Kollegium gleichsam dem Kollegialitätsprinzip unterliegt. Obwohl der Vertrag von Lissabon ursprünglich vorsah, dass ab dem 1. November 2014 die Anzahl der Kommissare auf zwei Drittel der Anzahl der Mitgliedstaaten durch ein striktes Rotationssystem reduziert werden sollte, entschied sich der Europäische Rat bei seinem Gipfel im Mai 2013, die alte Bestimmung bis zur Aufnahme des dreißigsten Mitgliedstaats fortzuführen (EUV/2010, Art. 17/5). Das bedeutet, dass der Kommissionspräsident mittlerweile mit 27 Kommissaren unterschiedlicher Nationalität und politischen Hintergründen konfrontiert ist und gleichzeitig politische Initiativen im Konsens des Kollegiums umsetzen muss (Döring 2007: 224-225; Egeberg 2006: 11; Smith 2003: 142). Obwohl der Präsident den Auswahlprozess der Kommissare und die Verteilung der Ressorts eingeschränkt beeinflussen kann, entstehen dennoch fast unausweichlich Konflikte hinsichtlich der Politikinhalte, Kompetenzen und Ressorts, die die Zusammenarbeit im Kollegium für den Kommissionspräsidenten erschweren können (Endo 1999: 78, 81; Spence 2006: 55; Döring 2007: 224). Auch unter einer stärkeren hierarchischen Ordnung der Kommissare, wie Jean-Claude Juncker diese im Herbst 2014 einführte, kann sich der Präsident nicht auf ein „formales Koalitionsabkommen" innerhalb des Kollegiums verlassen, wie dies nationale Regierungen tun (Kassim et al. 2013: 156; Cini 2005: 2).

Gegenüber diesen umfangreichen institutionellen Beschränkungen müssen jedoch auch die institutionellen Ressourcen des Amtes erwähnt werden. Während der Begriff „politische Führung" aus dem Lissabon-Vertrag gestrichen wurde, wurde er in der geänderten Fassung der Geschäftsordnung der Kommission von 2010 wieder eingeführt. Diese erlaubt dem Präsidenten, die politischen Richtlinien festzulegen, innerhalb derer die Kommission ihre Funktionen ausübt (GO/2010, Art. 3 (1), vgl. EGV/2002, Art. 217). Seit den Römischen Verträgen ist es dem Präsidenten erlaubt, Sitzungen des Kollegiums einzuberufen und deren Agenda zu setzen (GO/2010, Art. 5 (1), 6 (1)). Besonders der Vorsitz des Kollegiums erhebt den Präsidenten in eine Position, in der er potenziell politische Führung auf den Inhalt der Debatten des Kollegiums ausüben kann (Endo 1999: 40; Nugent 2001: 68). Darüber hinaus erhält der Präsident durch die Unterzeichnungspflicht des Protokolls eine weitere Gelegenheit, die Ergebnisse des Treffens zu seinen Gunsten zu „formulieren" (GO/2010, Art. 11 (2); Endo 1999: 40; Kassim et al. 2013: 156).

Abgesehen von diesen und einigen anderen verfahrensrechtlichen Mitteln besitzt der Präsident nicht nur das Recht, die Ressorts während des Ernennungsverfahrens zu verteilen, sondern diese auch im Verlauf der Amtszeit umzustrukturieren bzw. zusätzliche Ressorts zu schaffen, die er seinem eigenem Aufgabenbereich zuordnet (GO/2010, Art. 22). Darüber hinaus ist der Kommissionspräsident berechtigt, einzelne Mitglieder der Kommission zum Rücktritt aufzufordern (die Hohe Vertreterin der GASP ausgenommen) (EUV/2002, Art. 217 (4); EUV/2010, Art. 17/6 c). So hat der Präsident seit dem Vertrag von Nizza nicht nur das Recht erhalten, die Auswahl der Kommissare und die Zuweisung der Ressorts zu beeinflussen; er darf auch während der Amtszeit Veränderungen im Personal des Kollegiums vornehmen.

Abschließend sind noch zwei entscheidende Machtressourcen des Kommissionspräsidenten zu benennen, sein Kabinett und das Generalsekretariat der Kommission. Seit den Anfangstagen der Kommission hatte der Präsident stets mehr Berater und Personal als die Kommissare (Kassim 2013b: 5; Nugent 2001: 70; Peterson 2012: 112; Kassim et al. 2013: 159). Während zudem der Kabinettsleiter in den wöchentlichen Sitzungen der Kabinettschefs den Vorsitz hat, gibt er dem Präsidenten die Möglichkeit, die Kommissionsagenda auch auf der Arbeitsebene der Kabinette zu beeinflussen (Stevens/Stevens 2001: 235; Kassim et al. 2013: 156). Mit diesen „besonderen Kanälen und Ressourcen" ist das Kabinett des Präsidenten seine zuverlässigste Quelle der Politikgestaltung innerhalb der Kommission (eigene Übersetzung des Zitats, Endo 1999: 47). Zusätzlich erhoben die letzten Änderungen in der Geschäftsordnung der Kommission das Generalsekretariat von einem Sekretariat der Kommission in eine Position, in der es direkt unter der Ägide des Präsidenten arbeitet (GO/2010, Art. 20/1). Indem das Generalsekretariat fast die gesamte Bandbreite an inhaltlichen und administrativen Aufgaben innerhalb der Kommission koordiniert und überwacht, verleiht es dem Kommissionspräsidenten auf der administrativ-prozeduralen Ebene einen enormen Einfluss auf die Kommissionsarbeit (Endo 1999: 41; Kassim 2013a: 14-15).

1.3 Zwischenbilanz: das Führungspotenzial des Kommissionspräsidenten

Die Analyse des Vertrags von Lissabon und einige Teile der Geschäftsordnung der Kommission haben gezeigt, dass weder die politischen Funktionen der Kommissionspräsidentschaft, noch ihre institutionellen Ressourcen durch diesen Vertrag substanziell verändert oder gestärkt wurden. Trotz der Einführung eines eigens dem Kommissionspräsidenten gewidmeten Absatzes, bleibt der Vertrag relativ vage hinsichtlich seiner drei Führungsfunktionen. Insbesondere die Schaffung eines ständigen Ratspräsidenten verringert maßgeblich sein Potenzial zur Agenda-Setzung oder zur Mediation im Europäischen Rat sowie seine Sichtbarkeit in der Öffentlichkeit. Ähnliches gilt auch für die institutionellen Ressourcen des Amtes. Obwohl der Präsident die interne Organisation der Kommission jetzt offizieller festlegt – hauptsächlich durch die Geschäftsordnung der Kommission – wurden viele dieser „neuen" Rechte schon seit dem Amtsantritt der ersten Kommission informell praktiziert. Der Vertrag von Lissabon hat also in Wirklichkeit, außer durch das Anbinden des Generalsekretariats an die intrainstitutionellen Ressourcen des Präsidenten, den institutionellen Spielraum des Amtes nicht substanziell erweitert. Stattdessen hat der Vertrag die Durchsetzungsmechanismen des Amtes nur an die erhöhten institutionellen Einschränkungen angepasst, die unter anderem durch die Vergrößerung der Kommission entstanden sind (Rasmussen 2007: 245; Christiansen 2012: 237; Curtin 2009: 74; Tömmel 2008: 120-121).

Mit Blick auf das Führungspotenzial des Kommissionspräsidenten lässt die vorgenommene Analyse demnach zwei Schlüsse zu. Erstens die Formalisierung des Amtes über die letzten zehn Jahre war ein eher schwacher Versuch, eine „Präsidentschaft neuen Modells" zu etablieren. Eine „Präsidentialisierung", die hauptsächlich auf prozedural-organisatorischen Veränderungen innerhalb der Kommission beruht, beinhaltet nicht automatisch einen größeren institutionellen Spielraum für den Kommissionspräsidenten, politische Führung umzusetzen. Die institutionellen Ressourcen des Amtes bilden demgegenüber noch immer ein ambivalentes Repertoire aus schwachen institutionellen Ressourcen, um den Anforderungen der politischen Führungsrolle auf europäischer Ebene tatsächlich gerecht zu werden. Zweitens lässt sich daraus schlussfolgern, dass die Umsetzung politischer Führung durch den Kommissionspräsidenten nach wie vor stark von den persönlichen Fähigkeiten der Amtsinhaber abhängig ist. Um es mit den Worten Hussein Kassims auszudrücken: Es waren nicht nur „Hallstein und Delors, [die] sich auf persönliches Ansehen und Autorität" verlassen mussten, um politische Führung auszuüben; auch Barrosos Macht blieb mehr abhängig von seinen persönlichen Fähigkeiten, als allein von der „verfassungsrechtlichen Stärkung des Amtes." (eigene Übersetzung des Zitats, Kassim 2013a: 16; Kassim et al. 2013: 174).

2. Die Performanz von José Barroso am Beispiel seiner öffentlichen Wirkung

Wie versuchte nun Kommissionspräsident José Manuel Durão Barroso (2004-2014) angesichts schwacher institutioneller Ressourcen und hohen politischen Anforderungen zu agieren? Wie gelang es ihm, seine politische Agenda zu setzen und diese wirksam in der Öffentlichkeit zu vertreten? Und welche Unterschiede in seiner Performanz und dessen öffentlicher Resonanz lassen sich vor und nach dem Inkrafttreten des Lissabon-Vertrags 2009 feststellen? Zentrale Theorien zu Prozessen der Politisierung in der EU besagen, dass eine institutionelle Stärkung supranationaler Institutionen beispielsweise durch Vertragsänderungen gleichsam eine Erhöhung der medialen

Aufmerksamkeit in der europäischen Öffentlichkeit für diese Institutionen zur Folge hat (Rauh/Zürn 2014: 125-126; De Wilde/Zürn 2012: 149-150; Rauh 2014: 2,4; Zürn 2013: 13, 15, 19).[3] Mit Blick auf den Lissabon-Vertrag und die Kommissionspräsidentschaft kann vermutet werden, dass, wenn der Vertrag die Position des Amtes gestärkt hätte, auch die öffentliche Aufmerksamkeit für Barroso nach 2009 zugenommen hätte.

Eine Möglichkeit, diese Annahme zu überprüfen, besteht darin, die politische Agenda, die Barroso in seinen Reden formulierte, mit denjenigen Themen zu vergleichen, mit denen er in der medialen Öffentlichkeit assoziiert wurde. Basierend auf einer Theorie der Konvergenz von Agenda-Setzung und medialer Aufmerksamkeit wird die Überschneidung der Themen in Barrosos Reden mit denjenigen in den Medien als ein Indikator seiner Fähigkeit zur Führungsstärke in der Öffentlichkeit auf europäischer Ebene gesehen. Man nimmt dabei an, dass je konzentrierter ein Politiker seine politische Agenda formuliert, desto wahrscheinlicher wird diese auch von den Medien mit Bezug auf den jeweiligen Politiker behandelt werden (Hayes 2010: 595-596; Hayes 2008: 135-136, 143).[4] Die britische Tageszeitung Financial Times (FT) ist eine der europäischen Qualitätszeitungen, die über EU-Themen für eine paneuropäische Leserschaft berichtet. Sie dient hier als beispielhafte Fallstudie für eine Medienanalyse.[5] Der folgende Teil vergleicht systematisch die Hauptthemen aller 486 von Barroso gehaltenen Reden[6] mit 122 Artikeln der Financial Times[7] im Zeitraum zwischen 2006 und 2013 (drei Jahre vor und nach dem Lissabon-Vertrag von 2009).

---

3 Politisierung bedeutet den Transfer einer Entscheidung oder einer Institution in den Bereich der Politik, wobei dieser Transfer folglich mit einer erhöhten öffentlichen Aufmerksamkeit auf eben jene Entscheidung oder Institution einhergeht (Rauh/Zürn 2014: 125-126).

4 „Öffentliche Meinung beabsichtigt, die Übereinstimmung mittels einer zentripetalen Krafteinwirkung auf Politiker und Medienagenden zu begünstigen. Weil Politiker und Journalisten nicht bereit sind, sich auf Themen zu konzentrieren, denen es an öffentlicher Salienz fehlt, beziehen sie sich auf dieselben Themensets." Das Ergebnis ist, dass „Medien im Allgemeinen auf die Themen, die von Politikern betont werden, reagieren", außer wenn, unter anderem, die Medien die Autorität eines Politikers in einem gewissen Bereich nicht anerkennen oder sie beispielsweise mit der Einschätzung des Politikers über die Wichtigkeit gewisser Themen nicht übereinstimmen (eigene Übersetzung der Zitate, Hayes 2010: 595-596).

5 Einen ähnlichen methodischen Ansatz verwendet auch Kurpas et al. 2008.

6 Die Sammlung der Reden basiert auf vollständigen Reden, die auf öffentlichen oder halb-öffentlichen Konferenzen gehalten wurden. Sie umfasst gleichermaßen Eröffnungs- und Grundsatzreden, detaillierte oder abschließende Bemerkungen sowie Interventionen. Stellungnahmen oder Kommentare, die bei Pressekonferenzen abgegeben wurden, Ankündigungen oder Grußworte wurden hingegen nicht für die Analyse berücksichtigt.

7 Die Zeitungsartikel der Financial Times entstammen sowohl dem digitalen FT-Archiv und der Lexis-Nexis Datenbank. Beide Datenbanken wurden systematisch auf Artikel untersucht, die den Begriff „Barroso" entweder im Titel oder Untertitel aufführten.

2.1 Die mediale Resonanz auf Barrosos Reden

Schon der erste Blick auf die Verteilung von Barrosos Reden und den Zeitungsartikeln, in denen er im Titel oder Untertitel genannt wurde, weist einige widersprüchliche Ergebnisse auf. Hinsichtlich der Reden werden insbesondere drei Charakteristiken deutlich (Abbildung 1): Erstens hielt Barroso weniger Reden jeweils in der ersten Hälfte seiner beiden Amtszeiten (22 im Jahr 2006; 44 im Jahr 2010). Zweitens erreichte die Anzahl seiner Reden den Höhepunkt jeweils in der Mitte seiner beiden Amtsperioden (75 im Jahr 2008; 82 im Jahr 2011). Drittens hielt er weniger Reden am Ende seiner jeweiligen Amtszeit – allerdings mit einer höheren Gesamtanzahl am Ende als am Anfang (61 im Jahr 2009; 59 im Jahr 2013).

Dieses Muster wiederholt sich in Barrosos zweiter Amtszeit jedoch mit höheren Gesamtwerten. Die Zeitungen hingegen weisen ein entgegengesetztes Muster der Verteilung auf. Erstens begann die Berichterstattung über José Barroso im Jahr 2006 auf demselben Level wie die gehaltenen Reden (22). Zweitens stieg jedoch die öffentliche Aufmerksamkeit nicht zusammen mit der Anzahl an Reden, die Barroso im Verlauf seiner Amtszeit gehalten hatte an. Tatsächlich ging die Berichterstattung der FT, trotz eines enormen Anstiegs an Reden zwischen 2007 und 2008 (68 und 75), zurück. Drittens eine leicht erhöhte Berichterstattung über Barroso in den Jahren 2008, 2009 und 2011 ist nicht allein auf Barrosos Reden zurückzuführen, sondern gleichsam im Licht von externen Faktoren wie der europäischen Finanz- und Wirtschaftskrise oder wiederkehrenden institutionellen Faktoren wie dem Ernennungsverfahren der Kommission zu betrachten. Insbesondere die Kommissionsinvestitur im Jahr 2009 generierte eine erhöhte Medienaufmerksamkeit gegenüber den europäischen Institutionen und Akteuren. Dieser Zyklus der Berichterstattung über Barroso wiederholt sich während seiner zweiten Amtszeit, wenn auch die Gesamtanzahl an Artikeln weiter zurückging. Obwohl Barroso in seiner zweiten Amtszeit für den untersuchten Zeitraum mehr Reden hielt (260 verglichen mit 226 gesamt), war die Berichterstattung dennoch niedriger als in seiner ersten Amtszeit (44 verglichen mit 78 gesamt).

Diese kursorischen Beobachtungen lassen sich in drei Ergebnissen zusammenfassen: Erstens gelang es Barroso nicht, durch mehr Reden auch mehr Aufmerksamkeit in der medialen Öffentlichkeit zu generieren, trotz eines leichten Anstiegs an FT-Berichterstattung in den Jahren 2008 und 2011. Zweitens muss die intensivere Berichterstattung der Financial Times über Barroso im Licht von externen Faktoren wie die internationale und europäische Finanzkrise (2008 und 2011) oder dem institutionell wiederkehrenden Ernennungsverfahren der Kommission betrachtet werden. Drittens weist die Disparität zwischen höherer FT-Berichterstattung bei weniger Reden in Barrosos erster Amtszeit und niedriger FT-Berichterstattung bei mehr Reden in seiner zweiten Amtszeit darauf hin, dass der Vertrag von Lissabon die Autorität des Amtes nicht nur nicht gestärkt hat. Vielmehr erhärtet sich die Annahme, dass unter anderem die Einführung von zwei neuen Ämtern tatsächlich zu einer Verringerung der öffentlichen Aufmerksamkeit hinsichtlich der Kommissionspräsidentschaft beigetragen hat.

Abbildung 1: Anzahl der Reden und Zeitungsartikel zwischen 2006 und 2013

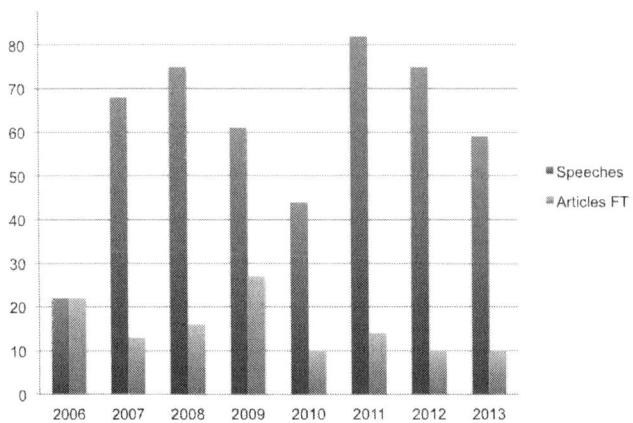

2.2 Die mediale Rezeption von Barrosos Reden

Um die These einer Verringerung der medialen Aufmerksamkeit weiter zu überprüfen wird im zweiten Schritt analysiert, in welchem Ausmaß Barroso fähig war, politische Themen in den Medien mit seiner Präsidentschaft zu verknüpfen. In seinen 486 Reden behandelte José Barroso insgesamt vier thematische Kategorien (Abbildung 2a). Diese umfassen erstens Barrosos Hauptthemen, die als seine zentrale politische Agenda verstanden werden können, und welche in fast der Hälfte seiner Reden (46%) vorkommen. Die zweite Kategorie umfasst allgemeine EU-Themen, die ca. ein Drittel der thematischen Verteilung seiner Reden ausmachen (34%). Die dritte Kategorie beinhaltet konkrete EU-Politiken, während die vierte Kategorie der internationalen und europäischen Finanzkrise zwischen 2008 und 2013 gewidmet ist. Beide Kategorien werden sehr viel seltener von Barroso thematisiert mit jeweils 8% und 12% in der Gesamtverteilung seiner Reden.[8]

---

[8] Die thematischen Kategorien der Reden und Zeitungsartikel wurden induktiv während der qualitativen Inhaltsanalyse entwickelt. Eine Rede oder ein Zeitungsartikel können dabei mehr als ein Thema

Zwischen Potenzial und Performanz 135

Abbildung 2a: Thematische Kategorien in Barrosos Reden

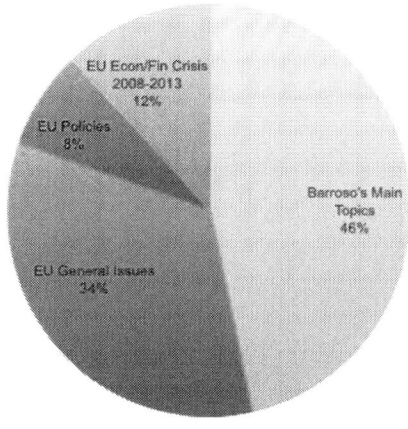

Abbildung 2b: Thematische Komponenten (main topics) der politischen Agenda von José Barroso

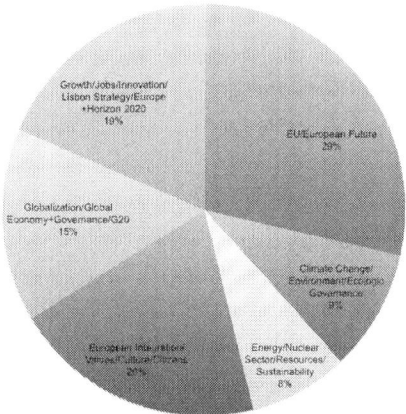

enthalten, aber jedes Thema wird pro Rede oder Zeitungsartikel nur einmal kodiert. Die qualitative Inhaltsanalyse wurde mittels der Datensoftware MAXQDA durchgeführt.

Die politische Agenda (*main topics*), die Barroso in seinen Reden formulierte, lässt sich wiederum in sechs zentrale Themen aufschlüsseln: erstens die EU/europäische Zukunft, zweitens wirtschaftliches Wachstum und die Schaffung von Jobs und Innovationen, drittens Fragen der Globalisierung und globalen Wirtschaft, viertens europäische Werte und europäische Integration, sowie fünftens und sechstens Klimawandel und Energiesicherheit (Abbildung 2b). Mit Blick auf die Zukunft der EU und Europas betonte Barroso vor allem die Herausforderungen der europäischen Integration im Kontext einer erweiterten Union. Barrosos Fokus auf dieses Thema begann mit 24 Reden im Jahr 2007, welches die höchste Anzahl für ein Thema in diesem Jahr ausmacht. Obwohl es eine leichte Verringerung in den folgenden Jahren gab, blieb die Thematik der Zukunft der EU und Europas eines der wichtigsten Punkte in seiner politischen Agenda mit einem Gesamtwert von 29 %. Verbunden mit Fragen nach der europäischen Zukunft ist auch die Thematik der Globalisierung, in welcher Barroso vor allem Fragen der globalen Wirtschaft und internationalen Governance ansprach. Mit 17 Reden, die sich darauf beziehen, war Globalisierung sein zweitwichtigstes Thema im Jahr 2007. Obgleich es in den folgenden Jahren des Analysezeitraums zurückging, blieb es mit 15 % trotzdem im Zentrum seiner Agenda.

    Ein weiteres wichtiges Hauptthema von Barroso war das europäische Wirtschaftswachstum, die Schaffung von Arbeitsplätzen und technologische Innovation. Dieses Thema machte ca. 1/5 seiner politischen Agenda aus. Ausgehend von nur sechs Reden in den Jahren 2006 und 2007 wurde das Thema für Barroso in den folgenden Jahren immer wichtiger, dies nicht zuletzt verstärkt durch die internationale und europäische Finanzkrise. Ähnliches lässt sich auch für die Thematik der europäischen Werte, europäischen Integration sowie Kultur und europäische Bürger beobachten. Barroso versuchte, die europäische Zivilgesellschaft und deren Einfluss auf die europäische Integration stärker zu thematisieren (Cini 2005: 6). Er betonte in diesem Zusammenhang auch die Europäische Bürgerinitiative, die mit dem Vertrag von Lissabon umgesetzt wurde. Besonders auf dem Höhepunkt der EU Finanz- und Wirtschaftskrise zwischen 2011 und 2013 versuchte Barroso verstärkt, an die Solidarität der europäischen Bürger zu appellieren. Mit 20 % innerhalb Barrosos politischer Agenda blieb diese Thematik während seiner gesamten Präsidentschaft für ihn von zentraler Bedeutung.

    Über die Themen Klimawandel und Energieversorgung hingegen sprach Barroso viel seltener, mit jeweils neun und acht Prozent. Mit Blick auf die Thematik des Klimawandels verwies Barroso auf die Einhaltung der EU-Klimaschutzziele und betonte Klimawandel vor allem in Verbindung mit Wachstum, Arbeitsplätzen und Innovation und der Schaffung von „grünen Arbeitsplätzen" (Cini 2005: 6). Zudem ist auffallend, dass Barroso die Thematisierung des Klimawandels sehr stark an den Klimagipfel in Kopenhagen 2009 knüpfte. Obwohl es ein zentrales Thema seiner Agenda zu sein schien mit einem Durchschnitt von neun Reden pro Jahr in seiner ersten Amtszeit, fiel es in seiner zweiten Amtszeit auf durchschnittlich nur eine Rede pro Jahr zurück (Schout/Buirma 2014:3). Das lässt sich gleichermaßen auch für das Thema der Energieversorgung und der Nachhaltigkeit in der Europäischen Union feststellen. Barroso hob, unter anderem, die Entwicklung von erneuerbaren Ressourcen, sowie Herausforderungen der Energiesicherheit oder des Energietransitsystems zwischen der EU und der Ukraine hervor. Im Jahr 2007 sprach Barroso zehnmal über diese Themen, jedoch auch hier mit einem starken Rückgang in seiner zweiten Amtszeit.

Abgesehen von Barrosos politischer Agenda wurden die thematischen Kategorien zu allgemeinen EU-Themen, die von EU-Erweiterung bis zur europäischen Integrationsgeschichte reichen, sowie konkrete EU-Politiken, wie zum Beispiel die Kohäsionspolitik der EU, viel seltener thematisiert (Abbildung 3). Mit Bezug auf die allgemeinen EU-Themen ist es überraschend, dass José Barroso in seiner zweiten Amtszeit viel häufiger über die Außenbeziehungen der EU sprach. Mit einem Durchschnitt von 12 Reden pro Jahr wurden diese Beziehungen immer wichtiger in Barrosos öffentlicher Kommunikation, obwohl 2009 das Amt der Hohen Vertreterin für die GASP eingeführt worden war. Gleichzeitig wird deutlich, dass, nachdem Barroso nur selten konkrete EU Politiken ansprach, er an dieser Stelle eine Schirmfunktion übernahm und die Ankündigung konkreter EU-Politiken eher seinen Kommissaren überließ.

Schließlich und mit Blick auf das Themenfeld der EU Finanz- und Wirtschaftskrise zwischen 2008 und 2013 weist die Verteilung von Barrosos Reden eine langsame oder passive Antwort auf die Krise auf (Hodson 2013: 303, 304; Schout/Buirma 2014: 3). Erst 2009 begann Barroso die Krise offensiver anzusprechen, nachdem sie bereits 2007/8 die internationalen Finanzmärkte getroffen hatte. Dasselbe lässt sich auch für die Reaktion auf die Finanz- und Wirtschaftskrise in Griechenland beobachten. Obgleich seit „Anfang 2010 klar war, dass Griechenland Hilfe von außen benötigte, um einen ungeordneten Ausfall der Rückzahlung der Staatsschulden zu vermeiden, zögerte die Kommission weiterhin zu bestimmen, welche Rolle die EU bei solch einer Unterstützungsleistung spielen sollte." (eigene Übersetzung des Zitats, Hodson 2013: 307). Auch hier reagierte Barroso verspätet und begann erst 2011 damit, zur Griechenlandkrise in seinen Reden öfter Stellung zu nehmen (Abbildung 3).

Abbildung 3: Thematische Verteilung der Reden im Zeitraum zwischen 2006 und 2013

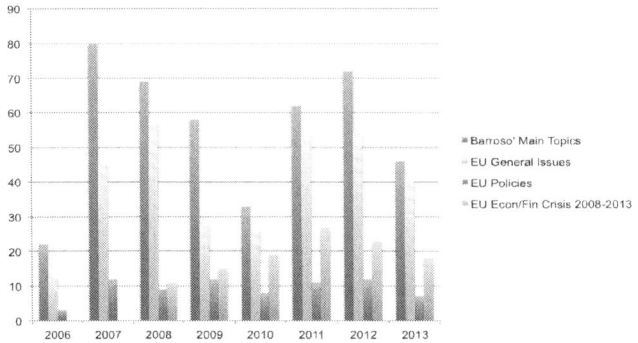

Obwohl Barroso in den Jahren 2011 und 2012 jeweils in 14 und 11 Reden über Finanzregulierungen wie Eurobonds und die Bankenunion sprach, blieben die Themen dennoch separiert, ohne eine in sich geschlossene Agenda deutlich werden zu lassen, was zu Barrosos „Darstellung als Schoßhund der oft wartete, um zu reagieren und der nicht wirklich hinter seinen wichtigen Initiativen stand", führte (eigene Übersetzung des Zitats, Schout/Buirma 2014: 6). Mit Blick auf die europäische Finanzkrise gibt es folglich „wenig Evidenz dafür, dass die Barroso-Kommission ihr Intiativrecht benutzte, Informationen oder Ideen mobilisierte, um die Integration im Anschluss an die Finanzkrise voranzutreiben." (eigene Übersetzung des Zitats, Hodson 2013: 303)

Im Gegensatz zu der thematischen Verteilung in Barrosos Reden weist die Untersuchung der Zeitungsartikel in der Financial Times ein ganz anderes Bild auf (Abbildung 4). Das überraschendste Ergebnis ist, dass obwohl Barroso seine politische Agenda in 46% seiner Reden kommunizierte, die Tageszeitung über diese Hauptthemen gerademal in 15% der Artikel berichtete. Dagegen spiegeln sich die anderen thematischen Kategorien von Barrosos Reden, allgemeine EU-Themen, konkrete EU-Politiken sowie die EU-Wirtschafts- und Finanzkrise, in der Financial Times durchaus mit derselben Frequenz wider (vgl. Abbildungen 2a und 4). Darüber hinaus berichtete die Tageszeitung nicht nur über die politischen Themen, die Barroso ansprach, sondern setzte sich gleichsam intensiv mit dessen Persönlichkeit und Führungsstil auseinander. Die Kategorie der Führungskompetenzen von Barroso umfasst 27% der gesamten Berichterstattung über den Kommissionspräsidenten in der Financial Times.

Zwischen Potenzial und Performanz 139

Abbildung 4: Thematische Kategorien der FT-Artikel über José Barroso.

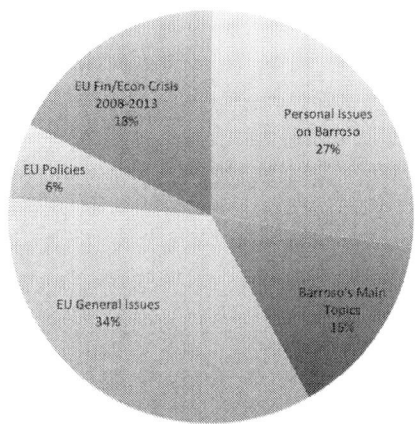

Mit Blick auf Barrosos politische Agenda und seine sechs zentralen Themen berichtete die Zeitung hauptsächlich über Energieversorgung und -sicherheit zwischen 2006 und 2007 mit vier Artikeln pro Jahr, allerdings mit abnehmender Häufigkeit (Abbildung 5). Bezüglich der Kategorie der allgemeinen EU-Themen berichtete die Tageszeitung vor allem über Barroso in Zusammenhang mit den Außen- und Nachbarschaftsbeziehungen der EU. Die Häufigkeit, mit der die Zeitung über EU-Außenbeziehungen in Verbindung mit Barroso berichtete, umfasste zwischen 2006 und 2009 fünf Artikel pro Jahr. Dagegen verringerte sich diese Zahl nach 2009 beträchtlich, obwohl Barroso besonders während seiner zweiten Amtszeit mehr Reden in diesem Themenbereich hielt (Abbildung 5). Nach 2009 könnten unter anderem der ständige Präsident des Europäischen Rats und die Hohe Vertreterin der GASP Barroso in der öffentlichen Aufmerksamkeit auf dieses Themenfeld stärker eingeschränkt haben.

In Zusammenhang mit der Thematik der EU-Wirtschafts- und Finanzkrise zwischen 2008 und 2013 zeichnet sich hingegen ein anderes Bild ab. Erstens berichtete die Tageszeitung hauptsächlich im Jahr 2008 über Barroso in Verbindung mit der Krise, obwohl er erst im Jahr 2009 verstärkt Reden zu diesem Thema hielt (Abbildung 5). Zweitens: Obwohl Barroso die Anzahl der Reden über die Krise zwischen 2009 und 2011 beachtlich erhöhte, berichtete die Financial Times erst im Jahr 2011 wieder häufiger über ihn, hier vor allem mit Fokus auf seine Äußerungen bezüglich einer stärkeren Finanzregulierung, der Frage nach einer Bankenunion, Eurobonds und der Sparpolitik in den Ländern der Eurozone. Allerdings erfuhr diese hohe Aufmerksamkeit für Barroso einen starken Rückgang in den folgenden Jahren 2012 und 2013, obwohl die Anzahl der Reden über die Krise in diesem Zeitraum gleich blieben. Das weist wiederum darauf hin, dass die Berichterstattung der Zeitung über Barroso durch externe Faktoren wie dem Ausbruch der Krise beeinflusst wurde, und weniger auf Barrosos persönliche Beiträge zur Krise zurückzuführen ist.

Abbildung 5: Thematische Verteilung der FT-Artikel im Zeitraum zwischen 2006 und 2013

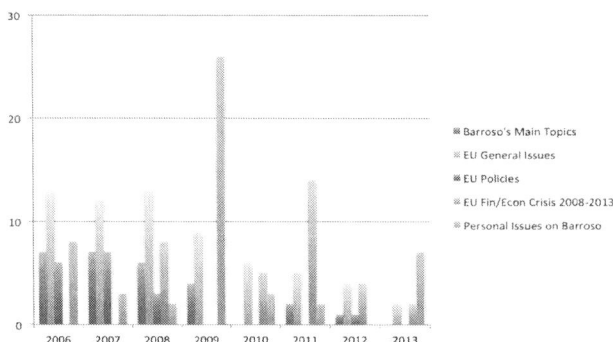

Dementgegen erhielt Barroso die höchste Aufmerksamkeit durch die Financial Times während des (Wieder-) Ernennungsverfahrens der EU-Kommission im Jahr 2009 (Abbildung 5). Im Sommer und Herbst jenes Jahres stand für die Zeitung Barrosos Führungsstil im Mittelpunkt der Berichterstattung. Die 12 Artikel, die sich direkt auf Barroso, seinen Führungsstil und das Ernennungsverfahren der Kommission bezogen, umfassen mit Abstand die höchste Berichterstattung über den Kommissionspräsidenten für den gesamten Zeitraum der Analyse. Während es für Zeitungen üblich ist, persönliche Stärken und Schwächen von Politikern zu thematisieren, insbesondere zum Zeitpunkt einer (Wieder-)wahl, verdeutlicht dies wiederum erneut, dass auch eine erhöhte mediale Aufmerksamkeit auf Barroso nicht zwingend durch ihn selbst und seine eigene politische Agenda generiert worden ist, sondern gleichsam auf anderen Faktoren wie der Investitur der Kommission beruhte.

Aus der vorangegangenen Analyse können drei Schlussfolgerungen gezogen werden: Erstens obwohl es eine generelle Überschneidung zwischen den Themen, die Barroso in seinen Reden ansprach, und den Themen, über die die Financial Times in Bezug auf José Barroso berichtete, gab, so besteht dennoch eine starke Varianz zwischen beiden. Von den sechs zentralen Themen, die seine politische Agenda umfassten, berichtete die Zeitung nur über zwei häufig, Energieversorgung und Klimawandel. Diese beiden Themen waren jedoch gleichsam diejenigen, die von Barroso am wenigsten artikuliert wurden. Die Hauptthemen seiner Agenda hingegen, wie die Zukunft der Europäischen

Union, Herausforderungen der Globalisierung oder europäische Werte, wurden kaum von der Zeitung aufgegriffen. Obwohl Kommissionspräsidenten durch ihre Funktion, das gemeinschaftliche Interesse der Union zu repräsentieren, darauf angewiesen sind europäische Themen in einem breiteren Rahmen anzusprechen, besteht eine zentrale Herausforderung ihrer Agendasetzung dennoch darin, die übergeordneten Themen an konkrete politische Ziele zu koppeln und diese nicht auf Allgemeinplätzen beruhen zu lassen. Gerade die letztgenannten Themen zeichneten sich jedoch durch Plattitüden aus, wodurch sich letztlich auch die öffentliche Aufmerksamkeit auf diese Themen im Zusammenhang mit Barroso reduzierte.

Zweitens zeigt sich deutlich an der Berichterstattung der Financial Times über die EU-Finanz- und Wirtschaftskrise, aber auch mit Blick auf Barrosos Wiederernennung im Jahr 2009, dass eine erhöhte mediale Aufmerksamkeit für Barroso nicht notwendigerweise auf seine eigenen Beiträge zurückzuführen ist, sondern gleichsam von anderen Faktoren abhängig war. Drittens erhärtet der Rückgang der FT-Berichterstattung im Bereich der allgemeinen EU-Themen von Barrosos erster zu seiner zweiten Amtszeit die Vermutung, dass Barroso nach 2009 durch andere Ämter wie dem ständigen Präsidenten des Europäischen Rats in der Thematisierung dieser Themenbereiche und der Generierung von öffentlicher Aufmerksamkeit verdrängt worden war.

3. Fazit – welche Führung für die Zukunft?

Der vorliegende Beitrag verfolgte zwei Ziele: Erstens sollte er die institutionelle Stellung des Kommissionspräsidenten und seine verfahrensrechtliche Macht vor und nach dem Inkrafttreten des Vertrags von Lissabon analysieren, um das Führungspotenzial des Amtes zu bewerten. Zweitens untersuchte der Artikel die Führungsperformanz des ehemaligen Kommissionspräsidenten José Barroso hinsichtlich der politischen Agenda-Setzung in der medialen Öffentlichkeit (eine der Hauptfunktionen des Amtes). Barrosos Wirkung in den Medien wurde vergleichend analysiert, wobei im Zentrum der Untersuchung die thematische Bandbreite der Reden und deren Niederschlag in der britischen Tageszeitung Financial Times stand. Obwohl sich die Fallstudie exemplarisch nur auf eine Zeitung beschränkte und die Analyse daher weiterer Forschung mit anderen Zeitungen und eine qualitative Evaluierung der Reden und Berichterstattung bedarf, lässt sie trotzdem zwei zentrale Schlüsse zu.

Erstens: Mit Blick auf die Theorien über die Politisierung von globaler Governance illustriert die verringerte Berichterstattung über José Barroso während seiner zweiten Amtszeit, dass der Vertrag von Lissabon die politische Rolle des Kommissionspräsidenten auf supranationaler Ebene kaum gestärkt hat. Hätte der Vertrag von Lissabon die Machtstellung des Amtes wesentlich vergrößert, wäre eine häufigere Berichterstattung über den Präsidenten wahrscheinlich gewesen, besonders im Bereich der allgemeinen EU-Themen. Es war jedoch das Gegenteil der Fall. In absoluten Zahlen der Zeitungsartikel wurde die Berichterstattung über Barroso in seiner zweiten Amtszeit merkbar geringer, obwohl er hier mehr Reden hielt als in seiner ersten Amtsperiode. Speziell die Schaffung von zwei neuen EU-Spitzenpositionen trug möglicherweise zu Barrosos verringerter medialer Präsenz nach 2009 bei.

Zweitens: Nachdem der Vertrag von Lissabon die institutionelle Macht des Amtes kaum vergrößerte, hängt die erfolgreiche Umsetzung der Führungsaufgaben des Kommissionspräsidenten nach wie vor stark von den persönlichen Fähigkeiten des Amtsträgers ab. Hierzu zählen vor allem die Umwandlung von politischen Ambitionen in konsensuale Agenden (Führungsrolle in der Agenda-Setzung) und deren effektive Mediation durch die intra- und interinstitutionellen Arenen der Entscheidungsfindung auf europäischer Ebene (Führungsrolle in der institutionellen Mediation) sowie die Schaffung und Erhaltung von öffentlicher Unterstützung auf europäischer Ebene (Führungsrolle in der Öffentlichkeit). Nachdem mindestens drei von Barrosos sechs Hauptthemen als Allgemeinplätze eingeordnet werden können, entwickelte Barroso offenbar kaum eine rigorose und in sich konsistente politische Agenda. Die Theorie zur Konvergenz von Agenda-Setzung und medialer Aufmerksamkeit nimmt an, dass je konzentrierter die Themen durch einen Politiker angesprochen werden, desto wahrscheinlicher diese auch von den Medien mit Bezug auf den jeweiligen Politiker behandelt werden. Die Analyse hat demzufolge gezeigt, dass Barroso kaum erfolgreich darin war, die öffentliche Aufmerksamkeit auf seine zentralen Themen zu richten. Des Weiteren konnte die Berichterstattung über Barroso, sogar wenn sie besonders intensiv war, nicht notwendigerweise auf seine eigenen politischen Beiträge zurückgeführt werden. Diese nur schwach ausgeprägte Überlappung zwischen Barrosos Themen und dessen Resonanz und Rezeption in den Medien weisen auf eine eher schwache Führungsperformanz im Bereich der medialen Öffentlichkeit auf europäischer Ebene hin.

Zusammenfassend und mit Blick auf die Führungsperformanz des neuen Kommissionspräsidenten Jean-Claude Juncker lässt sich abschließend bestimmen, dass, auch wenn der Vertrag von Lissabon das Amt des Kommissionspräsidenten in seinen Managementfunktionen innerhalb der Kommission gestärkt hat, dies nicht automatisch eine substanziell größere Machtfülle oder mehr politische Führung zur Folge hat. Barroso war weit entfernt von starker Führung insbesondere außerhalb der Kommission (Kassim 2013a: 16, 18; Brummer 2014: 343). Obgleich Barroso sich bemühte, mittels seiner vielen Reden die öffentliche Aufmerksamkeit auf seine politische Agenda zu lenken und aufrechtzuerhalten, wurde deutlich, dass sich die Berichterstattung nur dann verstärkte, wenn er weniger redete. Das legt nahe, dass ein schwaches Amt mehr Aufmerksamkeit gewinnt, wenn der Amtsträger weniger aber dafür entschlossenere und thematisch fokussierte Reden hält und eine konkrete Agenda entwickelt. Betrachtet man diese Ergebnisse im größeren Rahmen von Barrosos Führungsleistung, vermögen es die Worte eines Spitzenbeamten des Europäischen Rats am besten zusammenzufassen: „Es ist sehr lustig, dass er [Barroso] so besessen von seinem Image ist und dass sein Image gleichzeitig nicht gut ist. Und ich denke, das ist deswegen so, und nicht dem zum Trotz. Er übertreibt es. [...] [E]r ist so darauf fokussiert, dass man manchmal den Eindruck bekommt, dass es das Image ist, was für ihn zählt [und] nicht was er tut. Und für einen Kommissionspräsidenten, denke ich, ist das eine Schwäche." [9]

Übersetzung: Philipp Keller

Literaturverzeichnis

Brummer, Klaus (2014): „Die Führungsstile von Präsidenten der Europäischen Kommission", Zeitschrift für Politik 61: 3, 327-345.
Christiansen, Thomas (2012): „The European Union after the Lisbon Treaty: An Elusive ‚Institutional Balance'?", in: Biondi, Andrea/Eeckhout, Piet/Ripley, Stefanie (Hrsg.): EU Law After Lisbon. Oxford: Oxford University Press, 228-247.
Cini, Michelle (1996): The European Commission. Leadership, organisation and culture in the EU administration, Manchester: Manchester University Press.
Cini, Michelle (2005): Pragmatism Prevails: Barroso's European Commission. Chatham House Briefing Paper: 8 p.
Coombes, David (1970): Politics ands Bureaucracy in the European Community. A Portrait of the Commission of the E.E.C., London: George Allen and Unwin LTD.
Crum, Ben/de *Schoutheete,* Phillippe/*Micossi,* Stefano [in consultation with Etienne Davignon] (2004): Three Theses for the new Commission President. CEPS Policy Brief.
Curtin, Deirdre (2009): Executive Power of the European Union. Law, Practices, and the Living Constitution, Oxford: Oxford University Press.
De Wilde, Pieter/*Zürn,* Michael (2012): „Can the Politicization of European Integration be Reversed?", Journal of Common Market Studies 50:1, 137-153.
Döring, Holger (2007): „The Composition of the College of Commissioners. Patterns of Delegation", European Union Politics 8:2, 207-228.
Egeberg, Morten (2006): „Executive Politics as usual: role behaviour and conflict dimensions in the College of European Commissioners", Journal of European Public Policy 13:1, 1-15.
Endo, Ken (1999): The Presidency of the European Commission under Jacques Delors. The Politics of Shared Leadership, Oxford: Macmillan Press Ltd.

---

9 Zitat aus einem Interview, welches von der Autorin mit einem Spitzenbeamten im Europäischen Rat durchgeführt wurde. Interview Nr. 19, eigene Übersetzung des Zitats.

Hayes, Danny (2008): „Does the Messenger Matter? Candidate-Media Agenda Convergence and Its Effects", Political Research Quarterly 61:1, 134-146.

Hayes, Danny (2010): „The Dynamics of Agenda Convergence and the Paradox of Competitiveness in Presidential Campaign", Political Research Quarterly 63:3, 594-611.

Hodson, Dermot (2013): „The Little Engine that Wouldn't: Supranational Entrepreneurship and the Barroso Commission", Journal of European Integration 35: 5, 301-314.

Kassim, Hussein (2013a): A New Model Presidency: Leadership of the European Commission under Barroso (2004-2014). PEU Discussion Papers: 29 p.

Kassim, Hussein (2013b): „The Presidents and the Presidency of the European Commission", in: Jones, Erik/Menon, Anand/Weatherill, Stephen (Hrsg.): The Oxford Handbook of the European Union (OHEU). Oxford: Oxford University Press, 19 p.

Kassim, Hussein/*Peterson,* John/*Bauer,* Michael/*Connolly,* Sara/*Dehousse,* Renaud/*Hooghe,* Liesbet/*Thompson,* Andrew (2013): The European Commission of the Twenty-First Century, Oxford: Oxford University Press.

Kommissions-Dokument: Beschluss der Kommission zur Änderung ihrer Geschäftsordnung, 24. Februar 2010, L 55/60, Amtsblatt der Europäischen Union.

Kurpas, Sebastian/*Grøn,* Caroline/*Kaczyński,* Piotr Maciej (2008): „The European Commission after Enlargement: Does More Add Up to Less?", CEPS Special Report. Brussels: Center For European Policy Studies, 55 pS.

Nasshoven, Yvonne (2011): The appointment of the president of the European Commission: patterns in choosing the head of Europe's executive, Baden-Baden: Nomos.

Nugent, Neill (2001): The European Commission, Basingstoke: Palgrave.

Peterson, John (1999): „The Santer era: the European Commission in normative, historical and theoretical perspective", Journal of European Public Policy 6:1, 46-65.

Peterson, John (2012): „The College of Commissioners", in: Peterson, John/Wallace, Helen (Hrsg.): The Institutions of the European Union. 3 ed., Oxford: Oxford University Press, 96-123.

Pollack, Mark (1997): „Delegation, agency, and agenda setting in the European Community", International Organization 51:1, 99-134.

Princen, Sebastiaan (2009): Agenda-Setting in the European Union, New York: Palgrave Macmillan.

Rasmussen, Anne (2007): „Challenging the Commission's right of initiative? Conditions for institutional change and stability", West European Politics 30:2, 244-264.

Rauh, Christian (2014): „Communicating supranational governance? The salience of EU affairs in the German Bundestag", 1991-2013, European Union Politics 0:0 , 1-23.

Rauh, Christian/*Zürn,* Michael (2014): „Zur Politisierung der EU in der Krise", in: Heidenreich M. (ed.) Krise der europäischen Vergesellschaftung? Soziologische Perspektiven, Wiesbaden: Springer Verlag, 121-145.

Schout, Adriaan/*Buirma,* Thijs (2014): „Ten years of Barroso's presidency: Passive or smooth operator?", Internationale Spectator 68:1, 7 S.
Schroeder, Michael Bluman (2014): „Executive Leadership in the Study of International Organization: A Framework for Analysis", International Studies Review 0:0 , 1-23.
Smith, Andy (2003): „Why European Commissioners Matter", Journal of Common Market Studies, Nr. 41:1, 137-155.
Spence, David/*Edwards,* Geoffrey (2006): The European Commission. 3 ed., London: John Harper Publishing.
Stevens, Anne/*Stevens,* Handley (2001): Brussels Bureaucrats? The Administration of the European Union, New York: Palgrave Macmillan.
Tömmel, Ingeborg (2008): Das politische System der EU, München: Oldenbourg.
Tömmel, Ingeborg (2013): „The Presidents of the European Commission: Transactional or Transforming Leaders?", Journal of Common Market Studies Nr. 51:4, 789-805.
Van Assche, Thomas (2005): „The Impact of Entrepreneurial Leadership on EU High Politics: A Case Study of Jacques Delors and the Creation of EMU", Leadership 1: 3, 279-298.
Vertrag von Lissabon, konsolidierte Fassung, 30. März 2010, C 83/13, Amtsblatt der Europäischen Union (EUV/2010).
Vertrag von Nizza, konsolidierte Fassung, 24. Dezember 2002, C 325/5, Amtsblatt der Europäischen Union.
Wille, Anchrit (2013): The Normalization of the European Commission: Politics and Bureaucracy in the EU Executive, Oxford: Oxford University Press.
Young, Oran (1991): „Political Leadership and Regime Formation: On the Development of Institutions in International Society", International Organization Nr. 45:3, 281-308.
Zürn, Michael (2013): „Politisierung als Konzept der Internationalen Beziehungen", in: Zürn, Michael/Ecker-Ehrhardt, Matthias (Hrsg.): Die Politisierung der Weltpolitik. Umkämpfte internationale Institutionen, Berlin: Suhrkamp, 7-35.

Rezensionen

Die V. Republik, viel mehr als ein semi-präsidentielles System: Eine Zwischenbilanz zu 55 Jahren V. Republik

Stefan Seidendorf

Adolf Kimmel (2014): Das politische System der V. französischen Republik. Ausgewählte Aufsätze, Baden-Baden: Nomos, ISBN: 978-3-8487-1420-9, 305 Seiten, 59 €

Ein halbes Wissenschaftlerleben lang hat Adolf Kimmel die V. französische Republik analysierend und reflektierend begleitet und dabei sowohl ihre geschriebene Verfassung, als auch die lebendige Verfassungspraxis immer wieder untersucht. Seit seiner 1983 erschienenen Habilitation über die Nationalversammlung in der V. Republik hat ihn das Thema begleitet, und man kann sagen: hat er die V. Republik in ihren Höhen und Tiefen begleitet.

Der Autor legt nun die Summe seiner Überlegungen aus über dreißig Jahren Beschäftigung mit der Verfassung unseres Nachbarlandes in Form eines Aufsatzbandes vor. Der Charme des Bandes liegt dabei darin, dass es sich – außer beim Einleitungs- und Schlusskapitel, die Originalbeiträge darstellen – um Analysen handelt, die Adolf Kimmel zwischen 1983 und 2013 geschrieben hat, und die er nun nochmals zusammenführt. Das erlaubt unter anderem, die Entwicklung seines Denkens über die V. Republik und ihre Verfassung nachzuvollziehen. Die Tatsache, dass die vorgelegten Aufsätze keiner Aktualisierung bedurften (lediglich einige Kürzungen und stilistische Verbesserungen räumt der Autor ein), spricht dabei für ihre Qualität. Es handelt sich eben nicht um tagespolitische Äußerungen zum Zeitgeist, sondern Kimmel geht über die Zeit den großen Forschungsfragen, die das semi-präsidentielle französische System zeitigte, auf den Grund.

Wobei die von Maurice Duverger geprägte Bezeichnung der V. Republik als „semi-präsidentielles System", quasi eine neuartige dritte Kategorie zwischen parlamentarischer und präsidentieller Demokratie, aus Sicht Kimmels bereits kritisch zu hinterfragen wäre. In differenzierten Einzelfallanalysen zeigt er auf, wie diese Terminologie gerade im Fall der Kohabitation, wenn Präsident und parlamentarische Mehrheit aus unterschiedlichen Lagern kommen und zur Zusammenarbeit gezwungen sind, zu kurz greift (im Gegensatz etwa zum *divided government* in den USA). Kimmel argumentiert dabei überzeugend, dass die Praxis der Kohabitation vom Verfassungstext voll gedeckt ist und ihr eigentlich sogar eher entspricht, als das präsidiale Regieren in „normalen" Zeiten. Gleichzeitig zeigt sich in der Kohabitation, dass der Präsident de facto nicht mehr Regierungschef ist; in keiner der drei Kohabitationen kam es bisher zum Wechsel des Premierministers, denn der Präsident kann ihn von sich aus nicht entlassen.

Weitere große Themen, zu denen Kimmel wichtige und differenzierte Beiträge liefert, sind die Frage nach der Stabilität des Regierungssystems in der V. Republik und die damit verbundene überraschend schnelle Herausbildung und Konsolidierung eines bipolaren Parteiensystems in Frankreich. Beides zusammen scheint zunächst paradox, denn die von General de Gaulle als „Vater" der V. Republik gewünschte Stabilität des Regierungssystems sollte ja gerade gegen die „Herrschaft der Parteien" (*le régime des partis*) durchgesetzt werden und diese nach Möglichkeit beenden. Während die erhoffte Stabilität tatsächlich und sehr schnell eingetreten ist, hat sich de Gaulles Ablehnung der Parteien nicht durchsetzen können. Vielmehr hat gerade das System der V. Republik dazu geführt, dass sich zwei große parteipolitische Lager stabilisierten und die beiden großen Parteien (Sozialisten und Gaullisten) zu verantwortungsvollen Stützen der gelebten Verfassung wurden. Seit 2007 wurde es dabei auch zur Praxis, dass die jeweiligen Präsidentschaftskandidaten von ihren Parteien in Vorwahlen gekürt wurden; eine aus Sicht General de Gaulles sicherlich unvorstellbare und dem Geist „seiner" Verfassung konträre Entwicklung.

Kimmel verweist dabei über die Jahre, etwa anlässlich des Machtwechsels in den 80er Jahren zu François Mitterrand, immer wieder auf die große Flexibilität der Verfassung der V. Republik, mit unterschiedlichen politischen Konstellationen umzugehen und sich ihnen anzupassen. Diese Flexibilität gehört zweifelsohne zu den bemerkenswertesten Elementen der V. Republik, wobei gerade sie dafür verantwortlich erscheint, dass sich die Verfassungspraxis über die Zeit kaum verändert hat. Im Beitrag (1983 erschienen) zur Wahl Mitterrands (1981) zeigt sich, wie richtig Kimmel dabei mit seinen Analysen liegt. Obwohl er über die Beziehung zwischen Premierminister und Präsident schreibt, „kaum ein Politiker hat diese persönliche Herrschaft des Präsidenten und die mit ihr einhergehende ‚Entmannung' des Premierministers schärfer kritisiert als Mitterrand", sieht der Autor richtig voraus, dass die Regierungspraxis Mitterrands eben kein Rückfall in das gefürchtete *régime des partis* bedeuten würde, sondern höchstens eine richtige und notwendige Normalisierung, „die einer tendenziell autoritären Herrschaft ein Korrektiv entgegensetzte". Aus heutiger Sicht kann man sagen, dass Kimmel hier, entgegen vieler skeptischer Stimmen vor allem auf der politischen Rechten, richtig lag – und es aus dem Rückblick unter Mitterrand möglicherweise sogar weniger „Normalisierung" gab, als eigentlich wünschenswert gewesen wäre.

Entsprechend begleitet Kimmel die Verfassungsentwicklung über die Jahre. So kritisiert er immer wieder die nur unzureichend verwirklichte Kontroll- und Gegenmacht des Parlaments („Der Verfassungstext und die lebenden Verfassungen", 2012; „Das französische Parlament: vom ‚rationalisierten Parlamentarismus' zum ‚neuen Parlament", 2013). Auch die jüngste „Generalüberholung" der Verfassung, die Reform 2008 unter Nicolas Sarkozy, wird so in den historischen Zusammenhang eingebettet und in ihrem Umfang und in ihren Auswirkungen differenziert beurteilt.

Im zweiten Teil des Bandes finden sich Beiträge zur politischen Kultur in Frankreich und zur sich wandelnden Rolle der politischen Parteien. Dabei zeigt sich der Autor als profunder Kenner nicht nur der institutionellen und politischen Ordnung Frankreichs, sondern auch der in Frankreich mit seiner langen demokratischen und republikanischen Tradition so wichtigen politischen Ideengeschichte und ihrer Bedeutung für die politische Kultur. Neben den strukturierenden Grundprinzipien („Nation, Republik, Verfassung in der französischen politischen Kultur", 1996) gelingt Kimmel auch hier immer wieder die Verbindung zu den zentralen politikwissenschaftlichen Forschungsfragen, etwa im Beitrag „Die V. französische Republik – eine Parteiendemokratie?" (2009).

Damit bietet sich das Buch für Leser an, die einen Zugang zur wissenschaftlichen Auseinandersetzung mit der V. Republik suchen – in Deutschland immer noch ein Randgebiet der Politikwissenschaft. Sie finden hier auf engem Raum eine Einführung und Auseinandersetzung mit allen großen Forschungsfragen, die sich über die Zeit an diesem Regime entzündet haben. Das Buch bietet sich aber genauso für Leser an, die Frankreich und die Funktionsweise seines politischen Systems besser verstehen wollen und dabei auch die blinden Flecken und die Missstände dieses Systems begreifen möchten.

Da Adolf Kimmel in seinem Buch zeigt, welchen starken Einfluss institutionelle Ordnungen auf den politischen Prozess haben, und er andererseits vermittelt, wie stark die über Zeit entwickelte institutionelle Praxis der V. Republik durch das Handeln einzelner Akteure beeinflusst wurde, wären weitere systematische Forschungen zu diesem Zusammenhang wünschenswert. Wie von Kimmel besonders im zweiten Teil des Bandes unternommen, müsste ein solcher Ansatz einerseits die politischen Institutionen in Raum („Frankreich") und Zeit („republikanische Tradition" und *ancien régime*) kontextualisieren – mit anderen Worten also das bekannte Diktum General de Gaulles operationalisieren, dass die Verfassung der V. Republik zugleich präsidentiell und parlamentarisch sei, vor allem aber dem „französischen Charakter" entspreche. Und daneben müsste eine solche Analyse darauf abzielen, die Wirkungsweise von Pfadabhängigkeiten beim institutionellen Wandel über Zeit systematisch zu erfassen, was gerade im französischen Fall mit seiner langen Verwaltungstradition und dem Gewicht seiner staatlichen Eliten einerseits, den revolutionären Umbrüchen andererseits, lohnenswert erscheint.

Da Adolf Kimmel den Band mit einer Zwischenbilanz („Die V. Republik nach 55 Jahren: eine Zwischenbilanz") beschließt, dürfen wir hoffen, dass er sich dieser Aufgabe auch weiterhin widmet und er die französische Republik dabei weiterhin so aufmerksam verfolgt und aufschlussreich kommentiert wie in den hier zusammengeführten Beiträgen.

Die „deutsche Frage" angesichts der „Berliner Republik": Deutschland auf dem Weg zu einer „normalisierten Nation"?

Wie sich das französische Deutschlandbild seit der Wiedervereinigung gewandelt hat

Friederike Ridegh

Elisa Eidam: Frankreich und die „Berliner Republik". Wandel nationaler Identität und politische Neuorientierung im vereinigten Deutschland aus Sicht der französischen Presse. 452 S., Verlag Dr. Kovač, Hamburg 2014, ISBN: 978-3-8300-7879-1, 128,80 €

Wohl kaum ein Staat hat die territoriale Verortung und die Rolle Deutschlands in Europa so aufmerksam und skeptisch beobachtet, wie der unmittelbare Nachbar und ehemalige „Erbfeind" Frankreich. So stellte sich die „deutsche Frage" erstmals 1806 nach Auflösung des Heiligen Römischen Reiches deutscher Nation, wurde dann 1945 nach Ende des Zweiten Weltkriegs wieder aufgeworfen und zuletzt im Jahr 1989 zur Wiedervereinigung Deutschlands.

Während das wiedervereinte Deutschland seine neue Identität suchte, schaute Frankreich zu und kommentierte. Doch wie wurde der Wandel der nationalen Identität seit der deutschen Wende von französischer Seite aus beurteilt? Hat die Konstituierung der sogenannten „Berliner Republik" zu einem Bruch mit stereotypen Wahrnehmungsmustern seitens Frankreichs geführt?

Diesen Fragen widmet sich Elisa Eidam, Dr. der Philosophie, in ihrer Dissertation Frankreich und die „Berliner Republik". Ihre Analyse der französischen Medien konzentriert sich auf die beiden Amtszeiten Gerhard Schröders von 1998 bis 2005. Seit der Wende war bereits etwas Zeit verstrichen und die tradierten Deutschlandbilder konnten somit auf ihren Wahrheitsgehalt geprüft und eventuell angepasst werden. Der Amtsantritt der rot-grünen Koalition sei symbolisch eng mit dem gesamtdeutschen Nationaldiskurs verknüpft, so Eidam.

Im Mittelpunkt dieser Untersuchungen stehen sieben französische, parteipolitisch unabhängige und überregionale Printmedien verschiedener politischer Ausrichtungen:

die vier Tageszeitungen *Le Figaro*, *La Croix*, *Le Monde* und *Libération*, sowie die drei Wochenzeitschriften *L'Express*, *Le Nouvel Observateur* und *Le Point*. Anhand von Ereignissen und Debatten, die einerseits von einem neuen deutschen Selbstverständnis zeugten und zum anderen in Frankreich auf genügend mediales Echo stießen, analysiert Elisa Eidam die Pressereaktionen der o.g. Zeitungen sowohl quantitativ, als auch qualitativ im Hinblick auf die folgenden vier großen Themenbereiche: den Einigungsprozess, die europäische Integration, die Sicherheitspolitik und die Gedächtnispolitik der Bundesrepublik Deutschland.

Konsequenzen für Frankreich bestimmten das Deutschlandbild

Die Autorin stellt fest, dass die französischen Berichterstatter je nach vermeintlichen Konsequenzen eines Ereignisses für Frankreich, entweder auf traditionelle Deutschlandbilder zugriffen oder auch verzichteten.

„So kam es bei Vorgängen, die die französische Europa-, Außen- und Sicherheitspolitik direkt und in vermeintlich negativer Art und Weise tangierten, zu einem verstärkten Rückgriff auf traditionelle französische Deutschlandstereotype". Als würden bei den Kommentatoren Automatismen wachgerufen, sobald sie Bedrohungspotenzial Deutschlands sowie dessen Streben nach mehr politischer Macht vermuteten. So fielen, laut Eidam, die Presseberichte zum EU-Gipfel von Nizza, auf dem Gerhard Schröder die Anpassung der Stimmengewichtung im Ministerrat nach demographischen Kriterien forderte, besonders klischee- und stereotypen-behaftet aus. Ein ähnliches Verfallen in traditionelle Deutschlandbilder lässt sich bei der Berichterstattung über den Bundeswehreinsatz im Kosovo und das deutsche „Nein" zum Irak-Krieg beobachten.

Seltener, so Eidam, bedienten sich Autoren hingegen der tradierten Deutschlandbilder, wenn Frankreich nicht direkt vom Diskurs betroffen war. Es ließe sich sogar erkennen, dass die untersuchten französischen Medien Deutschland besonders dann als „normalisierte Nation" ansahen, wenn sie sich mit den Ereignissen im Nachbarland identifizieren konnten, d.h. wenn Deutschland sozusagen „frankreichähnlicher" wurde. So stießen z.B. der Umzug der Regierung aus der Provinzstadt Bonn in das große Berlin, sowie die Reform des Staatsangehörigkeitsgesetzes auf Zuspruch der französischen Berichterstatter.

Auch, so Eidam, ließen sich je nach Stand der deutsch-französischen Beziehungen und zeitgeschichtlichem Kontext Wechselwirkungen beobachten. So hätte sich die französische Presseberichterstattung während der ersten Amtszeit Schröders und besonders zwischen 1998-2001, als die deutsch-französischen Beziehungen von Spannungen geprägt waren, deutlich häufiger klassischer Klischees bedient und sei dem Nachbarn gegenüber generell eher negativ behaftet gewesen. Als sich das deutsch-französische

Tandem mit dem „Blaesheim-Prozess" 2001 wieder annäherte, fielen auch die französischen Presseberichterstattungen wieder milder für den deutschen Nachbarn aus.

Deutschlandskeptiker, Souveränisten und Idealisten

Unter den Berichterstattern, die sich altbewährter Deutschlandbilder bedienten, unterscheidet die Autorin zwischen drei Autorengruppen: den „Deutschlandskeptikern", die in der Regel der konservativen und großbürgerlichen Führungselite Frankreichs angehörten und den Deutschen „relativ freimütig hegemoniale Tendenzen unterstellten", indem sie auf stereotype Deutschlandbilder zurückgriffen, den „Souveränisten", Vertreter der politischen Autonomie Frankreichs und Europaskeptiker, die sich ebenso in ihrer Argumentation traditioneller Deutschlandbilder bedienten und schließlich den „Idealisten", die häufig auf stereotype Wahrnehmungsmuster zurückgriffen, allerdings im Gegensatz zu den anderen beiden Gruppen ein besonders romantisches und geistigverklärtes Deutschlandbild suggerierten.

Diese Autorengruppen seien interessanterweise in Presseorganen des gesamten Meinungsspektrums zu Wort gekommen, jedoch vorwiegend im konservativen *Le Figaro* und im linksintellektuellen *Le Nouvel Observateur*.

Die Berichterstattung in den eher gemäßigten Zeitungen und Zeitschriften *L'Express*, *Le Point*, *La Croix*, *Libération* und *Le Monde* hingegen zeichnete sich vor allem durch die bewusste Loslösung von stereotypen Deutschlandbildern und Differenziertheit aus.

Anerkennung Deutschlands als „normalisierte Nation"

Bei einem Großteil der Autoren ließe sich über den untersuchten Zeitraum hinweg ein Wandel ihrer Deutschlandperzeption feststellen. Sie würden den Nachbarn als „normalisierte Nation" anerkennen, seien jedoch in dem Glauben, dass die französische Bevölkerung nach wie vor in alten Denkschemen verhaftet sei. Bewusst hätten sie deutsche Stereotypen thematisiert, um diesen mit Ironie zu begegnen oder sie mit Fakten zu widerlegen. Dies zeuge laut Eidam davon, dass hinsichtlich des allgemeinverbreiteten Deutschlandbildes in Frankreich offensichtlich dringender Aufklärungsbedarf bestand.

Auch unter den Deutschland zugewandten Autoren unterscheidet Elisa Eidam in mehrere Gruppen. Die sogenannten „Provokateure" würden sich stereotypischen Deutschlanddarstellungen als provokante Artikelaufhänger bedienen, die sie daraufhin jedoch widerlegen. Besonders ausgewiesene Deutschlandkenner hätten sich ebenfalls traditionelle Deutschlandklischees zu eigen gemacht, um diese wiederum in ihren Artikeln als „falsch" darzustellen, diese Gruppe bezeichnet die Autorin als „Pädagogen". Als „moralische Instanzen" tauchen in der Analyse diejenigen Autoren auf, die „deutschlandspezifische biographische Erfahrungshorizonte" aufwiesen, die ihnen eine besondere moralische Autorität verliehen und die zu einem versöhnlichen Umgang mit dem Nachbarn aufriefen, so Eidam. Auch diese Autorengruppen publizierten sowohl im konservativen *Le Figaro*, als auch im linksintellektuellen *Le Nouvel Observateur*. Unter den gemäßigteren Presseorganen las man diese Autorengruppe vor allem in *Le Monde* und in *La Croix*.

Die Entwicklungsprozesse Deutschlands unmittelbar nach der Wende seien von einem Großteil der französischen Autoren als selbstverständlich angesehen worden. Ihre Berichterstattung zeichnete sich durch differenzierte Darstellungen, ausführliche Analysen und ein faires Abwägen der unterschiedlichen Positionen aus und dies ungeachtet ihrer politischen Ausrichtung. Diese Tatsache bezeichnet Elisa Eidam als „bemerkenswertes Novum" und schlussfolgert, dass eine Vielzahl der Berichterstatter der Meinung seien, Deutschland habe seit der Wende genügend Loyalitätsbeweise geliefert, um nun als „normalisierte Nation" und als souveräner, sowie gleichberechtigter Partner anerkannt zu werden.

Es sei demnach anzunehmen, dass sich die französische Deutschlandperzeption im Laufe der 1990er Jahre gewandelt und weitgehend normalisiert hat. Dieser Wandel des französischen Deutschlandbildes kann als repräsentativ für das gesamte politische Meinungsspektrum angesehen werden.

Elisa Eidams Analyse zeichnet sich vor allem durch ihre Vielschichtigkeit und Differenziertheit aus. Die Autorin konzentriert sich in ihrer Untersuchung auf eine Auswahl an kontroversen Pressereaktionen auf Ereignisse aus vielseitigen, sowohl nationalen, als auch internationalen Themenbereichen, die die deutsche Identitätsbildung geprägt haben.

Erstmalig wird die Deutschlandperzeption Frankreichs anhand dieser Dissertation unter kulturwissenschaftlichen Aspekten kontextualisiert und beleuchtet. Anders als bereits vorliegende Studien aus dem Bereich der Politikwissenschaften, fokussiert sich Eidam nicht auf die unmittelbare Nachkriegszeit, sondern auf einen Zeitraum einige Jahre nach der Wiedervereinigung Deutschlands. So scheint es nicht verwunderlich, dass sie, im Gegensatz zu Verfassern vorheriger Studien, einen profunden Wandel in der französischen Deutschlandwahrnehmung feststellen konnte.

Überlegungen zum Begriff „Le Franco-Allemand" anlässlich einer Neuerscheinung im Kontext des 50. Jahrestages des Élysée Vertrags

Frank Baasner

Le Franco-Allemand, Herausforderungen transnationaler Vernetzung/Enjeux des réseaux transnationaux, hrsg. von Dorothée Röseberg und Marie-Thérèse Mäder, 2014

Zwischen September 2012 und Juli 2013, einem Zeitraum, der von der deutschen und französischen Regierung zum deutsch-französischen Jahr erklärt worden war, um so den 1963 geschlossenen bilateralen Vertrag („Élysée-Vertrag") an seinem 50. Geburtstag gebührend zu würdigen, hat sich die deutsch-französische Zusammenarbeit in all ihren Facetten der Öffentlichkeit zeigen können. Der Auftakt fand am 22. September 2012 in Ludwigsburg statt, wo das Land Baden-Württemberg, die Stadt Ludwigsburg und das Deutsch-Französische Institut zu öffentlichen Veranstaltungen, und am Tag selbst anlässlich der Reden von Bundeskanzlerin Angela Merkel und Staatspräsident François Hollande zu einem Bürgerfest eingeladen hatten. Das deutsch-französische Jahr fand seinen offiziellen Abschluss im Juli 2013 mit den Feiern zum 50jährigen Bestehen des Deutsch-Französischen Jugendwerks. Ganz bewusst hatten die offiziellen Stellen nicht nur einen (im Übrigen gelungenen[1]) Staatsakt am Tag der Unterzeichnung, also am 22. Januar 2013 inszenieren wollen, sondern zu einer breiten gesellschaftlichen Mobilisierung aufgerufen. Dieses symbolische Datum sollte nicht nur die weiterhin für Europa unverzichtbare Sonderbeziehung zwischen Deutschland und Frankreich als Staaten in den Vordergrund rücken, sondern auch den zahllosen deutsch-französischen institutionellen oder auch informellen Kooperationen Raum für Aktivitäten geben.

---

1   Zur Würdigung der seitens der Regierungen und der Parlamente organisierten Feierlichkeiten siehe meinen Leitartikel in dfi aktuell Ausgabe 1/2013 (online verfügbar unter www.dfi.de) und den Beitrag „Une commémoration partagée par les élus et la société", in: Espoir 172/2013, S. 51-62.

Dieser Ansatz war vergleichsweise neu und auch mutig, hat sich dann aber im Nachhinein als sinnvoll und angemessen erwiesen. Das Auswärtige Amt (AA) hat auf einer eigens eingerichteten Homepage versucht, alle Aktivitäten in den unterschiedlichsten Bereichen zu sammeln und zu kartographieren (www.elysee50.de). Dort sind mehr als 1.000 Veranstaltungen verzeichnet. Seitens des dfi haben wir, in Absprache mit dem AA, diese auf Eigeneinträge basierende Liste ergänzt und haben noch weitaus mehr Veranstaltungen und Projekte gezählt.[2]

Die aufgelisteten Aktivitäten zeigen eindrucksvoll, dass sich alle Bereiche der Gesellschaft angesprochen gefühlt haben. Das gilt mit Blick auf die Orte der Veranstaltungen, die inhaltlichen Zusammenhänge und die beteiligten Gruppen. Originell und von der Politik ausdrücklich gewünscht und gefördert waren gemeinsame Initiativen in Drittländern – oft in den Botschaften Deutschlands oder Frankreichs.

Nicht nur diejenigen Institutionen und Organisationen, deren ausdrückliche Aufgabe die Förderung und Pflege der deutsch-französischen Beziehungen ist, haben es als ihre angenehme Pflicht empfunden, etwas zu diesem deutsch-französischen Jahr beizutragen. Auch weniger bekannte Formen der Kooperation von Gruppen, die sich noch nie in einem deutsch-französischen Projekt engagiert haben, wurden anlässlich dieses Jubiläums entwickelt: Als besonders bemerkenswertes Beispiel sei die Kooperation zwischen der Obdachlosen-Zeitung Trottwar aus Stuttgart und dem Obdachlosen-Journal Macadam aus Paris erwähnt. Die Redakteure haben mit ihren Verkäufern eine gemeinsame zweisprachige Nummer entwickelt und einige Verkäufer sind in die jeweils andere Stadt zum Verkauf gefahren. Dieses Beispiel gibt dem Begriff des zivilgesellschaftlichen Engagements greifbaren Inhalt.

Kurzum, zwischen September 2012 und Juli 2013 konnte man ein Schauspiel beobachten, dessen polyzentrischer Protagonist die deutsch-französischen Beziehungen und die vielfältigen Formen der Kooperation zwischen deutschen und französischen Akteuren waren. Auf jeden Fall war diese Dauerinszenierung einer in Europa wohl einmaligen Dichte an mehr oder weniger organisierten Kontakten, Partnerschaften, institutionellen Beziehungen und punktuellen gemeinsamen Projekten Anlass genug für verschiedene wissenschaftliche Disziplinen der Sozial- und Geisteswissenschaften, sich mit dem Phänomen eingehend zu beschäftigen. Da hier nicht der Raum ist, auch nur auf die wichtigsten Publikationen in gebührender Länge einzugehen, beschränke ich mich vor allem auf den oben genannten Sammelband und verweise ansonsten auf die Bibliographie am Ende des Beitrags, wo einige Titel unterschiedlichster Provenienz aufgelistet werden. Was vielen der Monographien oder Sammelbände gemeinsam ist, betrifft das Nachdenken über die heutige Verfasstheit dessen, was im Kollektivsingu-

---

2 Bei Interesse können die Daten gerne übermittelt werden. Die tiefere Analyse dessen, was während des deutsch-französischen Jahres gesellschaftlich zu verzeichnen war, ist noch nicht abgeschlossen.

lar als „Protagonist" der Feierlichkeiten beschrieben wurde – dieser Protagonist wird oft mit dem weiter unten problematisierten Begriff des „Franco-Allemand" bezeichnet. In den Publikationen werden auch problematische Aspekte der deutsch-französischen Beziehungen angesprochen, die sich seit Jahren wie ein roter Faden durch politische, gesellschaftliche und wissenschaftliche Diskurse ziehen. Einige häufig zu findende Problemfelder seien hier schon einmal genannt, bevor weiter unten auf einzelne näher eingegangen wird: Die Generation der Pioniere stirbt aus; die Nachkriegsmotivation der Versöhnung zieht nicht mehr; im Europa der 28 spielt das deutsch-französische Tandem nur noch eine kleine Rolle; die Kenntnisse der jeweils anderen Sprache haben trotz der jahrzehntelangen Bemühungen des DFJW nicht signifikant zugenommen und das Interesse nimmt sogar eher ab; es fehlen bedeutende Köpfe einer jüngeren Generation, die das Erbe der Gründergeneration antreten könnten und so weiter und so fort. Diese Selbstreflexion derer, die sich als wesentliche Akteure der deutsch-französischen Zusammenarbeit verstehen, findet in den Ministerien ebenso statt wie im journalistischen[3] sowie wissenschaftlichen Kontext.

Eine der interessanten Publikationen, wo die Selbstreflexion eine wichtige Rolle spielt, ist der von Dorothée Röseberg und Marie-Thérèse Mäder herausgegebene Sammelband mit dem Titel „Le Franco-Allemand. Herausforderungen transnationaler Vernetzung/Enjeux des réseaux transnationaux". Es handelt sich um die Beiträge zu einer Tagung, die vor allem jüngere deutsche und französische Wissenschaftler unterschiedlicher Disziplinen anlässlich des 50. Jahrestages des Élysée-Vertrags zusammengeführt hatte. Die Beiträge fragen nach der hypothetisch angenommenen Transnationalität, die sich aus den bilateralen Kooperationsstrukturen ergibt und die eine eigenständige Existenz gegenüber dem jeweils Nationalen haben soll.[4] Die einzelnen Beiträge, die sich wie Fallstudien lesen,[5] kommen allerdings zu dem Ergebnis, dass die Nation als Be-

---

3   Die wichtigsten Artikel in der deutschen, französischen und ausgewählten europäischen Presse sind vom dfi in einem mit Unterstützung des Auswärtigen Amtes publizierten Pressespiegel veröffentlicht worden. Aus Urheberrechtsgründen ist der Pressespiegel nicht online verfügbar, kann aber unter info@dfi.de gegen eine geringe Kostenbeteiligung angefordert werden.
4   Zu der Thematik der Transnationalität aus politikwissenschaftlicher Sicht siehe den von Niilo Kauppi herausgegebenen Sammelband „A political sociology of transnational Europe", Colchester 2013.
5   Das Buch ist in drei große Kapitel und ein Nachwort von Michel Cullin unterteilt, Teil I ist methodologisch ausgerichtet: Dorothee Röseberg: „Zu diesem Band. Das Franco-Allemand als Laboratorium für europäische und globale Herausforderungen", Marie-Thérèse Mäder: „Kulturkontaktforschung im Franco-Allemand: Versuch einer Kritik", Gilbert Casasus: „Le franco-allemand. Entre décomposition et recomposition". Die Fallstudien sind in zwei großen Unterkapiteln angeordnet. Teil II steht unter dem Titel „Trans- und Binationales unter der Dominanz des Nationalen"; Claus W. Schäfer: „Kontakte, Kooperationen, Konflikte. Vom nationalen Charakter transnationaler Zusammenarbeit"; Georgette Stefani-Meyer; „La construction de l'autre dans le traité de l'Élysée"; Agnès Borde-Meyer: „Un dyptique franco-allemand en archéologie: la proposition singulière d'Erich Boehringer en 1960, ses prémisses et son impact."; Christophe Losfeld: „Allemands et Français dans les films

zugsrahmen weiterhin die relevante Größe ist. Von einer Ablösung der nationalen Dimension durch eine transnationale Wirklichkeit kann somit keine Rede sein. Fruchtbarer scheint die Erkenntnis, dass die dichte deutsch-französische Kooperation zu konkreten Ergebnissen geführt hat, die für andere bilaterale Situationen als beispielhaft gelten kann (zur Frage der Übertragbarkeit siehe Seidendorf 2012). Röseberg plädiert für eine Sichtweise, die der bilateralen Zusammenarbeit einen eigenen Stellenwert zuerkennt, der sozialwissenschaftlich und/oder kulturwissenschaftlich erfasst werden kann. Während sozialwissenschaftlich u.a. der Begriff „Transnationalität" benutzt wird, um dieses Phänomen zu beschreiben, arbeiten die Kulturwissenschaften mit Konzepten wie „Hybridität", „dritter Raum" oder „Transkulturalität". Ausdrücklich unterstützen kann man die Herausgeberinnen in ihrem Plädoyer für eine Verbindung der Makro- mit der Mikroebene bei der Analyse der aktuellen Formen deutsch-französischer Zusammenarbeit.

Der Titel des Bandes verdient eine genauere Betrachtung, weil er sowohl den zu untersuchenden Gegenstand benennt[6], als auch auf eine Kernproblematik verweist, die in den Beiträgen zumindest teilweise zur Sprache kommt. Worum geht es? Das Substantiv „Le Franco-Allemand" hat sich in den Sprachgebrauch derer eingeschlichen, die sich hauptamtlich mit den deutsch-französischen Beziehungen befassen, und zwar nicht unbedingt wissenschaftlich, wo an Begriffe gewisse Anforderungen gestellt werden, sondern in der Kommunikation innerhalb der Kreise, die sich für eben diese deutsch-französischen Beziehungen engagieren. Interessanterweise wird das deutsche Äquivalent („Das Deutsch-Französische") weniger häufig benutzt, und auch die Herausgeberin benutzt in ihrer in deutscher Sprache verfassten Einleitung wiederholt das mit einem deutschen Artikel versehene französische Substantiv „Das Franco-Allemand". Man mag es so interpretieren, dass sie es als Teil dieser deutsch-französischen Gemeinde einfach so gewohnt ist, oder aber ein gewisses Unbehagen beim Gebrauch der deutschen Variante „Das Deutsch-Französische" verspürt. Wie dem auch sei, der Begriff selbst wird in

---

de la Résistance (1945-2013)"; Sandrine Aumercier: „Comment Lacan a-t-il été entendu en Allemagne?"; Sandra Duhem: „Kulturelle Versöhnung: Die späte Anerkennung des deutschen Expressionismus in Frankreich". Die zweite Gruppe von Fallstudien steht unter dem Titel „Transnationales zwischen Nationalem und Globalem und enthält folgende Aufsätze: Aline Hartemann: „ARTE, terre d'utopie: succès et limites d'une chaîne de télévision à vocation culturelle et européenne"; Franziska Flucke: „Das deutsch-französische Geschichtsbuch. Transnationale Potenziale und nationale Hindernisse in der pädagogischen Praxis"; Teva Meyer: „Le mouvement antinucléaire dans la vallée du Rhin Supérieur: un modèle de coopération franco-allemande informelle de 1969 à nos jours"; Sarah Haase: „Die transnationale Dimension von deutsch-französischen Vereinen"; Dana Martin: „Les couples mixtes franco-allemands: vivre l'interculturalité au quotidien"; Louise Schellenberg: „Transnationale Herausforderungen des Franco-Allemand in Afrika: Das Beispiel Togo"; Henning Fauser: „GIRAF-IFFD eine deutsch-französische Nachwuchsforschervereinigung". Und das Schlusswort mit dem Titel „Anstelle eines Nachwortes" ist von Michel Cullin.

6   Dorothee Röseberg S. 5: „Das Franco-Allemand wird als ein Beziehungsgeflecht in den Blick genommen, an dem vielfältige Akteure beteiligt sind."

diesem Band zwar hin und wieder problematisiert[7], aber nicht generell hinterfragt, auch wenn die Überlegungen zu dem, was er zu bezeichnen scheint, sehr wertvoll und anregend sind. Dem Begriff wird offenbar unterstellt, er bezeichne ausreichend präzise das im Kollektivsingular gebündelte Geflecht von institutionalisierten oder anders gesellschaftlich verankerten Austausch- und Kooperationsstrukturen, bei denen Deutsche und Franzosen, aber auch in Deutschland oder Frankreich ansässige Bürger anderer Staaten gemeinsam etwas tun, forschen, sich bilden oder sonst gemeinsame Ziele verfolgen.

Im Folgenden möchte ich nach dem Inhalt und der Reichweite des m.E. nur für Eingeweihte suggestiv wirkenden und vermeintlich selbsterklärenden Begriffs „Franco-Allemand" fragen und damit die Ergebnisse des Sammelbandes ergänzen. Aus der nicht statistisch verifizierten, aber über viele Jahre in ganz verschiedenen Zusammenhängen gesammelten Erfahrung des dfi wird dieser Begriff vor allem dann verwendet, wenn es keiner Erklärung bedarf, was damit gemeint ist. Treffen Vertreter der vielen institutionell fest verankerten deutsch-französischen Institutionen, Vereine, Partnerstädte, Schulpartnerschaften, Clubpartnerschaften, Handelskammern aufeinander, meinen sie zu wissen, wovon sie reden. Gemeinsam ist ihnen das Etikett „deutsch-französisch", gleich ob kommunale Partnerschaft, Chor, Jugendclub, Brigade, Ministerrat, Filmfestival, Fernsehsender, Studiengang, Masterclass, Schützenverein, Märchenerzähler, Lions oder Rotary Club. Man abstrahiert von allen erklärenden Ergänzungen und verständigt sich auf eine Art Zugehörigkeit zu einem behaupteten Sonderstatus, eben dem „Franco-Allemand". Neologismen haben natürlich auch die Eigenschaft, Neues zu benennen und vielleicht ist dieser Begriff ja das richtige Etikett für eine transnationale Realität, um deren Analyse sich dieser Sammelband verdient gemacht hat. Vielleicht aber besteht auch das Risiko, und das ist meine These, dass mit diesem exklusiven Etikett etwas verstärkt wird, gegen das viele „Insider" der deutsch-französischen Kooperation seit Jahren ankämpfen, nämlich die Abschottung, wenn nicht Tribalisierung einer Nische in der europäischen und allgemeiner internationalen Zusammenarbeit. Natürlich wird zu Recht immer wieder, auch in diesem Sammelband und übrigens auch in Publikationen des dfi, auf die Tatsache hingewiesen, dass die bilateralen Beziehungen zwischen Deutschland und Frankreich einen Eigenwert neben der europäischen und internationalen Zusammenarbeit haben, aber dieser Mehrwert ist für außenstehende

---

7   Besonders deutlich bei Gilbert Casasus, der es in seinem Beitrag „Le Franco-Allemand: entre décomposition et recomposition" auf den Punkt bringt: „Toujours sous la houlette d'un petit monde franco-allemand, il (le franco-allemand, FB) se reproduit en cercle fermé, au fur et à mesure que se créent les postes et se distribuent les places à prendre." S. 41.

Akteure nicht unmittelbar einsichtig, sondern erklärungsbedürftig. Mit dem Etikett des „Franco-Allemand" wird diese Erklärung beendet bevor sie beginnt.[8]

Warum scheint der unkritische Gebrauch dieses substantivierten Bindestrichadjektivs so problematisch? Zur Beantwortung dieser Frage möchte ich auf zwei Veranstaltungen verweisen, die das dfi in Zusammenarbeit mit Partnern 2008[9] und 2012[10] organisiert hat. 2008 ging es anlässlich des 60jährigen Bestehens des dfi um die Selbstreflexion der deutsch-französischen Institutionen. 2012 dann wurde im Vorfeld der 50-Jahrfeiern des Élysée-Vertrags eine große Tagung im Goethe-Institut in Paris einberufen, um eine aktuelle und neue „Kartographie" der deutsch-französischen Kooperation zu zeichnen. Die Ergebnisse dieser beiden Veranstaltungen sind bislang nicht publiziert worden und sollen hier in den wesentlichen Linien skizziert werden. Zu einigen der weiter oben genannten Fragestellungen, die sich auf die Selbstreflexion der deutsch-französischen Zusammenarbeit beziehen, wurden dort Antworten erarbeitet. Abschließend werden wir auf die Frage der Transnationalisierung zurückkommen.

2008 waren circa 50 Vertreter ganz unterschiedlicher Kooperationssituationen der Einladung des dfi gefolgt, um sich über die Erfahrungen und Herausforderungen auszutauschen. Wir hatten bewusst nicht nur die Institutionen eingeladen, die in ihrem Namen die deutsch-französische Ausrichtung eingeschrieben haben, sondern auch Organisationen, die man nicht spontan mit deutsch-französischer Kooperation assoziieren würde (als Beispiel sei ein börsennotiertes Unternehmen genannt, in dessen täglicher Arbeit die deutsch-französische Kooperation von entscheidender Bedeutung ist, und von diesen gibt es viele). Insgesamt wurde deutlich, dass die heutigen Formen deutsch-französischer Kooperation nur teilweise dort stattfinden, wo man sie traditionell vermutet: im Rahmen der institutionell und staatlich geförderten Austauschprogramme. Die Gesellschaften sind, vor allem im privatwirtschaftlichen Bereich, bereits viel weiter miteinander verknüpft, als es alle Förderprogramme je bewirken könnten.[11] Es ist Auf-

---

8   Ein aktuelles und besonders kurioses Beispiel für Reichweite und Grenzen des Begriffs „Franco-Allemand" sind die von der Zeitschrift ParisBerlin einberufenen „ersten États-Généraux du franco-allemand", zu denen „alle wichtigen Akteure der deutsch-französischen Beziehungen" kommen sollen. Die Liste der vorgesehenen Redner und Diskutanten zeigt hingegen, dass es sich vor allem um die institutionalisierten Organisationen handeln soll, die das Etikett „deutsch-französisch" im Namen tragen.
9   Seminar anlässlich des 60jährigen Bestehens des dfi vor der offiziellen Feier mit Bundespräsident Horst Köhler, in Zusammenarbeit mit der Robert Bosch Stiftung.
10 Tagung im Goethe Institut Paris in Zusammenarbeit mit der Sorbonne, der Fondation Léopold Meyer und der Friedrich Ebert Stiftung Paris.
11 Als nur ein Beispiel unter vielen sei hingewiesen auf die langjährige, hochprofessionelle Zusammenarbeit zwischen den deutschen Handwerkskammern und ihren französischen Äquivalenten, die in der *Assemblée permanente des chambres des métiers* organisiert sind. Diese Kooperation ist strukturiert, dauerhaft und äußerst ergebnisorientiert, wenn es um die Interessenvertretung des Handwerks z.B. auf europäischer Ebene geht. In keiner der bekannten Auflistungen der deutsch-französischen Kooperationen wird diese Zusammenarbeit auch nur erwähnt.

gabe gerade der erfahrenen Akteure deutsch-französischer Kooperation, diese neuen Realitäten in den Blick zu nehmen und als wichtige Bausteine europäischer und internationaler Wirklichkeit zu berücksichtigen.

Die Veranstaltung 2012 knüpfte an diese Selbstreflexion an und stellte vor allem die Frage nach den zeitgemäßen und zukunftsfähigen Instrumenten und Organisationsformen. Dabei ging es auch um die Frage, ob die klassischen „Mittlerorganisationen" (zu Konzept und Funktion der „Mittler" siehe den interessanten Beitrag von Joachim Umlauf/Nicole Colin 2013: 69-80) nicht viel mehr als bisher die breite Realität der Kooperationspraxis in den Blick nehmen, sich also öffnen müssten. Aus den Diskussionen können einige besonders relevante Punkte festgehalten werden, die weitgehend an die Überlegungen im hier vorgestellten Sammelband anschließen.

Legitimation des deutsch-französischen bilateralen Ansatzes

Es wird zunehmend schwierig, die besondere Relevanz der deutsch-französischen Kooperation argumentativ darzulegen. Die bisherigen Argumentationsmuster „Versöhnung" und „Kern des europäischen Projekts" reichen nicht mehr aus. Auch ein bloßes „weiter so" bewirkt im politischen Umfeld wenig. Objektive Tatbestände und statistische Daten mit Hinweis auf die wirtschaftliche und gesellschaftliche Verflechtung von Deutschland und Frankreich müssen in den Vordergrund gestellt werden. Subjektive Überzeugungskraft und emotionale Rhetorik bleiben angesichts der dramatischen deutsch-französischen Geschichte attraktive Motivationsfaktoren, laufen aber Gefahr, von den jüngeren Generationen als nicht mehr zeitgemäßes Verhalten eingeschätzt zu werden. Gleichzeitig ist es sinnvoll, die bilaterale Zusammenarbeit punktuell auf weitere Partner zu öffnen und somit den Erfahrungsschatz für Dritte nutzbar zu machen.

Typologie der Akteure

In den vergangenen Jahrzehnten hat sich eine große Vielzahl von Institutionen, Programmen und Netzwerken gebildet, die im Namen den Verweis auf ihre deutsch-französische Mission tragen. Dagegen ist absolut nichts einzuwenden. Allerdings kann man beobachten, dass diese Akteure Tendenz zur Monopolisierung der Zusammenarbeit haben und dabei internationale (europäische oder allgemein internationale) Realitäten nicht gebührend beachten, obwohl auch dort starke deutsch-französische Austausch- und Kooperationsphänomene auftreten. Die deutsch-französische Kooperation ist heute so ausdifferenziert, dass es eben kein homogenes Gesamtbild gibt. Die Stärke dieser polyzentrischen Struktur liegt in der Streuung in alle gesellschaftlichen Bereiche, der Nachteil ergibt sich aus der geringen Sichtbarkeit dieses dichten Netzes. Versucht man, unterschiedliche Typen von Akteuren (Institutionen, Vereine, Interessengruppen, Individuen) zu beschreiben, ergibt sich folgendes Bild: Es gibt diejenigen Akteure, deren Aufgabe ganz gezielt die Förderung der deutsch-französischen Beziehungen in einem bestimmten Bereich ist. Bei ihnen kann man von *militants* oder „Profis" der Zusammenarbeit sprechen. Ihre Anzahl ist natürlich begrenzt. Die zweite Kategorie sind die Pragmatiker der Kooperation, die aus beruflichen und rationalen Interessen zur deutsch-französischen Kooperation gefunden haben; sei es in der Wirtschaft, in Verbänden, in der Forschung oder in den Gebietskörperschaften. Hierbei kann von einer größeren Anzahl und einer gewissen Kontinuität ausgegangen werden. Die dritte Gruppe schließlich wurde als „Gelegenheits-Kooperation" bezeichnet. Zu bestimmten punktuellen Anlässen können Akteure motiviert werden, die sich sonst nicht mit der deutsch-französischen Kooperation identifizieren. Auch wenn hierbei der Nachteil mangelnder Nachhaltigkeit droht, müssen diese Teilnehmer an Aktionen als ein wichtiger Teil der deutsch-französischen Zusammenarbeit verstanden werden. Rechnet man diese drei Kategorien zusammen, erweist sich die deutsch-französische Zusammenarbeit als breites gesellschaftliches Phänomen.

Realitäten beschreiben

Es ist nötig und möglich, den Reichtum der deutsch-französisch-internationalen Zusammenarbeit im politischen, wirtschaftlichen und gesellschaftlichen Bereich zu erfassen und zu beschreiben. Man kann mit einiger Sicherheit davon ausgehen, dass es eine neue Generation der pragmatischen gemeinsamen Arbeit gibt. Diese Formen sind nicht das Ergebnis von staatlichen oder privaten Förderprogrammen, sondern gehorchen Eigeninteressen und gehören zu dem, was man als Professionalisierung der Zusammenarbeit bezeichnen kann. Im Sinne der von Dorothee Röseberg geforderten vertieften Erforschung des bilateralen komplexen Beziehungsgeflechts wäre besonders zu diesem Bereich viel Neues zu sagen.

Fragen wir abschließend noch einmal nach der Reichweite und den Grenzen des Begriffs „Le Franco-Allemand". Es dürfte unstrittig sein, dass es eine soziale, wirtschaftlich, kulturell und politisch relevante Ebene der deutsch-französischen Zusammenarbeit gibt, die den Versuch rechtfertigt, sie mit einem Begriff zu belegen. „Das Franco-Allemand" nimmt für sich stillschweigend in Anspruch, dieser Begriff zu sein. Das leuchtet auf den ersten Blick ein und wird auch in den „inneren" Kreisen als Identifikationsmerkmal akzeptiert. Im Anschluss an die weiter oben ausgeführten Überlegungen dürfen allerdings Zweifel formuliert werden, was die Tragfähigkeit und Reichweite des Begriffs angeht. Wenn die wissenschaftliche Fragestellung sowohl die Problematik der Entstehung transnationaler Realitäten als auch die mikrosoziologische (und kulturelle) Frage der Kooperationsmechanismen betrifft, müssen Alle und eben auch alle Formen der Zusammenarbeit in den Blick genommen werden – und nicht nur jene, die sich unter dem Etikett „franco-allemand" versammeln. Hier scheint die große Schwäche des Begriffs zu liegen: In der besten Absicht, einem singulären Phänomen einen Namen zu geben, beschränkt sie gleichzeitig dieses Phänomen in seiner Sichtbarkeit. Die deutsch-französische Zusammenarbeit ist heute weit mehr als die Etikettierung „deutsch-französisch". Die jungen, dynamischen und zukunftsweisenden Formen der Zusammenarbeit zwischen Deutschen und Franzosen oder zwischen Personen aus Deutschland und Frankreich beschränken sich nicht auf den engen alternden Club der professionell engagierten „Deutsch-Franzosen", sondern finden ganz selbstverständlich statt. Dieser Befund zeigt auch, dass die politisch seit 1945 gewollten Kooperationen (Austauschprogramme, Kooperationsformen usw.) einen großen Erfolg gehabt haben, denn die heute sehr stark ausdifferenzierte Realität ist auch Folge dieser frühen Bemühungen um Austausch. Das Risiko bei dem unreflektierten Gebrauch des Begriffs „Das Franco-Allemand" besteht also darin, nach innen zwar eine Stärkung der „Sekte" zu erreichen, gleichzeitig aber andere Teile der eigentlich zugehörigen Realität auszuklammern. Überspitzt formuliert kann man sagen, dass der Begriff „Das Franco-Allemand" alle Merkmale einer tribalen Selbstbezeichnung hat: Identität nach innen, Abschottung nach außen.

Als Fazit ergibt sich die Feststellung, dass die in dem Sammelband behandelte Frage nach der Sonderstellung deutsch-französischer Kooperation als Prototyp transnationaler Prozesse weiter offen bleibt. Sicher ist hingegen, dass die angemessene Beantwortung dieser Frage nur gelingen kann, wenn ALLE Formen der deutsch-französischen Zusammenarbeit, gleich in welchem engeren oder weiteren Kontext, in den Blick genommen werden, und nicht nur die Nische der deutsch-französischen Profis.

Literatur

Seidendorf, Stefan (2012): Deutsch-französische Beziehungen als Modellbaukasten? Zur Übertragung von Aussöhnung und strukturierter Zusammenarbeit, Baden-Baden: Nomos Verlag 2012.

Umlauf, Joachim/*Colin,* Nicole (2013): „Eine Frage des Selbstverständnisses: Akteure im deutsch-französischen *champ culturel.* Plädoyer für einen erweiterten Mittlerbegriff", in: Lexikon der deutsch-französischen Kulturbeziehungen nach 1945, Tübingen: Gunter Narr Verlag 2013, S. 69-80.

Auswahlbibliographie zu 50 Jahre Élysée-Vertrag

50 ans de relations franco-allemandes = Cinquante ans de relations franco-allemandes/dir. par Reiner Marcowitz ... Fondation Charles de Gaulle. Préface de Bernard Cazeneuve, ... Paris: Nouveaux Mondes Ed., 2012, 234 S.

50 Jahre deutsch-französische Zusammenarbeit in Forschung, Technologie und Innovation: 1963-2013 = 50 ans de coopération franco-allemande en recherche, technologie et innovation/Bundesministerium für Bildung und Forschung ...., Bonn ..., 2013, 223 S., Ill.

50 Jahre Élysée-Vertrag: 50 ans traité de l'Élysée/verantw./resp. de la publ.: Arbeitsstab 50 Jahre Élysée-Vertrag. Fried Nielsen ...., Berlin, ca. 2013, 93 S.

50 Jahre Élysée-Vertrag: Berlin, 22. Januar 2013 = 50 ans du Traité de l'Élysée/[Hrsg.: Deutscher Bundestag, Referat Öffentlichkeitsarbeit. Red.: Georgia Rauer], Berlin 2013, 250 S. + 1 DVD, Ill.

Braouet, Christophe: Deutschland – Frankreich: Partner für Europa: 50 Jahre nach dem Élysée-Vertrag/Christophe Braouet, Bochum: Winkler, 2012, 369 S.

Deutsch-französische Beziehungen: Entwicklungslinien und Funktionswandel/Hrsg.: Deutsch-Französisches Institut in Verbindung mit Frank Baasner ...., Wiesbaden: Springer VS, 2013, 264 S.

Deutsch-französische Kooperation in der Entwicklungszusammenarbeit: ein Überblick zum 50-jährigen Jubiläum des Élysée-Vertrages 2013 = La coopération franco-allemande dans la coopération au développement/Bundesministerium für wirtschaftliche Zusammenarbeit und Entwicklung ...., Bonn, 2013, 77 S.

Festschrift der Vereinigung der Französischlehrerinnen und -lehrer zum 50. Jahrestag des deutsch-französischen Vertrages: Französisch heute in Deutschland; zu den Früchten des Élysée-Vertrages für den Französischunterricht/hrsg. von Ulrike C. Lange .., Stuttgart: Klett 2013, 94 S.

La France, l'Allemagne et le traité de l'Élysée: 1963-2013/sous la dir. de Corine Defrance ..., éd. nouvelle et augmentée, Paris: CNRS éd., 2012, 503 S.

Fuhrer, Armin/*Hass*, Norman: Eine Freundschaft für Europa: der lange Weg zum Élysée-Vertrag/Armin Fuhrer/Norbert Haß, München: Olzog 2013, 320 S.

Maurice, François: Traité de l'Élysée: 50 ans de relations franco-allemandes (1963-2013)/François Maurice, Préface: Michael Ohnmacht, o.O: Tami Ed., 2013., Ill., Lit. S. 245-249.

Wattin, Alexandre: La coopération franco-allemande entre régions françaises et länder Allemands: une contribution au 50ᵉ anniversaire du traité de l'Élysée/Alexandre Wattin. Préface de Pierre-Yves Le Borgn', Paris: L'Harmattan, 2014, 359 S., Ill., Tab., Lit. Hinw. (Allemagne d'hier et d'aujourd'hui).

Dokumentation

Chronik Oktober 2013 – September 2014

Erstellt durch das Programm Frankreich/deutsch-französische Beziehungen der Deutschen Gesellschaft für Auswärtige Politik (DGAP), Berlin
Autoren: Simona Gnade und Robert Tuchel

2013

Oktober

07.10. Aufgrund mangelnder Beweise entgeht Expräsident Nicolas Sarkozy einem Gerichtsprozess wegen illegaler Wahlkampffinanzierung. In der sogenannten Bettencourt-Affäre war Sarkozy vorgeworfen worden, die Demenzerkrankung der L'Oréal-Milliardärin Liliane Bettencourt ausgenutzt zu haben, um an Geld für seinen Wahlkampf 2007 zu gelangen. Sarkozy hatte die Vorwürfe stets bestritten.

16.10. Die Abschiebung eines 15 Jahre alten Roma-Mädchens und ihrer Familie in den Kosovo sorgt in Frankreich für große Aufregung. Leonarda Dibrani war von Beamten der zuständigen Präfektur im Département Doubs während eines Schulausflugs aufgegriffen worden, nachdem mehrere Asylanträge der Familie abgelehnt worden waren. In einer Fernsehansprache am 19. Oktober bekräftigt Präsident Hollande die Rechtmäßigkeit der Aktion, verspricht jedoch, Festnahmen von Kindern „während der Schulzeit, in der Schule, während Schulausflügen oder aus Sportanlagen" künftig zu untersagen. Gleichzeitig bietet er dem Mädchen eine Rückkehr nach Frankreich an, allerdings ohne dessen Familie.

17.10. Der führende französische Zeitschriftenverleger Lagardère kündigt den Verkauf von zehn seiner 39 Pressetitel sowie die Einsparung von 350 Arbeitsplätzen an.

18.10. Nach Angaben des französischen Außenministeriums ist die Anzahl der Asylbewerber in den vergangenen fünf Jahren in Frankreich um rund zwei Drittel angestiegen. Mit durchschnittlich 60.000 Bewerbern pro Jahr zwischen 2005 und 2011 nimmt Frankreich die meisten Asylbewerber in Europa auf.

21.10. Ein Bericht der französischen Tageszeitung Le Monde über die Ausspionierung von Telefonaten französischer Bürger durch den US-Geheimdienst NSA sorgt in Frankreich für heftige Empörung.

24.10. Die Arbeitslosenzahl erreicht in Frankreich erneut ein Rekordhoch. Nach Angaben des Arbeitsministeriums waren Ende September rund 3,296 Millionen Menschen arbeitslos gewesen, 60.000 Arbeitslose mehr als im Vormonat. Im August war die Zahl der Arbeitssuchenden erstmals seit April gesunken, laut offiziellen Angaben um 22.000 bis 29.000. Die ungenauen Angaben sind auf eine Statistikpanne zurückzuführen. Ursprünglich hatte das Arbeitsministerium einen Rückgang im August um 50.000 gemeldet.

28.10. Nach mehr als drei Jahren Geiselhaft werden vier in Niger entführte französische Staatsbürger wieder freigelassen. Die Mitarbeiter des französischen Atomkonzerns AREVA und eines Subunternehmens waren von Mitgliedern der Al Kaida im Islamischen Maghreb aus einer Anlage zur Urangewinnung verschleppt worden.

29.10. Aufgrund massiver Proteste seitens der Landwirtschaft und der Nahrungsmittelindustrie legt Premierminister Ayrault die zum 1. Januar 2014 geplante Einführung der LKW-Maut (Ecotaxe) für die Benutzung von National- und Landstraßen sowie gebührenfreier Autobahnen auf Eis.

31.10. Das französische Verteidigungsministerium gibt die finanziell bedingte Auflösung des 110. Infanterieregiments in Donaueschingen bekannt. Damit zieht Frankreich seine letzte geschlossene Kampfeinheit auf deutschem Boden ab. Die Umsetzung des Beschlusses, der den deutschen Partnern vorab mitgeteilt worden war, soll im Laufe des Jahres 2014 erfolgen. Der rein französische Verband ist ein wichtiger Bestandteil der 1987 gegründeten Deutsch-Französischen Brigade.

November

02.11. Bei einer Großkundgebung in Quimper demonstrieren zehntausende Bretonen für eine endgültige Abschaffung der geplanten LKW-Maut, welche nach Angaben der Demonstranten die Wettbewerbsfähigkeit der isolierten Region weiter schwächen werde und damit die Krise der Landwirtschaft vorantreibe. Der Protest richtet sich ebenfalls gegen Massenentlassungen bei Geflügelproduzenten, Schweine-Schlachtbetrieben sowie in der Elektroindustrie.

02.11. Die französischen Reporter des Radiosenders Radio France International werden im Norden Malis entführt und anschließend ermordet. Die Extremistengruppe Al Kaida im Islamischen Maghreb bekennt sich später zu der Tat, die laut Bekennerschreiben eine Reaktion auf das militärische Eingreifen Frankreichs in Mali sei.

05.11. Trotz jahrelanger Differenzen zwischen MoDem-Chef François Bayrou und UDI-Vorsitzendem Jean-Louis Borloo schließen sich die beiden französischen Zentrumsparteien MoDem und UDI zu einem neuen Bündnis zusammen: „UDI-MoDem: Die Alternative". Ziel ist es, diejenigen Wähler für sich zu gewinnen, die angesichts der Führungsprobleme bei den Konservativen und der aktuellen Unbeliebtheit der sozialistischen Regierung aus Protest die rechtsextreme Front National wählen würden.

07.11. Mit einer feierlichen Rede im Élysée-Palast eröffnet Staatspräsident Hollande das Gedenkjahr zum Beginn des Ersten Weltkriegs. Die wichtigsten Etappen des Gedenkens 2014 bilden der französische Nationalfeiertag am 14. Juli, zu dem alle 72 kriegsführenden Nationen eingeladen werden, die Einweihung des internationalen Denkmals in Notre-Dame de Lorette am 11. November, welches den 600.000 Toten in der Region Nord-Pas de Calais gedenkt, sowie der Besuch von Bundespräsident Joachim Gauck am 3. August, 100 Jahre nach der Kriegserklärung Deutschlands an Frankreich.

08.11. Premierminister Ayrault verspricht der unter hoher Kriminalität und Arbeitslosigkeit leidenden Hafenstadt Marseille einen Investitionsplan in Höhe von drei Milliarden Euro. Für die Sozialistische Partei ist die zweitgrößte Stadt Frankreichs für die Kommunalwahlen 2014 eines der wichtigsten Eroberungsziele.

15.11. Nach Prüfung des Haushaltsplans für 2014 erteilt die EU-Kommission Frankreich eine Warnung. Frankreichs Haushalt und bereits beschlossene Maßnahmen seien zwar ausreichend, um sein Defizit bis 2015 abzubauen, allerdings habe die Regierung keinen ausreichenden Spielraum. Finanzminister Moscovici zeigt sich zufrieden mit der Bewertung aus Brüssel und sieht die Finanzpolitik seiner Regierung bestätigt.

17.-19.11. Staatspräsident Hollande reist zusammen mit Außenminister Fabius zum Staatsbesuch nach Israel und in die Palästinensergebiete. In seiner Rede vor dem Knesset und während verschiedener Gespräche mit dem israelischen Premierminister Netanyahu, Staatspräsident Peres sowie dem palästinensischen Präsidenten Abbas bekräftigt Hollande das Eintreten Frankreichs für eine Verhandlungslösung zwischen Israel und Palästina mit zwei Staaten und jeweils Jerusalem als Hauptstadt. Dazu müsse jedoch der „Siedlungsbau aufhören, der die Zweistaatenlösung kompromittiere", so Hollande.

19.11. Angesichts der nicht endenden Proteste gegen die französische Regierung kündigt Premierminister Ayrault überraschend eine umfassende Steuerreform an. Das französische Steuersystem sei so komplex und schwer verständlich, dass eine genaue Prüfung des Systems notwendig sei, so Ayrault. Über eine Verschmelzung des direkt vom Gehalt abgezogenen allgemeinen Sozialbeitrags „*Contribution sociale généralisé*" (CSG) und der bislang rückwirkend zu entrichtenden Lohnsteuer müsse ebenfalls diskutiert werden.

25.11. Der angeschlagene Autobauer PSA Peugeot Citroën bekommt einen neuen Chef. Nach Angaben des Unternehmens habe der bisherige Chef Philippe Varin selbst um eine Ablösung gebeten. Varin wird ab dem 1. Januar 2014 von dem früheren Renault-Manager Carlos Tavares ersetzt.

27.11. Die französische Regierung legt einen Maßnahmenplan gegen den Missbrauch von Werkverträgen von ausländischen Leiharbeitern vor und drängt zu Änderungen auf EU-Ebene. Zu den Maßnahmen gehören u.a. eine verstärkte Kontrolle, Betrugsprävention sowie eine Ergänzung der gesetzlichen Regelungen für die Fälle, bei denen Auftraggeber auf Subunternehmen zurückgreifen. Gewerkschaften und Arbeitnehmervertreter sollen zudem die Möglichkeit erhalten, in Fällen von illegaler Beschäftigung als Zivilpartei aufzutreten. Auf EU-Ebene fordert Frankreich eine engere Zusammenarbeit der Arbeitsinspekteure der verschiedenen Mitgliedsstaaten sowie eine stärkere Bestrafung der inländischen und ausländischen Firmen, welche die Entsendungsrichtlinien für Leiharbeiter nicht befolgen.

Dezember

01.12. Die Reformpolitik der sozialistischen Regierung sorgt in Frankreich für immer mehr Unmut. Zehntausende Demonstranten protestieren gegen die Steuerpolitik in Paris. Einen Tag zuvor waren in der Bretagne 40.000 Menschen gegen die geplante Ökosteuer auf die Straße gegangen.

03.12. Premierminister Ayrault kündigt eine Neuregelung der Sonntagsarbeit an. Zwar werde es keine grundsätzliche Erlaubnis der Sonntagsarbeit geben, dafür aber eine Erhöhung der Anzahl der verkaufsoffenen Sonntage von 5 auf 12 pro Jahr, so Ayrault. Zudem solle es mehr Ausnahmegenehmigungen geben, um besser auf die Bedürfnisse der Kunden eingehen zu können.

04.12. Die französische Nationalversammlung verabschiedet mit 268 gegen 138 Stimmen ein umstrittenes Gesetz gegen die Prostitution. Im Mittelpunkt steht hierbei die strafrechtliche Verfolgung der Zuhälterei und des Mädchenhandels, eine Entkriminalisierung der Opfer der Prostitution durch die Abschaffung des Delikts der direkten Ansprache von Freiern, die Erweiterung polizeilicher Handlungsspielräume, sowie eine stärkere Bestrafung von Freiern. Weiterhin sollen für Prostituierte Wege zum Ausstieg aus dem Gewerbe angeboten werden.

04.12. Bildungsminister Vincent Peillon zeigt sich besorgt über die Ergebnisse der jüngsten Pisa-Studie der OECD. Das Leistungsniveau in Mathematik sei um fünf Ränge gesunken. Zudem schlage sich die soziale Herkunft im OECD-Vergleich in Frankreich am stärksten in den schulischen Leistungen nieder. Angesichts dieser Entwicklungen sei die französische Regierung entschlossen, das Schulsystem einer grundlegenden Reform zu unterziehen, so Peillon.

06.12. Frankreich beginnt eine Militärintervention in der Zentralafrikanischen Republik. Kurz zuvor hatte der Sicherheitsrat der Vereinten Nationen einstimmig einen Militäreinsatz beschlossen. Insgesamt 1.200 französische Soldaten sollen die Einsatzkräfte der Afrikanischen Union bei der Mission MISCA (*Mission internationale de soutien à la Centrafrique sous conduite africaine*) unterstützen.

06.12. Im Rahmen eines fünftägigen Besuchs von Premierminister Ayrault und Industrieminister Montebourg in Peking kündigen China und Frankreich eine engere Kooperation in der Nuklearenergie, Luftfahrt und Weltraumtechnik an.

06.-07.12. In Paris findet der Élysée-Gipfel für Frieden und Sicherheit in Afrika statt. 40 Staats- und Regierungschefs Afrikas sowie UN-Generalsekretär Ban Ki-Moon, EU-Ratspräsident van Rompuy, EU-Kommissionspräsident Barroso und die Vorsitzende der Kommission der Afrikanischen Union Nkosazana Dlamini-Zuma nehmen teil. Zu den wichtigsten Themen des Gipfels zählen Fragen der wirtschaftlichen Entwicklung und Zusammenarbeit sowie die Konfliktprävention und Friedenssicherung.

13.12. In Frankreich bricht ein heftiger Streit über die Integrationspolitik aus. Hintergrund ist ein von der Regierung angeforderter unverbindlicher Expertenbericht, der u.a. eine Aufhebung des Schleierverbots in Schulen, die Einführung eines nationalen Gedenktags für Einwanderer, die Anerkennung der „arabisch-orientalische Dimension" der Identität Frankreichs sowie die Einführung von Arabisch als erste Fremdsprache fordert.

14.12. Die französischen Arbeitgeber und Gewerkschaften einigen sich nach monatelangen Verhandlungen auf eine Vereinbarung zur beruflichen Weiterbildung. Die Reform soll der beruflichen Fortbildung einen zentralen Stellenwert in den Unternehmen geben, die Finanzierung vereinfachen, Fortbildungsangebote ausweiten und zu einem effizienteren Mitteleinsatz führen.

21.12. Frankreich gelingt ein außergewöhnlicher medizinischer Durchbruch: Im Georges Pompidou Hospital in Paris wird erstmalig ein künstliches Herz erfolgreich implantiert. Dieses soll in Zukunft dafür sorgen, dass Patienten die auf eine Transplantation warten, für fünf Jahre mit einem künstlichen Herz leben können. Das Herz war in Zusammenarbeit mit der EADS entwickelt worden.

18.12. Staatspräsident Hollande empfängt Bundeskanzlerin Angela Merkel einen Tag nach ihrer Wiederwahl im Élysée-Palast. Außenminister Fabius trifft zudem mit seinem neuen Amtskollegen Steinmeier zusammen. Bei den Gesprächen geht es in erster Linie um die Vorbereitung des bevorstehenden EU-Gipfels sowie um die Lage in Afrika.

19.12. Die französische Nationalversammlung verabschiedet endgültig das Gesetz zur Rentenreform. Damit wird die stufenweise Verlängerung der Beitragsdauer für eine volle Rente auf 43 Jahre bis 2035 beschlossen.

29.-30.12. Bei einem zweitägigen Besuch in Saudi-Arabien unterstreicht Staatspräsident Hollande die besondere Beziehung zwischen den beiden Staaten, vor allem im Bereich der Friedenssicherung.

30.12. Nach Verabschiedung des Haushalts durch die Nationalversammlung am 19. Dezember 2013 tritt das Haushaltsgesetz 2014 in Kraft. Der französische Verfassungsrat hatte zuvor die künftig von den Unternehmen zu leistende Sonderabgabe in Höhe von 75% (inklusive Sozialabgaben) auf Gehälter von über 1 Million Euro gebilligt, die 2014 und 2015 erhoben werden wird. Der Haushalt basiert auf einer Wachstumsprognose von 0,9 % für 2014 und sieht eine Verringerung des Haushaltsdefizits von derzeit 4,1% auf 3,6% vor. Zudem werden Einnahmeverbesserungen in Höhe von 3 Milliarden Euro sowie Ausgabenkürzungen in Höhe von 15 Milliarden Euro vorgesehen.

31.12. In seiner Neujahrsansprache ruft Staatspräsident Hollande zu mehr Verantwortung auf, um Wettbewerbsfähigkeit, Wachstum und Beschäftigung in Frankreich sichern zu können. Hierfür seien „geringere Arbeitskosten, weniger Auflagen, mehr Einstellungen und mehr sozialer Dialog" notwendig. Mit seiner Kreativität und Erfindungs-und Innovationskraft habe Frankreich hierfür die besten Voraussetzungen, so Hollande.

2014

Januar

10.01. Ein Auftrittsverbot für den wegen antisemitischer Äußerungen in der Kritik stehenden französischen Komiker Dieudonné M'bala M'bala schlägt in Frankreich hohe Wellen. Nach mehreren Aufrufen der Regierung an Frankreichs Bürgermeister, verbietet das höchste Verwaltungsgericht des Landes den ersten Auftritt seiner Tournee in Nantes. Dieudonnés Anwalt reicht daraufhin eine Klage wegen „Verletzung des Rechts auf freie Meinungsäußerung" ein.

14.01. Staatspräsident Hollande stellt in einer Pressekonferenz die Schwerpunkte seiner politischen Reformagenda vor. Im Mittelpunkt steht der „Verantwortungspakt", der eine Entlastung der Unternehmen in Höhe von 30 Milliarden Euro vorsieht. Im Gegenzug werden mehr Arbeitsplätze verlangt. Die Regierung plant zudem eine Reduzierung der öffentlichen Ausgaben um 50 Milliarden Euro zwischen 2015 und 2017. In diesem Zusammenhang steht die Gründung eines monatlich tagenden „Strategischen Rats der öffentlichen Ausgaben". Auch eine Modernisierung des Steuersystems sowie eine engere Zusammenarbeit mit Deutschland stehen auf dem Programm. Eine Reform der Arbeitslosenversicherung wird ausgeschlossen.

14.01. Das nationale Statistikinstitut Insee veröffentlicht einen Bevölkerungsbericht, demzufolge Frankreich das schwächste Bevölkerungswachstum seit 2000 verzeichnet. Mit einem Wachstum von ca. 300.000 Menschen im Jahr 2013, bleibt die Fertilitätsrate dennoch eine der höchsten in Europa. Am 1. Januar 2014 leben 66 Millionen Menschen in Frankreich.

15.01. Laut einem Bericht des französischen Budgetministers Cazeneuve hatten seit Mitte 2013 etwa 11.000 Personen wegen Steuerhinterziehung Selbstanzeige erstattet und damit dem Staat schneller als erwartet 1 Milliarde Euro eingebracht. Das Budget 2014 sieht Einnahmen in Höhe von 2 Milliarden vor. Die Regierung hatte Anfang Dezember 2013 ein Gesetz gegen Steuerbetrug und Wirtschafts- und Finanzkriminalität beschlossen.

22.01. Die französische Nationalversammlung beschließt endgültig, politische Doppelmandate ab 2017 stark einzuschränken. Abgeordnete, Senatoren und Europaabgeordnete dürfen künftig keines der folgenden Ämter zusätzlich ausüben: Bürgermeister, Bezirksbürgermeister, stellvertretender Bürgermeister, Präsident oder Vizepräsident von

Departementräten oder Regionalräten sowie von Exekutivräten und Versammlungen in Korsika und Übersee-Gebietskörperschaften. Weiterhin erlaubt ist es Abgeordneten und Senatoren in Doppelfunktion die Mandate von einfachen Gemeinde-, General- und Regionalräten auszuüben.

27.01. Frankreich scheitert an seinem Arbeitsmarktziel für 2013. Nach Angaben des Arbeitsministeriums erreicht das Land mit 3,3 Millionen Arbeitslosen für Dezember 2013 ein neues Rekordniveau 10,9 %. Im Bereich der Jugendarbeitslosigkeit werden jedoch erste Erfolge erzielt. Mit einem Rückgang von 0,3 % im Jahr 2013 zeichnet sich eine leichte Entspannung ab. Insgesamt ist die Quote mit 24 % jedoch weiterhin hoch. Das größte Problem bleiben nach wie vor die Langzeitarbeitslosen. Sie stellen 42 % der bei der Arbeitsagentur registrierten Personen. Die Zahl der Jobsuchenden steigt im Januar 2014 noch einmal um 8.900.

28.01. Ein bislang geheim gehaltenes Treffen zwischen dem deutschen Arbeitsmarktreformer Peter Hartz und dem französischen Präsidenten François Hollande sorgt in Frankreich für Wirbel. Der Élysée-Palast bestätigt ein „informelles Gespräch" der beiden Männer, widerspricht jedoch den Gerüchten, dass Hartz ein Berater Hollandes für Sozialreformen sei.

28.01. Die Nationalversammlung verabschiedet in erster Lesung ein Gleichstellungsgesetz, mit dem Ungleichheiten zwischen Männern und Frauen im privaten, beruflichen und öffentlichen Bereich besser bekämpft werden sollen. Das Vorhaben beinhaltet u.a. eine Verlängerung des Erziehungsurlaubs bei Inanspruchnahme durch den zweiten Elternteil, eine Liberalisierung des Abtreibungsrechts sowie Maßnahmen zur verstärkten Gleichstellung in Unternehmen, Verbänden und in der Politik.

29.01. Ein vom Erziehungs- und Frauenrechtsministerium gemeinsam lanciertes Pilotprojekt mit dem Titel „ABCE de l'Égalité", das an 275 Grundschulen zum Abbau von Stereotypen zwischen Mädchen und Jungen beitragen soll, sorgt in Frankreich für Aufregung und landesweiten Unterrichtsausfall wegen fernbleibender Schüler. Die Kritiker des Projekts wehren sich mit einem Boykott-Aufruf an Eltern gegen die Verbreitung der sogenannten Gender-Theorie, nach der das Geschlecht von Jungen und Mädchen kulturell und nicht biologisch festgelegt wird.

31.01. Das Mitte Dezember 2013 beschlossene Gesetz zur Modernisierung der Territorialverwaltung tritt in Kraft. Metropolregionen wie Paris, Lyon oder Marseille aber auch andere Ballungsräume mit sich überlappenden Zuständigkeiten von Gemeinden, Departements und Regionen können künftig in wichtigen Fragen als eine Art Großraumverband tätig werden. Zudem soll die Effektivität des öffentlichen Handelns durch eine stärkere Abgrenzung der Kompetenzen von Regionen und Departements gesteigert werden. Das Gesetz ist das erste von drei Vorhaben zur weiteren Dezentralisierung Frankreichs.

31.01. Staatspräsident Hollande und Großbritanniens Premierminister Cameron treffen sich in Oxfordshire zu einem ersten bilateralen Gipfel. Einigkeit herrscht insbesondere bei Fragen der Verteidigung. Geplant sind u.a. die gemeinsame Entwicklung einer Kampfdrohne und eines unbemannten Schiffes zur Minenabwehr sowie eine gemeinsame Militärübung. Großbritannien sichert Frankreich zudem mehr logistische Hilfe für den Einsatz in der Zentralafrikanischen Republik zu.

Februar

02.02. Zehntausende Menschen demonstrieren in Paris und Lyon gegen ein für April geplantes Familiengesetz der Regierung. Der Protest richtet sich insbesondere gegen das Recht für Lesben auf künstliche Befruchtung und die Legalisierung der Leihmutterschaft, Punkte, die in dem Familiengesetz aber nicht vorkommen. Geplant ist hingegen u.a. die Stärkung der rechtlichen Stellung von Stiefeltern bei der Erziehung der Kinder ihrer Lebenspartner. Zu den Protesten aufgerufen hatte das Bündnis „Manif pour tous", das bereits hinter den Massenprotesten gegen die Einführung der Homo-Ehe gestanden hatte. Am 3. Februar stoppt die Regierung die Pläne für ein neues Familiengesetz vorerst.

10.-12.02. Präsident Hollande reist als erster Staatschef seit 18 Jahren zu einem offiziellen Staatsbesuch in die Vereinigten Staaten. Im Mittelpunkt ihrer Gespräche stehen unter anderem die Atomverhandlungen mit dem Iran und das geplante Freihandelsabkommen zwischen der EU und den USA. Zudem unterzeichnen beide Länder ein gemeinsames Abkommen für eine Mars-Mission im Jahr 2016.

11.02. In seinem jährlichen Bericht zur Lage der öffentlichen Finanzen kommt der Rechnungshof zu dem Schluss, dass die Steuereinnahmen aufgrund einer noch schwächeren Konjunkturlage um bis zu sechs Milliarden Euro geringer ausfallen könnten als von der Regierung vorhergesagt. Auch die Umsetzbarkeit der geplanten Ausgabensenkung wird angezweifelt. Zudem sei nicht sicher, dass die Neuverschuldungsquote wie geplant auf 3,6 % des Bruttoinlandsprodukts (BIP) reduziert werden könne. Der Rechnungshof räumt ein, dass das Defizit 2013 über 4,1 % liegen könnte.

13.02. Die Nationalversammlung verabschiedet endgültig ein Gesetz zur grundlegenden Neuordnung der Vorstadtpolitik. Ziel ist es, Wohnverhältnisse, Armut und Arbeitslosigkeit in den sozialen Brennpunkten besser zu bekämpfen. Neu ist u.a., dass das Einkommen der Bewohner künftig das einzige Kriterium für die Hilfsbedürftigkeit darstellt. Damit kommen nur noch 1.300 (statt bisher 2.500) Stadtteilen Hilfen zugute. Das Gesetz beinhalten weiterhin die Schaffung von einheitlichen Stadtentwicklungsvereinbarungen (*Contrats de ville*) für den sozialen Zusammenhalt und die Quartierserneuerung. Erstmalig wird eine Einwohnerbeteiligung bei den Planungen für den Stadt- bzw. Quartiersumbau gesetzlich festgeschrieben. Insgesamt werden 20 Milliarden Euro für die Stadterneuerung mobilisiert.

14.02. Angesichts der anhaltenden Gewalt in der Zentralafrikanischen Republik verstärkt Frankreich mit zusätzlich 400 Soldaten seine Militärpräsenz – auf damit 2.000. Ein Teil der Soldaten soll später der geplanten EU-Truppe für Zentralafrika unterstellt werden.

15.02. Nach einer Stagnation im Jahr 2012 wächst das französische Bruttoinlandsprodukt 2013 aufgrund eines stärkeren 4. Quartals um insgesamt 0,3 % und somit um 0,1 % mehr als angenommen. Grund ist die zum Ende des Jahres um 0,5 % gestiegene Binnennachfrage. Auch die Exporte nehmen zum Ende des Jahres mit 0,2 % leicht zu. Einen maßgeblichen Anteil an den Exporten haben 2013 die Bereiche Agrar- und Lebensmittel, Arzneimittel und Luftfahrt. Mit einem Zuwachs von 3,3 % trägt der Agrar- und Lebensmittelsektor am meisten zum Exportwachstum bei.

19.02. Bundeskanzlerin Angela Merkel reist zum deutsch-französischen Ministerrat nach Paris. Bei den Themen Verteidigung und der Bewertung der Lage in „Syrien, Iran und Afrika" herrscht Einigkeit. Die Bundesregierung willigt ein, die deutsch-französische Brigade zur Unterstützung der französischen Truppen in Mali einzusetzen.

21.02. Die französische Regierung gründet den staatlichen Bergbau-Konzern *Compagnie nationale des mines de France* (CMF). Dieser soll den Abbau von Bodenschätzen im In- und Ausland, insbesondere aber in Südamerika, Zentralasien und Afrika, vorantreiben.

27.02. Die französische Nationalversammlung beschließt das Gesetz über die Reform der beruflichen Bildung und Weiterbildung, das auf der Umsetzung einer Vereinbarung von Arbeitgebern und Gewerkschaften vom 14. Dezember 2013 beruht. Die Reform erkennt der Qualifizierung der Beschäftigten einen zentralen Stellenwert zu.

März

01.03. Der große französische Filmemacher Alain Resnais stirbt im Alter von 91 Jahren in Paris. Kurz zuvor war er auf der diesjährigen Berlinale für seinen letzten Film *Aimer, boire et chanter* mit dem Silbernen Bären ausgezeichnet worden. Mit François Truffaut und Jean-Luc Godard war Resnais einer der Begründer der so genannten „Nouvelle vague" gewesen. Mit seinen ersten Filmen, *Hiroshima, mon amour* und *Nacht und Nebel* hatte er Filmgeschichte geschrieben.

06.03. Mehrere Affären um Ex-Präsident Sarkozy sorgen in Frankreich für Wirbel. Im Verfahren wegen einer mutmaßlichen Wahlkampfspenden-Affäre im Jahr 2007 wird nun auch gegen unerlaubte Einflussnahme der Justiz ermittelt. Bei einer Abhöraktion von Telefongesprächen hätten sich Hinweise darauf ergeben, Sarkozy habe versucht, bei Nachforschungen über die Ermittlungen die Justiz auf unerlaubte Weise zu beeinflussen. Darüber hinaus werden vertrauliche Gespräche Sarkozys aus dessen Amtszeit als Präsident veröffentlicht. Der frühere enge Berater Sarkozys, Patrick Buisson, hatte bei Treffen heimlich ein Diktiergerät mitlaufen lassen.

24.03. Bei der ersten Runde der Kommunalwahlen in Frankreich schneidet der Front National (FN) mit 7% stark ab. Die Partei ist in 328 der insgesamt 6.455 Kommunen in der Stichwahl vertreten und kommt in 21 Kommunen auf den ersten Platz. FN-Generalsekretär Steeve Briois schafft den Einzug ins Rathaus der nordostfranzösischen Stadt Hénin-Beaumont mit einer absoluten Mehrheit von 50,3% bereits im ersten Durchgang. Auch die konservativen Opposition UMP erzielt mit insgesamt 48% teils klare Erfolge. Die sozialistische Regierungspartei erleidet hingegen mit 43% eine Niederlage. Erstmals finden aus Mangel an Kandidaten in 64 kleinen Kommunen keine Kommunalwahlen statt.

26.03. Der chinesische Präsident Xi Jinping reist zu seinem ersten Staatsbesuch nach Frankreich. Seine Visite steht im Zeichen des 50. Jubiläums der französisch-chinesischen Beziehungen. Insgesamt werden zwischen den beiden Ländern 50 Verträge im Wert von 18 Milliarden Euro unterzeichnet. Darunter der Einstieg des chinesischen Autokonzerns Dongfeng beim französischen Hersteller PSA Peugeot Citroën.

28.03. Der französische Verfassungsrat streicht wichtige Teile des sogenannten Florange-Gesetzes gegen Betriebsschließungen. Darunter die ursprünglich vorgesehenen hohen Geldstrafen für Unternehmen, die Standorte schließen, ohne ernsthaft nach einem Käufer zu suchen.

30.03. Bei der zweiten Runde der Kommunalwahlen in Frannkreich werden in den 6455 Gemeinden, in denen im ersten Wahlgang keine Entscheidung gefallen ist, die Bürgermeister gewählt. Die Wahlergebnisse beziffern sich auf 0,06 % für die extreme Linke, 40,57 % für die sozialistische Partei PS, 45,91 % für die konservative Partei (UMP) sowie 6,48 % für die rechtsextreme Front National (FN). Dabei sind 10 Städte mit mehr als 100.000 Einwohnern vom linken ins konservative Lager gewechselt, ebenso 40 Städte mit 30.000 bis 100.000 Einwohnern und 105 Städte mit 9.000 bis 30.000 Einwohnern. 14 Kommunen mit mehr als 9.000 Einwohnern haben für einen Kandidaten des FN gestimmt. Neue Bürgermeisterin von Paris wird Anne Hidalgo, die sich mit 54,5 % der Stimmen gegen ihre konservative Konkurrentin Nathalie Kosciusko-Morizet durchsetzt.

31.03. Nach den endgültigen Zahlen des nationalen Statistikamts Insee beläuft sich das öffentliche Defizit zum 31. Dezember 2013 auf 4,3 % des BIP und liegt damit über den im November 2013 geäußerten Erwartungen der Regierung (4,1 %) sowie den Einschätzungen der Europäischen Kommission vom Februar 2014 (4,2 %). 2012 hatte das Staatsdefizit noch bei 4,9 % gelegen. Der Anteil der öffentlichen Schulden am BIP liegt bei 93,5 %, gegenüber 90,6 % Ende 2012.

April

01.04. Nach der Niederlage der Sozialisten bei den Kommunalwahlen gibt der neue Premierminister Manuel Valls die Mitglieder der neuen Regierung bekannt. Insgesamt wird die Zahl der Minister im Kabinett von 38 auf 16 verringert. Neu hinzu kommt die frühere Lebensgefährtin von Präsident Hollande, Ségolène Royal, als Umwelt- und Energieministerin sowie der bisherige Chef der Sozialisten im Senat, François Rebsamen, als Arbeitsminister. Michel Sapin wird zum Finanz- und Haushaltsminister ernannt. Minister für Wirtschaft und Industrie wird Arnaud Montebourg. Als Innenminister folgt Bernard Cazeneuve auf Manuel Valls. Neuer Bildungsminister wird Benoît Hamon. Nicht mehr in der Regierung vertreten sind die Grünen, deren Parteiführung einen Eintritt in das Kabinett von Manuel Valls ablehnt.

01.04. Bei einem Treffen im Rahmen des Weimarer Dreiecks sprechen sich die Außenminister Frankreichs, Deutschlands und Polens in einer gemeinsamen Erklärung zur Ukraine für einen gemeinsamen dreistufigen Ansatz des NATO-Bündnisses zur Deeskalation in der Krise in der Ukraine aus.

01.04. Der international bekannte französische Historiker Jacques Le Goff stirbt im Alter von 90 Jahren in Paris. Le Goff war Spezialist für die Geschichte des Mittealters und

Herausgeber der Zeitschrift Annales, einer wichtigen Publikation französischer Historiker, gewesen. Als Wissenschaftler hatte er unter anderem in Rom, Lille und Paris gelehrt.

06.04. Der französische Medienkonzern Vivendi verkauft seine Tochter SFR an den Kabelkonzern Numericable und erhält dafür 13,5 Milliarden Euro sowie einen 20%-Anteil am neuen Unternehmen. Das Nachsehen hat der kleinere SFR-Rivale Bouygues trotz eines höheren Angebots. An der Spitze des französischen Mobilfunkmarkts liegt derzeit Orange mit rund 35 Millionen Kunden.

08.04. In seiner Regierungserklärung vor der Nationalversammlung kündigt Premierminister Valls die Leitlinien und Maßnahmen seiner Regierung zur Stimulierung von Wachstum und Beschäftigung an. Im Mittelpunkt steht dabei die Umsetzung des von Präsident Hollande angekündigten Pakts der Verantwortung, der Haushaltseinsparungen in Höhe von 50 Milliarden Euro bis 2017 vorsieht.

18.04. Aquilino Morelle, ein wichtiger Berater und Redenschreiber des französischen Präsidenten, tritt zurück. Nach einem Bericht des Onlinemediums „Mediapart" soll Morelle vor mehreren Jahren während seiner Tätigkeit für die Generalinspektion für soziale Angelegenheiten (IGAS) heimlich auch für Pharma-Konzerne gearbeitet haben. Die IGAS überwacht französische Ministerien bereichsübergreifend in sozialen Angelegenheiten. Morelle weist alle Vorwürfe zurück.

24.04. In einem offenen Brief an Premierminister Valls und Bildungsminister Hamon fordern 47 Bürgermeister des Départements Alpes-Maritimes ein Mitbestimmungsrecht bei der Umsetzung der 4,5-Tage-Woche in Schulen. Grund für den Unmut sind insbesondere die mit einer Umstrukturierung verbundenen Kosten. Anfang 2013 war eine Reform zum „Schul-Rhythmus" verabschiedet worden, die spätestens ab September 2014 frankreichweit umgesetzt werden soll. Die französische Regierung möchte das Lernpensum auf fünf Tage verteilen und die Kinder der Vor- und Grundschule an den übrigen vier langen Schultagen entlasten.

Mai

05.05. Die Europäische Kommission veröffentlicht ihre Wirtschaftsprognose für Frankreich, der zufolge das BIP im laufenden Jahr um 1% und 2015 um 1,5% steigen soll. Mit einem von der Kommission erwarteten Defizit von 3,4% für 2015, würde das Maastricht-Kriterium von 3% erneut nicht erreicht. Im laufenden Jahr wird das französische

Defizit laut EU-Prognose sogar 3,9% erreichen. Frankreich hatte von der EU bereits zwei Jahre Aufschub erhalten und muss das Sparziel 2015 einhalten. Trotz heftiger Widerstände innerhalb der Bevölkerung und in Regierungskreisen bekräftigt Finanz- und Haushaltminister Michel Sapin, dass Frankreich den Pakt der Verantwortung umsetzen und sein Defizit dadurch bis Ende 2015 auf 3% der BIP bringen will. Für 2014 rechnet die Regierung mit einem Defizit von 3,8%.

06.05. Die Direktorin des Picasso-Museums in Paris, Anne Baldassari, wird wegen Vorwürfen des Missmanagements und Verzögerungen bei Sanierungsarbeiten entlassen.

07.05. Im Rahmen der Förderung von Zukunftsprojekten zur Reindustrialisierung Frankreichs wird bei einem zweiten Treffen des Strategiekomitees im Élysée-Palast der Weg für vier weitere Zukunftsprojekte geebnet: Die Entwicklung intelligenter elektrischer Transportnetze, integrierte Softwarelösungen, Hochleistungsrecher sowie die voll digitalisierte Fabrik der Zukunft. Die aus insgesamt 34 Projekten bestehende Initiative La nouvelle France industrielle war im Herbst 2013 wegen des Verlustes von 750.000 Industriearbeitsplätzen seit dem Jahr 2000 gestartet worden.

08.05. Laut einer Studie der jüdischen Agentur in Paris wandern immer mehr französische Juden nach Israel aus. Die Studie verzeichnet für 2013 einen Anstieg der Auswanderer um 70% im Vergleich zum Vorjahr auf 3.300. In diesem Jahr erwartet die Agentur mehr als 5.000 Auswanderer. Hauptgrund für die Abwanderung sieht der Direktor der Agentur, Ariel Kandel, in dem antisemitischen Klima in Frankreich.

10.05. Präsident Hollande reist zu einem Freundschaftsbesuch auf die Insel Rügen. Das Treffen von Bundeskanzlerin Merkel und Präsident Hollande beginnt mit einer gemeinsamen Bootsfahrt auf der Ostsee. Im Mittelpunkt der Gespräche steht die Ukraine-Krise. Am 14. Mai nimmt der deutsche Außenminister Frank-Walter Steinmeier als erster deutscher Außenminister an einer Sitzung des französischen Kabinetts teil, um ebenfalls über die Krise in der Ukraine zu beraten.

14.05. Die französische Journalistin Camille Lepage wird in Zentralafrika getötet. Die Umstände ihres Todes bleiben unklar. Sie war für die französische Zeitung *Le Nouvel Observateur* in Zentralafrika unterwegs gewesen.

15.05. Eine symbolische Aktion gegen Sexismus an mehreren Schulen in der westfranzösischen Stadt Nantes sorgt in Frankreich für heftigen Wirbel. Bei der Aktion erscheinen rund hundert Jungs an mehreren Gymnasien mit Röcken bekleidet zum Unterricht. Auch etwa hundert Mädchen nehmen zur Unterstützung in Röcken teil.

16.05. Die französische Regierung weitet per Dekret die Genehmigungspflicht für die Übernahme französischer Unternehmen durch ausländische Investoren auf die Bereiche Energie, Wasser, Transport, Gesundheit und Telekommunikation aus. Dies betrifft auch Übernahmeangebote von mindestens einem Drittel des Kapitals eines Unternehmens. Bisher hatten die Bestimmungen nur im Bereich der Verteidigung und der nationalen Sicherheit gegolten.

17.05. Im Rahmen eines Anti-Terrorgipfels in Paris beschließen Frankreich und fünf afrikanische Länder einen Aktionsplan gegen die Terrororganisation Boko Haram. Dieser beinhaltet einen verstärkten Informationsaustausch der Geheimdienste, die Koordination der afrikanischen Militärs sowie eine verstärkte Kontrolle der Grenzen in Afrika.

25.05. In der nordfranzösischen Stadt Calais findet eine großangelegte Räumungsaktion von improvisierten Flüchtlingslager statt. Betroffen sind mehr als 800 Flüchtlinge aus Asien, Nahost und Afrika, die von Calais aus nach Großbritannien gelangen wollen.

26.05. Die rechtsextreme und europakritische Partei Front National erzielt bei der Europawahl in Frankreich mit 24,86% einen historischen Wahlerfolg. Für den FN unter Marine Le Pen ist das ein deutlicher Stimmenzuwachs. Bei der EU-Wahl 2009 hatte die Partei nur 6,3% errungen. Die regierenden Sozialisten müssen mit nur 13,9% erneut eine schwere Niederlage hinnehmen. Die konservative UMP wird mit 20,7% zweitstärkste Kraft.

27.05. Die Führung der konservativen Partei UMP tritt nach Enthüllungen über einen Finanzskandal geschlossen zurück. Im Oktober soll ein Nachfolger von Parteichef Copé bestimmt werden. Übergangsweise sollen die früheren Premierminister Alain Juppé, Jean-Pierre Raffarin und François Fillon die Geschäfte der Partei übernehmen. Bei der Affäre geht es um falsche Abrechnungen der PR-Firma Bygmalion, die von zwei Vertrauten Copés gegründet worden war. Es besteht der Verdacht, dass mit den Mitteln auf illegale Weise Ausgaben für den Präsidentschaftswahlkampf von Nicolas Sarkozy im Jahr 2012 finanziert wurden.

27.05. Laut einem von Ernst & Young veröffentlichten Attraktivitätsbarometer erreicht Frankreich als Investitionsstandort für ausländische Unternehmen wieder seinen Stand von 2010 und steht damit europaweit an dritter Stelle. Im Jahr 2013 war die Zahl der in Frankreich niedergelassenen ausländischen Unternehmen um 9,1% gestiegen. Die drei wichtigsten Branchen für ausländische Investoren in Frankreich sind Energie (18%), Verkehr (10%) und Digitales (10%).

28.05. Der Negativtrend am französischen Arbeitsmarkt bleibt ungebrochen. Im April verzeichnet das französische Arbeitsamt einen Anstieg um 14.800 Arbeitslose. Dies entspricht einem Anstieg der Arbeitslosigkeit um 0,4 % auf 3,364 Millionen Arbeitslose. Präsident Hollande kann damit sein Versprechen, die Arbeitslosigkeit zurückzuführen, erneut nicht einlösen.

Juni

01.06. Der nach dem Blutbad im Jüdischen Museum in Brüssel festgenommene Franzose Mehdi Nemmouche bekennt sich in einem beschlagnahmten Videofilm zu der Tat. Der Mann aus Roubaix in Nordfrankreich war am 23. Mai in Marseille wegen eines Angriffs auf das Jüdische Museum Brüssels festgenommen worden. Vier Menschen waren in dem Gebäude erschossen worden.

03.06. Premierminister Valls legte den Zeitplan für die geplante Gebietsreform in Frankreich vor, die die Verwaltungsstruktur mit den sich überlappenden Kompetenzen neu regeln soll. Das eine Gesetz bestimmt die Reduzierung der Anzahl von aktuell 22 auf 14 Regionen und legt für 2015 ein gemeinsames Datum für die Wahlen zu den Regional- und Generalräten fest. Es soll bis November 2014 verabschiedet werden. Das zweite Gesetz wird die Kompetenzen der einzelnen Gebietskörperschaften klar abgrenzen.

03.06. Nach Angaben des Arbeitsministers François Rebsamen plant die französische Regierung noch in diesem Jahr die Schaffung von 45.000 zusätzlichen *„emplois avenir"*, sogenannten zukunftsgerichteten Arbeitsplätzen. Seit der Verabschiedung des Gesetzes im Herbst 2012 waren 100.000 solcher Arbeitsplätze geschaffen worden. Zielgruppe des Programms sind vor allem Jugendliche zwischen 16 und 25 Jahren, die keinen Abschluss haben und aus Gegenden mit besonders hoher Arbeitslosigkeit stammen. Der Staat übernimmt in den ersten drei Beschäftigungsjahren 75 % des Bruttogehalts der jungen Arbeitnehmer.

06.06. 18 Staats- und Regierungschefs von am 2.Weltkrieg beteiligten Nationen (darunter Bundeskanzlerin Angela Merkel, US-Präsident Barack Obama, die britische Königin Elizabeth II. und der russische Präsident Wladimir Putin) nehmen auf Einladung von Staatspräsident Hollande an den Feierlichkeiten zum 70. Jahrestag der Landung der Alliierten in der Normandie teil. Auch rund hundert französische und 800 ausländische Kriegsveteranen sind bei einer großen internationalen Feier in Ouistreham dabei.

11.06. Finanzminister Michel Sapin und Haushaltsstaatssekretär Christian Eckert bringen den Nachtragshaushalt 2014 im Ministerrat ein. Er umfasst zur Ankurbelung der Binnennachfrage insbesondere Steuersenkungen für einkommensschwache Bürger. Die Steuersenkungen im unteren Einkommensbereich sollen bis zu einer Höhe von 10 % über dem Mindestlohn SMIC bei Alleinstehenden zu einer Steuerentlastung von 350 Euro und bei Paaren von 700 Euro jährlich führen. Insgesamt profitieren 3,7 Millionen Haushalte von dieser Maßnahme.

11.06.- 18.06. Die Mitarbeiter der staatlichen Verkehrsbetriebe SNCF legen mit einem großangelegten Streik weite Teile des Zugverkehrs lahm. Die Streiks beeinträchtigen auch den pünktlichen Ablauf der landesweiten Abitur-Prüfungen. Die beiden Gewerkschaften CGT und SUD stellen sich mit den Streiks gegen eine vom Staat geplante Firmenfusion der Bahnunternehmen RFF und SNCF und fordern vom SNCF-Management Lohnerhöhungen. Premierminister Valls betont, dass eine Änderung der SNCF-Reform nicht in Frage komme.

18.06. Die Ministerin für Ökologie, nachhaltige Entwicklung und Energie, Ségolène Royal, stellt im Ministerrat einen Gesetzentwurf zum neuen französischen Energiemodell vor. Im Zentrum stehen die Beschleunigung der Energiewende und das grüne Wachstum für eine verstärkte Wirtschaftstätigkeit sowie mehr Beschäftigung. Wichtigstes Ziel ist die Schaffung von 100.000 neuen Arbeitsplätzen in den nächsten drei Jahren.

22.06. Der Verwaltungsrat des französischen Alstom-Konzerns stimmt einstimmig für die Annahme eines Kooperationsangebots des US-Konzerns General Electric. Im Übernahmepoker um den Konzern hatte sich zuvor bereits die französische Regierung für das Angebot der Amerikaner ausgesprochen und damit gegen die Angebote der beiden anderen Interessenten Siemens und Mitsubishi Heavy Industries.

30.06. Ex-Präsident Nicolas Sarkozy wird wegen einer Affäre um die angebliche Bestechung eines ranghohen Staatsanwalts als erster ehemaliger Präsident in Polizeigewahrsam genommen. Sarkozy wird vorgeworfen, einem wichtigen französischen Staatsanwalt Unterstützung bei der Bewerbung um einen Beraterposten im Fürstentum Monaco angeboten zu haben. Im Gegenzug könnte der Anwalt Ermittlungsgeheimnisse an den früheren Präsidenten aus einem anderen Verfahren gegeben haben. Sarkozy bestreitet alle Vorwürfe.

Juli

01.07. Der Europäische Gerichtshof für Menschenrechte hat das Burka-Verbot in Frankreich für rechtens erklärt, nachdem eine junge französische Muslimin gegen das im April 2011 in Kraft getretene Gesetz geklagt hatte. Sie hatte argumentiert, dass das Burka-Verbot sie wegen ihrer Religion und ihrer ethnischen Herkunft diskriminiere.

14.07. Mit einer Militärparade auf den Champs-Élysées begeht Frankreich seinen Nationalfeiertag. 4.000 Soldaten aus rund 70 am Ersten Weltkrieg beteiligten Staaten erinnern dabei an den Ausbruch des Krieges vor 100 Jahren. 250 Jugendliche aus den eingeladenen Staaten führen zudem eine Choreographie auf und lassen zum Abschluss als Symbol für den Frieden weiße Tauben in den Himmel fliegen. In seiner Rede ruft Staatspräsident Hollande die unter der Wirtschaftskrise und Rekordarbeitslosigkeit leidende Bevölkerung zu mehr Selbstvertrauen auf.

16.07. Die frühere Politikerin des rechtsextremen Front National (FN), Anne-Sophie Leclère, wird zu neun Monaten Haft verurteilt, weil sie die dunkelhäutige Justizministerin Christiane Taubira auf ihrer Facebook-Seite mit einem Affen verglichen hatte. Das Gericht von Cayenne im Übersee-Département Guyana entscheidet außerdem, dass die Lokalpolitikerin fünf Jahre lang nicht zu Wahlen antreten darf und verhängt eine Geldstrafe von 50.000 Euro sowie eine Strafe von 30.000 Euro gegen den FN. Der FN bezeichnet den Prozess als Verletzung des Rechtsstaates und kündigt wie Leclère Berufung an.

17.07. Die Nationalversammlung stimmt einem umstrittenen Gesetzesentwurf zur Strafrechtsreform endgültig zu. Das neue Regelwerk sieht die Abschaffung von Mindeststrafen für Rückfalltäter sowie die Schaffung einer neuen Strafform, die die Bestrafung und Kontrolle von Tätern außerhalb des Gefängnisses ermöglichen soll, vor. Die Rückfallquote soll zudem durch eine bessere Betreuung nach der Haftentlassung verringert werden.

20.07. Im nördlichen Pariser Bezirk Sarcelles kommt es am Rande einer eigentlich verbotenen Demonstration gegen den israelischen Militäreinsatz im Gazastreifen zu heftigen Ausschreitungen zwischen der Polizei und propalästinensischen Demonstranten. Insgesamt werden 18 Personen festgenommen. Die französische Regierung verurteilt die Gewalttaten als antisemitisch und rassistisch, insbesondere weil dabei auch eine Synagoge sowie jüdische Geschäfte attackiert worden waren. In anderen französischen Städten liefen die Demonstrationen friedlich ab. Begleitet von einem Großaufgebot an Sicherheitskräften demonstrieren Ende Juli erneut viele Tausend Menschen in Frankreich gegen die israelische Militäroffensive.

21.07. Die Nationalversammlung verabschiedet ein Gesetz zur Reform des französischen Schienenverkehrs. Hierzu gehört insbesondere die Zusammenführung des öffentlichen Netzbetreibers RFF (*Réseau ferré de France*) und des staatlichen Bahnunternehmens SNCF. Mit der Zusammenführung soll das Gewicht der SNCF im europäischen Markt gestärkt werden. Auch die stark gestiegene Schuldenlast von SNCF und RFF soll durch eine effizientere und kostengünstigere Struktur sinken.

24.07. Bei einem Flugzeugabsturz einer in Burkina Faso gestarteten Passagiermaschine der algerischen Fluggesellschaft *Air Algérie* über dem Nachbarland Mali sterben 116 Menschen, darunter 54 Franzosen. Staatspräsident Hollande zeigt sich zutiefst bestürzt und möchte alle Opfer des Flugzeugabsturzes in Mali nach Frankreich zurückbringen.

24.07. Die Arbeitslosenzahl in Frankreich steigt nach Angaben des Arbeitsministeriums im Juni erneut auf einen Rekordwert. Ende Juni hatten 3.398.300 Menschen in Frankreich keine Arbeit. Gegenüber dem Vormonat steigt die Zahl damit um 9.400 Arbeitslose.

31.07. Mit einer feierlichen Zeremonie gedenkt Frankreich des vor 100 Jahren ermordeten französischen Sozialisten und Kriegsgegners Jean Jaurès. Präsident Hollande und der deutsche Wirtschaftsminister Sigmar Gabriel legen dabei gemeinsam Kränze vor dem Café du Croissant in Paris nieder. Dort hatte kurz vor Beginn des Ersten Weltkriegs der Anschlag stattgefunden, bei dem Jaurès von dem Nationalisten Raoul Villain ermordet worden war.

August

03.08. Bundespräsident Gauck und Staatspräsident Hollande treffen am Hartmannsweilerkopf im Elsass zu einer Gedenkfeier zum Beginn des Ersten Weltkrieges vor hundert Jahren zusammen und betonen dabei die Rolle Europas für den Frieden. Bei den Gefechten in den Schützengräben am Hartmannsweilerkopf waren 20.000 bis 30.000 deutsche und französische Soldaten ums Leben gekommen.

06.08. Der französische Verfassungsrat lehnt einen Teil des von der Regierung versprochenen Verantwortungspaktes ab. Dieser sieht vor, die Sozialabgaben der Unternehmen zu senken und Arbeitgeber damit um 30 bis 40 Milliarden Euro zu entlasten. Im Gegenzug sollen auch die Sozialabgaben von Niedrigverdienern degressiv gesenkt werden, um deren Kaufkraft zu erhöhen. Letzteres verkenne jedoch das Gleichheitsprinzip, so der Verfassungsrat. Damit kommt der Verfassungsrat einem Antrag der konservativen Oppositionspartei UMP nach.

13.08. Im Kampf gegen die Terrorgruppe Islamischer Staat (IS) liefert Frankreich als erstes europäisches Land Waffen in den Irak. Zuerst hatten die USA Waffenlieferungen auf den Weg gebracht. Die Europäische Union hatte Hollande zudem aufgefordert, schnell eine aktive Rolle bei der Krisenbewältigung zu übernehmen. Am 22. August empfängt Außenminister Fabius in Paris mehrere Dutzend christliche Flüchtlinge aus dem Nordirak.

22.08. Der frühere Präsidentschaftskandidat Jean-Luc Mélenchon verlässt die Führungsspitze der von ihm mitgegründeten Linkspartei *Parti de gauche* (PG). Sein Rückzug sei kein Zeichen einer Krise, sondern Teil eines Strategiewechsels innerhalb der Partei, die er bisher gemeinsam der ehemaligen Grünen-Politikerin Martine Billard geführt hatte, so der Politiker.

25.08. Die französische Regierung unter Premierminister Manuel Valls tritt zurück. Zuvor hatte Wirtschaftsminister Arnaud Montebourg die Sparpolitik von Präsident Hollande heftig kritisiert und eine Regierungskrise ausgelöst. Am 26. August wird die Zusammensetzung der neuen Regierung bekanntgegeben. Diese umfasst 16 Minister (8 Frauen und 8 Männer) und 17 Staatssekretäre.

27.08. Die französische Justiz eröffnet ein Verfahren wegen Fahrlässigkeit gegen IWF-Chefin Christine Lagarde. Diese muss sich in einer Affäre um mutmaßliche Veruntreuung öffentlicher Mittel verantworten. Lagarde wird vorgeworfen, in ihrer Zeit als französische Wirtschaftsministerin eine illegale Entschädigungszahlung von rund 400 Millionen Euro an einen Geschäftsmann ermöglicht zu haben.

27.08.– 28.08. Bei der Sommeruniversität des französischen Arbeitgeberverbandes Medef unterstreicht Premierminister Valls die Notwendigkeit, die begonnene Reformpolitik fortzusetzen. Im Vordergrund stünden eine generelle Stimulierung des Wachstums in Europa, die Reduzierung weiterer Deflationsgefahren sowie ein besser an die wirtschaftliche Situation angepasstes Tempo für die Reduzierung des Haushaltsdefizits. Als Gast der Sommeruniversität unterstreicht Bundesfinanzminister Wolfgang Schäuble, dass die angestrebten Reformen Frankreich und damit Europa wirtschaftlich und haushaltspolitisch stärkten.

28.08. In seiner Rede bei der 22. Botschafterkonferenz in Paris nimmt Hollande zu aktuellen Themen der französischen Außenpolitik Stellung. Russland müsse die Souveränität der Ukraine respektieren, die Grenze kontrollieren und die Unterstützung der Separatisten beenden, so der Präsident. Der Einsatz russischer Soldaten sei nicht hinnehmbar. In Bezug auf den Irak und Syrien fordert Hollande ein internationales Vorgehen gegen den Terrorismus auf allen Ebenen. Im Zusammenhang mit dem Konflikt in Syrien spricht sich Hollande gegen eine Partnerschaft mit Staatspräsident Bachar Al-Assad aus. In Gaza sei eine schrittweise Aufhebung der Blockade, eine Demilitarisierung sowie eine Zwei-Staaten-Lösung notwendig.

September

01.09. Die Sätze der französischen sozialen Mindestsicherung RSA werden zum ersten September um 2% angehoben. Diese neben der jährlichen Inflationsanpassung außerordentliche Erhöhung war Anfang 2013 als Maßnahme im Kampf gegen die Armut beschlossen worden. Insgesamt soll so innerhalb von fünf Jahren die Kaufkraft der Leistungsempfänger um 10% erhöht werden. Ende 2013 hatten 2,3 Millionen Haushalte die Mindestsicherung in Anspruch genommen.

02.09. Mit dem Schulbeginn 2014 wird die vom Gesetz vorgeschriebene Fünf-Tagewoche in den Vor- und Grundschulen in 87,2% der Gemeinden und für 85,1% der Schüler umgesetzt. Die festgelegten 24 Wochenstunden werden in Zukunft auf neun halbe Tage verteilt, womit der bisher freie Mittwoch entfällt. An vier Tagen werden künftig bis zu 5,5 Stunden unterrichtet und an einem Tag bis zu 3,5 Stunden.

04.09. Nach massiver Kritik westlicher Partner liefert Frankreich einen für Russland gebauten Hubschrauberträger nun vorerst doch nicht aus. Bisher hatte die Regierung argumentiert, Frankreich sei an die Verträge für die Lieferung gebunden.

10.09. Auf einer Pressekonferenz zur wirtschaftlichen Lage Frankreichs kündigt Finanzminister Michel Sapin eine Drosselung des Tempos der Haushaltskonsolidierung in 2014 bei gleichzeitiger Fortschreibung der Reformpolitik an. Entgegen den Erwartungen sei mit einem höheren Defizit von 4,4% des BIPs zu rechnen; eine leichte Verminderung auf 4,3% wird für 2015 vorgesehen. Zuvor war die Regierung für 2014 von 4,0% ausgegangen. Auch die Prognose für das Wachstum wird auf 0,4% nach unten korrigiert. Die Reformziele 2015 beinhalteten weiterhin die Rückführung der Steuerbelastung für die Mittelschicht, die Umsetzung des Verantwortungspaktes, Verwaltungsvereinfachung und eine Gebietsreform sowie Kaufkraft fördernde Maßnahmen.

10.09. Der frisch ernannte Staatssekretär für Außenhandel und Tourismus Thomas Thévenoud scheidet nach neun Tagen im Amt aus der Regierung aus, weil er drei Jahre seine Einkommenssteuer nicht oder zu spät gezahlt hatte.

12.09. Bei einem Besuch in Bagdad sagt Präsident Hollande dem Irak im Kampf gegen die Terrormiliz Islamischer Staat (IS) weitere Unterstützung zu. Kurz zuvor hatte Frankreich seine Bereitschaft zu Lufteinsätzen im Irak erklärt. Hollande ist der erste ausländische Staatschef, der den Irak nach der Bildung einer neuen Regierung besucht.

16.09. Nach der Regierungsumbildung von Ende August stellt Premierminister Manuel Valls in der Nationalversammlung die Vertrauensfrage. 269 Abgeordnete sprechen ihm das Vertrauen aus, 244 votieren gegen ihn. Die Gruppe der Sozialisten verfügt zum Zeitpunkt der Abstimmung über 289 Sitze.

18.09. Staatspräsident Hollande hält im Élysée-Palast eine Pressekonferenz zu den wichtigsten europapolitischen und internationalen Fragen. In seiner Ansprache kündigte er militärische Unterstützung für den Irak im Kampf gegen die IS-Milizen sowie die Einrichtung eines Militärkrankenhauses in der von der Ebola-Epidemie am stärksten betroffenen Region Waldguinea an. Darüber hinaus plädierte der Staatspräsident für eine verstärkte europäische Verteidigungspolitik.

19.09. Zweieinhalb Jahre nach seiner Niederlage bei der französischen Präsidentenwahl kündigt Ex-Präsident Nicolas Sarkozy seine Kandidatur für den Posten des Parteichefs der konservativen UMP an. Dies gilt als erster Schritt für eine Kandidatur bei der Wahl eines Staatspräsidenten 2017. Aktuell läuft gegen Sarkozy ein Anklageverfahren wegen des Verdachts auf Korruption.

22.09. Premierminister Manuel Valls reist zu einem zweitägigen Antrittsbesuch nach Deutschland und verspricht gleich zum Auftakt bei einer Pressekonferenz mit Bundeskanzlerin Angela Merkel, die angekündigten Reformen in Frankreich umzusetzen. Gleichzeitig wirbt er um mehr Vertrauen in die Reformwilligkeit seiner Regierung: Frankreich werde seiner Verantwortung gerecht werden, so der Premier.

24.09. Der in Algerien von Anhängern der Terrormiliz „Islamischer Staat" (IS) entführte Franzose, Hervé Gourdel, wird enthauptet. Die Terroristen hatten zuvor mit der Ermordung gedroht, sollte Frankreich nicht seine Luftangriffe auf den IS im Irak einstellen. Die französische Regierung hatte jedoch bekräftigt, dass sie den Forderungen nicht nachgeben werde.

28.09. Nach zwei Wochen Streik beenden die Piloten der französischen Fluggesellschaft Air France ihren großangelegten Arbeitskampf. Obwohl die geforderten Bedingungen noch nicht erfüllt seien, wolle man die Gespräche in ruhigerem Rahmen fortsetzen, so die Gewerkschaft.

28.09. Mit den Wahlen zum französischen Senat, bei denen 178 Senatssitze neu vergeben werden, verschieben sich in Frankreich die politischen Gewichte. Mit 195 von 348 Sitzen stellen die UMP und andere rechtsgerichtete Parteien fortan die Mehrheit in der zweiten Kammer des Parlaments. Die rechtsextreme Front National (FN) gewinnt zwei Senatssitze und zieht damit erstmals in ihrer Geschichte in den Senat ein. Die regierenden Sozialisten und andere linke Parteien kommen von bisher 177 auf 151 Senatoren. Für die Sozialisten bedeutet dieses Ergebnis die dritte Wahlschlappe in diesem Jahr: Sie hatten bereits die Kommunalwahlen im März und die Europawahlen im Mai verloren.

30.09. Mit einem großangelegten Streik protestieren Apotheker, Notare, Gerichtsvollzieher und Ärzte in ganz Frankreich gegen einen von der Regierung im Juli angekündigten Abbau von Regulierungen bei den geschützten Berufen. Dabei will die Regierung Monopole aufbrechen und mehr Konkurrenz in die Branchen bringen, um zugunsten der Verbraucher Preise zu senken.

30.09. Die französischen Staatsschulden steigen auf ein Rekordniveau. Sie erhöhen sich im zweiten Quartal um 28,7 Milliarden Euro auf 2,024 Billionen Euro, so das nationale Statistikamt Insee. Das entspricht 95,1 % des BIPs, nachdem es im ersten Quartal noch 94,0 % gewesen waren. Die EU-Verträge sehen eine Obergrenze von 60 % vor. Nach Angaben der EU-Kommission wird sich der Schuldenstand in Frankreich mit 95,6 % 2014 und 96,6 % 2015 weiter erhöhen.

Sozioökonomische Basisdaten im internationalen Vergleich

	1986-1990	1991-1995	1996-2000	2001-2005	2006	2007	2008	2009	2010	2011	2012	2013
Wachstum des Bruttoinlandsprodukts (in %) [a,c]												
Frankreich	3,2	1,2	2,7	1,6	2,5	2,3	-0,1	-3,1	1,7	1,7	0,0	0,2
Deutschland	3,3	2,0	1,9	0,6	3,7	3,3	1,1	-5,1	4,2	3,0	0,7	0,4
EU-15	3,3	1,6	2,8	1,8	3,1	3,0	0,1	-4,3	2,1	1,4	-0,4	0,0
EU-27	:	:	:	:	3,3	3,2	0,3	-4,3	2,1	1,6	-0,3	0,1
Entwicklung der Verbraucherpreise (in %) [a,c]												
Frankreich	3,1	1,9	1,0	1,8	2,1	2,1	2,9	-0,6	1,1	2,1	1,8	0,7
Deutschland	1,5	3,0	0,8	1,5	1,0	1,5	1,6	0,0	2,0	2,1	1,6	1,6
EU-15	4,1	3,8	1,7	2,0	2,2	2,2	2,8	0,0	2,0	2,8	2,2	1,4
EU-27	:	:	:	:	2,2	2,3	3,0	0,2	2,0	2,9	2,3	1,4
Leistungsbilanzsaldo (in % des BIP) [b,c]												
Frankreich	-1,5	0,2	2,2	0,5	-0,8	-1,4	-1,9	-1,8	-2,0	-2,6	-1,8	-1,9
Deutschland	4,2	-1,2	-1,0	2,7	6,5	7,5	6,2	6,0	6,1	5,6	6,4	7,4
EU-15	0,0	-0,5	0,4	0,3	0,2	0,2	-0,3	0,1	0,2	0,4	1,2	1,7
EU-27	:	:	:	:	-0,2	-0,3	-0,9	-0,1	-0,1	0,1	0,9	1,6
Bruttoanlageinvestitionen, real (prozentuale Veränderung gegenüber dem Vorjahr) [a,c]												
Frankreich	6,0	-1,0	4,7	2,0	4,0	6,3	0,3	-10,6	1,2	3,5	0,0	-2,3
Deutschland	5,1	1,9	2,3	-2,0	8,2	4,7	1,3	-11,6	5,9	6,2	-2,5	-0,7
EU-15	5,7	-0,1	4,5	1,4	6,0	5,1	-1,9	-12,9	0,2	1,1	-3,1	-2,5
EU-27	:	:	:	:	6,4	5,9	-1,1	-13,0	0,0	1,4	-2,6	-2,3
Reale Lohnstückkosten (prozentuale Veränderung gegenüber dem Vorjahr) [a,c]												
Frankreich	-1,5	-0,4	-0,3	0,1	-0,3	-0,9	0,7	3,0	-0,4	0,3	0,1	0,0
Deutschland	-0,6	-0,1	-0,2	-0,9	-2,3	-2,3	1,5	4,4	-2,0	0,6	1,6	-0,1
EU-15	-0,6	-0,7	-0,4	-0,4	-0,9	-0,7	1,4	3,4	-1,6	-0,4	0,5	-0,2
EU-27	:	:	:	:	-1,2	-0,8	1,4	3,2	-1,5	-0,6	0,5	-0,2
Reallöhne pro Kopf (prozentuale Veränderung gegenüber dem Vorjahr) [a,c]												
Frankreich	1,0	1,1	1,1	1,1	1,0	0,5	-0,1	2,7	1,5	0,8	0,1	1,0
Deutschland	1,6	2,3	0,3	-0,6	0,0	-0,7	0,5	0,2	0,3	0,9	0,8	0,3
EU-15	1,6	1,0	0,9	0,8	0,7	0,8	0,2	2,0	0,1	-0,7	-0,2	0,3
EU-27	:	:	:	:	0,5	0,8	0,2	1,7	0,2	-0,7	-0,4	0,3
Finanzierungssaldo (+/-) des Gesamtstaats (in %) [b,c]												
Frankreich	-2,5	-5,0	-2,7	-3,1	-2,3	-2,7	-3,3	-7,5	-7,1	-5,3	-4,8	-4,3
Deutschland	-1,4	-4,0	-1,8	-3,6	-1,6	0,2	-0,1	-3,1	-4,1	-0,8	0,2	0,0
EU-15	-3,2	-5,0	-1,8	-2,4	-1,4	-0,8	-2,4	-6,9	-6,5	-4,5	-4,0	-3,3
EU-27	:	:	:	:	-1,5	-0,9	-2,4	-6,9	-6,5	-4,4	-4,0	-3,3
Verschuldung des Gesamtstaats (in % des BIP) (am Ende der Periode) [b,c]												
Frankreich	35,2	55,4	57,4	66,7	64,0	64,2	68,2	79,2	82,4	85,8	90,2	93,5
Deutschland	41,3	55,6	60,2	68,6	68,1	65,2	66,8	74,5	82,4	80,4	81,9	78,4
EU-15	52,7	69,6	63,2	64,4	63,2	60,7	64,8	77,0	82,9	86,2	89,8	92,1
EU-27	:	:	:	:	61,7	59,0	62,2	74,6	80,2	83,1	86,9	88,9

Quelle: Statistischer Anhang zu „Europäische Wirtschaft": Frühjahr 2014, hrsg. von der Europäischen Kommission, Generaldirektion Wirtschaft und Finanzen am 24.04.2014. http://ec.europa.eu/economy_finance/publications/european_economy/2014/pdf/2014_05_05_stat_annex_en.pdf

[a] 1961-1991: Westdeutschland
[b] 1961-1990: Westdeutschland
[c] 2013: EU-28

Dokumentation

Gesellschaftliche Basisdaten Frankreichs

	1980	1990	2000	2005	2010	2011	2012	2013
Bevölkerung¹ (in 1000)	54.029	56.893	60.508	62.731	64.613	64 933*	65 252*	65.543
– unter 20 Jahren (in %)	30,6	27,8	25,6	24,9	24,5	24,5*	24,4**	24,4**
– zwischen 20 und 59	52,4	53,2	53,8	54,3	52,7	52,2*	51,9**	51,6**
– 60 und älter	17,0	19,0	20,4	20,8	22,8	23,3*	23,7**	24,0**
Erwerbsbevölkerung (in 1.000)	23.105	24.853	25.852	27.381	28.309	28.345	28.566	:
Erwerbstätige (in 1.000)	21.638	22.648	23.261	24.949	25.692	25 778	25.754	:
– Männer	13.473	13.121	12.844	13.337	13.498	13 538	13 476	:
– Frauen	8.430	9.527	10.418	11.613	12.194	12 240	12 278	:
Arbeitslose (in 1.000)	1.467	2.205	2.239	2.432	2.640	2.612	2.811	2.779**
Arbeitslosenquote (in %)	6,3	8,9	8,5	8,9	9,3	9,2	9,8	9.7
Jahresnettogehälter² (in €)	8.037	16.631	20.440	22.841	25.020	:	:	:
SMIC³ (in €)	2,08	4,77	6,41	8,03	8,86	9,02	:	9,43
Arbeitskonflikte⁴ (verlorene Arbeitstage pro 1.000 Arbeitnehmer)	1.674	693	810	164	316	77⁵	:	:

Abgesehen von der absoluten Bevölkerungszahl beziehen sich alle Daten auf das Mutterland (France métropolitaine).
*   revidierte Angabe
**   vorläufige Angabe

Quellen: http://www.insee.fr
           Tableaux de l'Économie francaise, édition 2014, hrsg. Von INSEE

[1] Die Zahlen beziehen sich bis 1990 auf das Jahresende, ab 2000 auf den 1. Januar.
[2] Salaires nets annuels moyens: Gehälter nach Abzug der Sozialabgaben, aber vor Abzug der Steuern. Die Daten beziehen sich auf Vollzeitbeschäftigte in der Wirtschaft (ohne öffentlichen Dienst).
[3] SMIC = Salaire minimum interprofessionnel de croissance: gesetzlicher, durch Regierungsverordnungen festgelegter Mindestlohn.
[4] Durch Streiks verlorene Arbeitstage, bis 2000 in privaten und öffentlichen Unternehmen (ohne Landwirtschaft und öffentlichen Dienst, unter Einschluss von SNCF), ab 2005 nur private Unternehmen (ohne Landwirtschaft).
[5] Quelle: http://travail-emploi.gouv.fr/IMG/pdf/Bilan_NC_en_2012_signets_.pdf

Zusammensetzung der Regierung Ayrault III nach der Regierungsumbildung am 21. Juni 2013

Premierminister	Jean-Marc Ayrault	PS
Minister		
Auswärtige Angelegenheiten	Laurent Fabius	PS
Bildung	Vincent Peillon	PS
Justiz	Christiane Taubira	PRG, Walwari
Wirtschaft, Finanzen	Pierre Moscovici	PS
Soziales und Gesundheit	Marisol Touraine	PS
Gleichstellung der Gebiete und Wohnungswesen	Cécile Duflot	EELV
Inneres	Manuel Valls	PS
Außenhandel	Nicole Bricq	
Industrie und Produktion	Arnaud Montebourg	PS
Umwelt, nachhaltige Entwicklung und Energie	Philippe Martin	PS
Arbeit, Beschäftigung, Ausbildung und Sozialer Dialog	Michel Sapin	PS
Verteidigung	Jean-Yves Le Drian	PS
Kultur und Kommunikation	Aurélie Filippetti	PS
Hochschulen und Forschung	Geneviève Fioraso	PS
Frauenrechte und Regierungssprecherin	Najat Vallaud-Belkacem	PS
Landwirtschaft, Lebensmittel und Wald	Stéphane Le Foll	PS
Reform von Staat, Dezentralisierung und Öffentlichem Dienst	Marylise Lebranchu	PS
Überseegebiete	Victorin Lurel	PS
Handwerk, Handel und Tourismus	Sylvia Pinel	PRG
Sport, Jugend, Volksbildung und Vereinswesen	Valérie Fourneyron	PS

Dokumentation 195

Delegierte Minister		
Haushalt *beim Minister für Wirtschaft und Finanzen*	Bernard Cazeneuve	PS
Europäische Angelegenheiten *beim Minister für Auswärtige Angelegenheiten*	Thierry Repentin	PS
Schulerfolg *beim Minister für Bildung*	George Pau-Langevin	PS
Beziehungen zum Parlament *beim Premierminister*	Alain Vidalies	PS
Städte *bei der Ministerin für Gleichstellung der Gebiete und Wohnungswesen*	François Lamy	PS
Senioren und Autonomie *bei der Ministerin für Soziales und Gesundheit*	Michèle Delaunay	PS
Soziale- und Solidarwirtschaft und Konsum *beim Minister für Wirtschaft und Finanzen*	Benoît Hamon	PS
Familie *bei der Ministerin für Soziales und Gesundheit*	Dominique Bertinotti	PS
Menschen mit Behinderung und Bekämpfung der Exklusion *bei der Ministerin für Soziales und Gesundheit*	Marie-Arlette Carlotti	PS
Entwicklung *beim Minister für Auswärtige Angelegenheiten*	Pascal Canfin	EELV
Frankophonie *beim Minister für Auswärtige Angelegenheiten*	Yamina Benguigui	DVG
Transport, See und Fischen *bei der Ministerin für Umwelt, nachhaltige Entwicklung und Energie*	Frédéric Cuvillier	PS
Kleine und mittelständische Unternehmen, Innovation und Digitalwirtschaft *beim Minister für Industrie und Produktion*	Fleur Pellerin	PS
Dezentralisierung *bei der Ministerin für Staatsreform, Dezentralisierung und Öffentlicher Dienst*	Anne-Marie Escoffier	PRG

Lebensmittel *beim Minister für Landwirtschaft, Lebensmittel und Wald*	Guillaume Garot	PS
Auslandsfranzosen *beim Minister für Auswärtige Angelegenheiten*	Hélène Conway-Mouret	PS
Kriegsveteranen *beim Minister für Verteidigung*	Kader Arif	PS

Quelle: Französische Regierung (24.07.13)
http://www.legifrance.gouv.fr/affichTexte.do?cidTexte=JORFTEXT000027650341

Dokumentation

Zusammensetzung der Regierung Valls I nach der Regierungsumbildung vom 31. März 2014

Premierminister	Manuel Valls	PS
Minister		
Minister für Auswärtige Angelegenheiten und Entwicklungshilfe	Laurent Fabius	PS
Ministerin für Umwelt, nachhaltige Entwicklung und Energie	Ségolène Royal	PS
Minister für Bildung, Hochschulen und Forschung	Benoît Hamon	PS
Justizministerin	Christiane Taubira	PRG, Walwari
Minister für Finanzen und Haushalt	Michel Sapin	PS
Minister für Wirtschaft, Produktion und Digitales	Arnaud Montebourg	PS
Ministerin für soziale Angelegenheiten	Marisol Touraine	PS
Minister für Arbeit, Beschäftigung und Sozialen Dialog	François Rebsamen	PS
Verteidigungsminister	Jean-Yves Le Drian	PS
Innenminister	Bernard Cazeneuve	PS
Ministerin für Frauenrechte, Städte, Jugend und Sport	Najat Vallaud-Belkacem	PS
Ministerin für Dezentralisierung, Reform des Staates (bis 3. Juni 2014) und des Öffentlichen Diensts	Marylise Lebranchu	PS
Ministerin für Kultur und Kommunikation	Aurélie Filippetti	PS
Minister für Landwirtschaft, Ernährung und Forstwirtschaft; Regierungssprecher	Stéphane Le Foll	PS
Ministerin für Wohnen, Gleichheit der Gebiete	Sylvia Pinel	PRG
Ministerin für die Überseegebiete	George Pau-Langevin	PS

Staatssekretäre		
Staatssekretär für die Beziehungen zum Parlament beim Premierminister	Jean-Marie Le Guen	PS
Staatssekretär für die Staatsreform und Simplifizierung beim Premierminister	Thierry Mandon	PS
Staatssekretärin für Außenhandel, Tourismus und Auslandsfranzosen beim Minister für Auswärtige Angelegenheiten	Fleur Pellerin	PS
Staatssekretär für europäische Angelegenheiten, Generalsekretär für die deutsch-französischen Beziehungen beim Minister für Auswärtige Angelegenheiten	Harlem Désir	PS
Staatssekretärin für Entwicklung und Frankophonie beim Minister für Auswärtige Angelegenheiten	Annick Girardin	PRG
Staatssekretär für Transport, Meer und Fischerei bei der Ministerin für Umwelt, nachhaltige Entwicklung und Energie	Frédéric Cuvillier	PS
Staatssekretärin für Hochschulen und Forschung beim Minister für Bildung, Hochschulen und Forschung	Geneviève Fioraso	PS
Staatssekretär für den Haushalt beim Minister für Finanzen und Haushalt	Christian Eckert	PS
Staatssekretärin für Handel, Handwerk, Konsum, soziale und Solidarwirtschaft beim Minister für Wirtschaft, Industrie und Informationstechnik	Valérie Fourneyron (bis 3. Juni 2014) Carole Delga	PS PS
Staatssekretärin für Informationstechnik beim Minister für Wirtschaft, Industrie und Informationstechnik	Axelle Lemaire	PS
Staatssekretär für Kriegsveteranen beim Verteidigungsminister	Kader Arif	PS
Staatssekretär für die Gebietsreform bei der Ministerin für Dezentralisierung und öffentlichen Dienst	André Vallini	PS

Dokumentation

Staatssekretärin für Behinderte und den Kampf gegen Ausgrenzung *bei der Ministerin für Soziales, Gesundheit und Frauenrechte*	Ségolène Neuville	PS
Staatssekretärin für Familie, Senioren und eigenständiges Leben *bei der Ministerin für Soziales, Gesundheit und Frauenrechte*	Laurence Rossignol	PS
Staatssekretär für Sport *beim Minister für Städte, Jugend und Sport*	Thierry Braillard	PRG

Quelle: Französische Regierung
http://www.gouvernement.fr/institutions/composition-du-gouvernement
http://www.legifrance.gouv.fr/

Zusammensetzung der Regierung Valls II seit der Regierungsumbildung vom 25./26. August 2014

Premierminister	Manuel Valls (ab Juni 2014 und bis 25. August 2014, dann ab 26. August 2014)	PS
Minister		
Innenminister	Bernard Cazeneuve	PS
Justizministerin	Christiane Taubira	PRG, Walwari
Minister für Arbeit, Beschäftigung und Sozialen Dialog	François Rebsamen	PS
Minister für Auswärtige Angelegenheiten und Entwicklungshilfe	Laurent Fabius	PS
Minister für Bildung, Hochschulen und Forschung	Najat Vallaud-Belkacem	PS
Minister für Finanzen und Haushalt	Michel Sapin	PS
Minister für Landwirtschaft, Ernährung und Forstwirtschaft; Regierungssprecher	Stéphane Le Foll	PS
Minister für Wirtschaft, Industrie und Digitales	Emmanul Macron	PS
Ministerin für soziale Angelegenheiten, Gesundheit und Frauenrechte	Marisol Touraine	PS
Ministerin für die Überseegebiete	George Pau-Langevin [1]	PS
Ministerin für Kultur und Kommunikation	Fleur Pellerin	PS
Ministerin für Dezentralisierung und Öffentlichen Dienst	Marylise Lebranchu [2]	PS
Ministerin für Umwelt, nachhaltige Entwicklung und Energie	Ségolène Royal (seit 04/14)	PS
Minister für Städte, Jugend und Sport	Patrick Kanner	PRG

[1] seit April 2014, davor Staatssekretärin für Schulerfolg
[2] ab Juni 2014, davor Ministerin für Dezentralisierung, Staatsreform und Öffentlichen Dienst

Ministerin für Wohnen, Gleichheit der Gebiete und ländlichen Raum	Sylvia Pinel	PRG
Verteidigungsminister	Jean-Yves Le Drian	PS
Staatssekretäre		
Staatssekretär für die Beziehungen zum Parlament *beim Premierminister*	Jean-Marie Le Guen	PS
Staatssekretär für die Staatsreform und Simplifizierung *beim Premierminister*	Thierry Mandon	PS
Staatssekretär für europäische Angelegenheiten, Generalsekretär für die deutsch-französischen Beziehungen *beim Minister für Auswärtige Angelegenheiten*	Harlem Désir	PS
Staatssekretär für Außenhandel, Tourismus und Auslandsfranzosen *beim Minister für Auswärtige Angelegenheiten*	Matthias Fekl Thomas Thévenoud (bis 04.09.2014)	PS PS
Staatssekretärin für Entwicklung und Frankophonie *beim Minister für Auswärtige Angelegenheiten*	Annick Girardin	PRG
Staatssekretär für Transport, Meer und Fischerei *bei der Ministerin für Umwelt, nachhaltige Entwicklung und Energie*	Alain Vidalies	PS
Staatssekretärin für Hochschulen und Forschung *bei der Ministerin für Bildung, Hochschulen und Forschung*	Geneviève Fioraso	PS
Staatssekretär für den Haushalt *beim Minister für Finanzen und Haushalt*	Christian Eckert	PS
Staatssekretär für Kriegsveteranen *beim Verteidigungsminister*	Jean-Marc Todeschini Kader Arif (bis 21.11.2014)	PS PS
Staatssekretärin für Behinderte und den Kampf gegen Ausgrenzung *bei der Ministerin für Soziales, Gesundheit und Frauenrechte*	Ségolène Neuville	PS

Staatssekretärin für Familie, Senioren und eigenständiges Leben *bei der Ministerin für Soziales, Gesundheit und Frauenrechte*	Laurence Rossignol	PS
Staatssekretärin für Frauenrechte *bei der Ministerin für Soziales, Gesundheit und Frauenrechte*	Pascale Boistard	PS
Staatssekretärin für Handel, Handwerk, Konsum, soziale und Solidarwirtschaft *beim Minister für Wirtschaft, Industrie und Informationstechnik*	Carole Delga	PS
Staatssekretärin für Informationstechnik *beim Minister für Wirtschaft, Industrie und Informationstechnik*	Axelle Lemaire	PS
Staatssekretär für Sport *beim Minister für Städte, Jugend und Sport*	Thierry Braillard	PRG
Saatssekretärin für städtische Entwicklungspolitik *beim Minister für Städte, Jugend und Sport*	Myiram El Khomri	PS
Staatssekretär für die Gebietsreform *bei der Ministerin für Dezentralisierung und öffentlichen Dienst*	André Vallini	PS

Quelle: Französische Regierung
http://www.gouvernement.fr/institutions/composition-du-gouvernement
http://www.legifrance.gouv.fr/

Ergebnisse der Europawahl 2014 in Frankreich

	Absolut	In %	Sitze
Wahlberechtigte	46 544 712		
Enthaltungen	26 796 819	57,57	
Wähler	19 747 893	42,43	
Leere Stimmzettel	546 601	1,17	
Ungültige Stimmen	245 531	0,53	
Gültige Stimmen	18 955 761	40,73	
Listes Extrême gauche	302 436	1,60	0
Listes Front de Gauche	1 200 713	6,33	3
Listes Union de la Gauche	2 650 357	13,98	13
Listes Divers gauche	602 294	3,18	1
Listes Europe-Ecologie-Les Verts	1 696 442	8,95	6
Listes Divers	827 526	4,37	0
Listes Union du Centre	1 884 565	9,94	7
Listes Union pour un Mouvement Populaire	3 943 819	20,81	20
Listes Divers droite	1 133 811	5,98	0
Listes Front National	4 712 461	24,86	24
Listes Extrême droite	1 337	0,01	0

Anmerkung: Aufgrund von Rundungen kann die Summe 100% über- oder unterschreiten. Die Prozentangaben beziehen sich auf die Wahlberechtigten (oberer Teil), bzw. auf die gültigen Stimmen (unterer Teil)

Quelle: Ministère de l'Intérieure (11.07.2014)
http://www.interieur.gouv.fr/fr/Elections/Les-resultats/Europeennes/elecresult_ER2014/(path)/ER2014/FE.html

Ergebnisse der Kommunalwahlen 2014

	1. Wahlgang		2. Wahlgang	
	absolut	in %	absolut	in %
Liste Extrême gauche	132 119	0,60	4 544	0,05
Liste Front de Gauche	417 618	1,90	93 417	0,93
Liste du Parti de Gauche	69 523	0,32	11 085	0,11
Liste du Parti communiste français	200 937	0,91	80 110	0,80
Liste Socialistes	1 455 487	6,62	573 065	5,73
Liste Union de la Gauche	2 507 417	11,40	2 188 440	21,88
Liste Divers gauche	3 493 394	15,88	1 165 565	11,65
Liste Europe-Ecologie-Les Verts	254 828	1,16	46 937	0,47
Liste Divers	2 193 267	9,97	587 345	5,87
Liste Modem	107 748	0,49	25 826	0,26
Liste Union du Centre	104 879	0,48	43 139	0,43
Liste Union Démocrates et Indépendants	511 541	2,33	132 033	1,32
Liste Union pour un Mouvement Populaire	1 518 167	6,90	724 654	7,24
Liste Union de la Droite	2 554 108	11,61	1 973 309	19,72
Liste Divers droite	5 404 963	24,57	1 667 438	16,67
Liste Front National	1 046 603	4,76	675 268	6,75
Liste Extrême droite	26 090	0,12	12 102	0,12

Ergebnisse der Kommunalwahlen 2014

Erster Wahlgang

	Mehrheitswahl	Listenwahl	Gesamt	in %[1]
Wahlberechtigte	7 583 581	38 189 667	45 773 248	
Enthaltungen	1 874 253	14 810 285	16 684 538	36,45
Wähler	5 709 328	23 379 382	29 088 710	63,55
Leere oder ungültige Stimmen	215 547	1 380 693	1 596 240	3,49
Gültige Stimmen	5 493 781	21 998 689	27 492 470	60,06

Zweiter Wahlgang

	Mehrheitswahl	Listenwahl	Gesamt	in %[11]
Wahlberechtigte	1 409 494	16 927 347	18 336 841	
Enthaltungen	379 059	6 564 224	6 943 283	37,87
Wähler	1 030 435	10 363 123	11 393 558	62,13
Leere oder ungültige Stimmen	48 153	358 846	406 999	2,22
Gültige Stimmen	982 282	10 004 277	10 986 559	59,92

Anmerkung: Aufgrund von Rundungen kann die Summe 100% über- oder unterschreiten. Die Prozentangaben beziehen sich auf die Wahlberechtigten (oberer Teil), bzw. auf die gültigen Stimmen (unterer Teil)

Quelle: Ministère de l'Intérieure (11.07.2014) http://www.interieur.gouv.fr/fr/Elections/Les-resultats/Municipales/elecresult__MN2014/(path)/MN2014/FE.html

[1] Anteil der Wahlberechtigten

Deutschsprachige Literatur zu Frankreich

Ausgewählte Neuerscheinungen 2013/2014[*]

Bearbeitet von der Frankreich-Bibliothek des Deutsch-Französischen Instituts

A. Frankreich: Wirtschaft, Gesellschaft, Politik

1. *Allgemeines*
2. *Politik und Gesellschaft*
3. *Wirtschaft*
4. *Kultur/Bildung/Medien*
5. *Intellektueller Dialog/Philosophie*
6. *Internationale Beziehungen/Sicherheitsfragen*
7. *Geschichte*
8. *Recht/Rechtsvergleiche*

B. Deutsch-französische Beziehungen

1. *Allgemeines*
2. *Geschichte*
3. *Politische Beziehungen*
4. *Kulturbeziehungen*
5. *Gesellschaft/Bildung/Information*
6. *Grenznahe Beziehungen/Jumelages*
7. *Wirtschaftsbeziehungen*

C. Vergleichende Studien

D. Unveröffentlichte Dissertationen, Diplom-, Bachelor- und Magister-/ Masterarbeiten

E. Bibliographische Arbeiten

F. Übersetzungen aus verschiedenen Wissenschaftsbereichen

* In Einzelfällen werden auch ältere Titel nachgewiesen.

A. Frankreich: Wirtschaft, Gesellschaft, Politik

A 1. Allgemeines

Dossier Frankreich. - Bonn: Bundeszentrale für Politische Bildung, [2013]. Online verfügbar unter: http://www.bpb.de/internationales/europa/frankreich/

Grunske, Karoline: Oh la la Frankreich: Schönheiten, Kuriositäten und Überraschungen. - Berlin: Eulenspiegel, 2014. - 126 S.

Nestmeyer, Ralf: Alles Mythos! 16 populäre Irrtümer über Frankreich. - Darmstadt: Theiss, 2014. - 214 S. (Alles Mythos!)

Raeithel, Gert: Franzosen und Französinnen. - Aachen: Shaker, 2013. - 148 S. (Sprache & Kultur)

A 2. Politik und Gesellschaft

Bergmann, Diana: Gebremste Autonomie: Die Entwicklung der Politikwissenschaft in Frankreich zwischen 1871 und 1960. - Berlin: Epubli, 2013. - 399 S. Zugl.: Chemnitz, Techn. Univ., Diss., [2012].

Camus, Jean-Yves: Der Front national (FN) - eine rechtsradikale Partei? - Berlin: Friedrich-Ebert-Stiftung, 2014. - 10 S. (Internationale Politikanalyse). Online verfügbar unter: http://library.fes.de/pdf-files/id/10640.pdf

Fagnani, Jeanne: Neue Etappe auf dem Weg zur Gleichstellung von Mann und Frau. - Berlin: Friedrich-Ebert-Stiftung, 2013. - 6 S. (Perspektive/FES Paris). Online verfügbar unter: http://library.fes.de/pdf-files/id/10391.pdf

Frankreich in der Krise: Die Suche nach dem verlorenen Selbstverständnis. Hrsg.: Deutsch-Französisches Institut. - Wiesbaden: Springer VS Verl., 2014. - 225 S. (Frankreich-Jahrbuch; 2013). (Research)

Gey, Peter; Schreiber, Benjamin: Frankreich: Wird der Staat jetzt umgebaut? Gebietskörperschaften auf dem Prüfstand. - Berlin: Friedrich-Ebert-Stiftung, 2014. - 6 S. (Internationale Politikanalyse). Online verfügbar unter: http://library.fes.de/pdf-files/id/10525.pdf

Grillmayer, Dominik: Stärkung des sozialen Dialogs in Frankreich? - Ludwigsburg: dfi, 2014. - 14 S. (Aktuelle Frankreich Analysen; 28)

Homöopathie in Frankreich. - Stuttgart: Haug, 2014. - S. 57 - 124. (Zeitschrift für klassische Homöopathie; Jg. 58,2)

Liehr, Günter: Marseille: Portrait einer widerspenstigen Stadt. - Zürich: Rotpunktverl., 2013. - 301 S.

Löw, Neva: Wir leben hier und wir bleiben hier! Die Sans Papiers im Kampf um ihre Rechte. - Münster: Westfälisches Dampfboot, 2013. - 159 S.

Otto, Marcus: Der Wille zum Subjekt: Zur Genealogie politischer Inklusion in Frankreich; (16. - 20. Jahrhundert). - Bielefeld: Transcript, 2014. - 368 S. (Sozialtheorie). Zugl.: Bielefeld, Univ., Diss., 2013.

Schwab, Andreas: Landkooperativen Longo maï: Pioniere einer gelebten Utopie. - Zürich: Rotpunkt-Verl, 2013. - 235 S.

A 3. Wirtschaft

Gabel, Markus: Stärken und Schwächen des „Made in France". - Berlin: Deutsche Gesellschaft für Auswärtige Politik, 2014. - 13 S. (DGAP-Analyse; 2014, No. 2). Online verfügbar unter: https://dgap.org/de/article/getFullPDF/25053

Groneck, Christoph; Schwandl, Robert: Tram-Atlas Frankreich: [+ Métro + Trolleybus; Angers ...]. - Berlin: Schwandl, 2014. - 159 S.

Muet, Pierre-Alain: Eine progressive Wachstumsstrategie für Frankreich. - Berlin: Friedrich-Ebert-Stiftung, 2013. - 5 S. (Perspektive/Friedrich-Ebert-Stiftung). Online verfügbar unter: http://library.fes.de/pdf-files/id/ipa/10302.pdf

Rüdinger, Andreas: Die Energiewende in Frankreich: Aufbruch zu einem neuen Energiemodell? - Berlin: Friedrich-Ebert-Stiftung, 2014. - 9 S. (Internationale Politikanalyse). Online verfügbar unter: http://library.fes.de/pdf-files/id/10960.pdf

A 4. Kultur / Bildung / Medien

Braun, Lucinde: „La terre promise" - Frankreich im Leben und Schaffen Čajkovskijs. - Mainz ...: Schott Music, 2014. - 520 S. (Čajkovskij-Studien; Bd. 15)

Bussmann, Valérie: Das Denkmal im Pariser Stadtraum: Zum öffentlichen Kunstauftrag in Frankreich und seiner Erneuerung in der Ära Mitterrand. - Paderborn: Fink, 2014. - 662 S. (Berliner Schriften zur Kunst). Zugl.: Berlin, Freie Univ., Diss., 2011.

Druckerman, Pamela: Was französische Eltern besser machen: 100 verblüffende Erziehungstipps aus Paris. A. d. Amerikan. v. Henriette Zeltner. München: Mosaik, 2014. - 207 S.

Hindemith, Gesine: Sonographie: Akustische Texturen im französischen Autorenkino. - Tübingen: Stauffenburg, 2013. - 254 S. (Siegener Forschungen zur romanischen Literatur- und Medienwissenschaft; 23). Zugl.: München, Univ., Diss., 2009.

Kluy, Alexander: Der Eiffelturm: Geschichte und Geschichten. - Berlin: Matthes & Seitz, 2014. - 351 S.

Maierhofer-Lischka, Theresa: Gewaltperzeption im französischen Rap: Diskursanalytische Untersuchung einer missverständlichen Kommunikation. - Tübingen: Narr, 2013. - 438 S. (Edition Lendemains; 35). Teilw. zugl.: Osnabrück, Univ., Diss., 2011.

Matisse und die Fauves: [Anlässlich der Ausstellung ... Albertina, Wien, 20. September 2013 - 12. Januar 2014]. Hrsg. v. Heinz Widauer; Claudine Grammont. - Köln: Wienand 2013. - 327 S. (Ausstellung der Albertina; 501)

Olivier Messiaen und die „französische Tradition". Hrsg. v. Stefan Keym; Peter Jost. - Köln: Dohr, 2013. - 246 S.

Pippel, Nadine: Museen kultureller Vielfalt: Diskussion und Repräsentation französischer Identität seit 1980. - Bielefeld: Transcript, 2013. - 272 S. (Edition Museum; 4). Teilw. zugl.: Gießen, Univ., Diss. u.d.T.: Pippel, Nadine: „Une leçon d'humanité". Verhandlung und Repräsentation französischer Identität in zwei Museumsgründungen seit der Jahrtausendwende.

Stackelberg, Jürgen von: Kleines Lexikon vergessener Autoren des 17. Jahrhunderts (Frankreich). - Bonn: Romanistischer Verl. 2014. - 124 S. (Abhandlungen zur Sprache und Literatur; 191)

Tulowitzki, Pierre: Schulleitung und Schulentwicklung in Frankreich: Fallstudien an collèges im Großraum Paris. - Wiesbaden: Springer, 2014. - 245 S. Zugl.: Kiel, Univ., Diss., 2013.

Winkler, Daniel: Marseille! Eine Metropole im filmischen Blick. - Marburg: Schüren, 2013. - 284 S.

Yalom, Marilyn: Wie die Franzosen die Liebe erfanden: Neunhundert Jahre Leidenschaft. a. d. amerikan. Engl. v. Michaela Meßner. - München: Graf, 2013. - 443 S.

A 5. Intellektueller Dialog / Philosophie

Firges, Jean: Denis Diderot: Das literarische und philosophische Genie der Aufklärung; Biographie, Werkinterpretationen. - Annweiler am Trifels: Sonnenberg, 2013. - 224 S.

Hessel, Stéphane: Empörung: Meine Bilanz. - München: Pattloch, 2012. - 233 S.

Kühn, Rolf: Französische Religionsphilosophie und -phänomenologie der Gegenwart: Metaphysische und post-metaphysische Positionen zur Erfahrungs(un)möglichkeit Gottes. - Freiburg/Brsg. ...: Herder, 2013. - VI,501 S. (Forschungen zur europäischen Geistesgeschichte; 15)

Pornschlegel, Clemens: Nach dem Poststrukturalismus: Französische Fragen der 1990er und 2000er Jahre: Essays zu Olivier Rolin, Gilles Chatelet, Maurice G. Dantec, Mara Goyet, Claude Lefort, Alain Supiot, Pierre Legendre. - Wien ...: Turia + Kant 2014. - 235 S.

Religio und passio: Texte zur neueren französischen Religionsphilosophie. Hrsg. u. eingel. von Rolf Kühn. - Würzburg: Echter, 2014. - 312 S.

Tengelyi, László: Welt und Unendlichkeit: zum Problem phänomenologischer Metaphysik. - Freiburg/Brsg. ...: Alber, 2014. - 604 S.

A 6. Internationale Beziehungen / Sicherheitsfragen

Benning, Hermann J.: Robert Schuman: Leben und Vermächtnis. - München ...: Verl. Neue Stadt, 2013. - 143 S.

Frankreichs Grandeur - einst und jetzt. Hrsg. v. Bernd Rill. - München: Hanns Seidel Stiftung, 2014. - 97 S. (Argumente und Materialien zum Zeitgeschehen; 93). Online verfügbar unter: http://www.hss.de/uploads/tx_ddceventsbrowser/AMZ_93_Frankreichs_Grandeur.pdf

Koepf, Tobias: Ein neuer humanitärer Interventionismus? Frankreichs militärisches Engagement in Subsahara-Afrika 20 Jahre nach Ruanda. - Berlin: Deutsche Gesellschaft für Auswärtige Politik, 2014. - 12 S. (DGAP-Analyse; 2014, 4). Online verfügbar unter: https://dgap.org/de/article/getFullPDF/25163

Lejeune, René: Robert Schuman (1886 - 1963): Ein Vater für Europa. A. d. Frz. - Annweiler: Plöger, 2013. - 287 S.

Praus, Angelika: Das Ende einer Ausnahme: Frankreich und die Zeitenwende 1989/90. - Marburg: Tectum, 2014. - XV,539 S. Zugl.: Bonn, Univ., Diss., 2013.

Schmid, Bernhard: Die Mali-Intervention: Befreiungskrieg, Aufstandsbekämpfung oder neokolonialer Feldzug? - Münster: Unrast, 2014. - 158 S.

Vermeren, Pierre: Algerien und Frankreich: Der lange Weg zur Normalität. - Berlin: Deutsche Gesellschaft für Auswärtige Politik, 2014. - 10 S. (DGAP-Analyse; 2014, No. 1). Online verfügbar unter: https://dgap.org/de/article/getFullPDF/24821

Zier, Alexander: Frankreichs Sicherheitspolitik: Effiziente Selbstbehauptung zu Gunsten Europas? - Baden-Baden: Nomos, 2014. - 507 S. Zugl.: Heidelberg, Univ., Diss., 2013.

A 7. Geschichte

Amsel, Lutz: Die etatmäßigen Dienstgrade und Dienststellungen in der französischen Armee: 1804 - 1815. - Berlin: Zeughaus-Verl., 2013. - 64 S. (Heere & Waffen; 18)

Benning, Hermann J.: Robert Schuman: Leben und Vermächtnis. - München: Neue Stadt Verl., 2013. - 143 S. (Zeugen unserer Zeit)

Bock, Helmut: Napoleon und Preußen: Sieger ohne Sieg. - Berlin: Dietz, 2013. - 303 S.

Bokelmann, Elisabeth: Das Experiment Blum: Die Volksfront in Frankreich und das Ende der Dritten Republik 1936 - 1940. - Frankfurt/Main: Lang, 2014. - 219 S.

Brandtner, Andreas: „Franckreichs Geist (1689)": Argumentatives Handeln in der Frühaufklärung. - Frankfurt/Main: Lang, 2013. - XII, 254 S. (Kulturgeschichtliche Beiträge zum Mittelalter und der frühen Neuzeit; 6). Zugl.: Hannover, Univ., Diss., 2012 u.d.T.: Brandtner, Andreas: „Man kan mit Warheits=Grund bejahen...": Argumentatives Handeln und Begründungsmuster in der Frühaufklärung am Beispiel der anonymen Flugschrift „Franckreichs Geist" von 1689.

Bung, Stephanie: Spiele und Ziele: Französische Salonkulturen des 17. Jahrhunderts zwischen Elitendistinktion und „Belles Lettres". - Tübingen: Narr, 2013. - 419 S. (Biblio 17; 204). Zugl.: Berlin, Freie Univ., Habil.-Schr., 2011.

Cendrars, Blaise: Ich tötete - ich blutete: Erzählungen aus dem Großen Krieg. Hrsg., a. d. Frz. übers. u. kommentiert v. Stefan Zweifel. - Basel: Lenos-Verl., 2014. - 199 S.

Croÿ, Emmanuel de: Nie war es herrlicher zu leben: Das geheime Tagebuch des Herzogs von Croÿ; 1718 - 1784. Übers. und Hrsg. v. Hans Pleschinski. - München: Dt. Taschenbuch-Verl., 2014. - 427 S. (dtv; 14296)

Curry, Anne: Der Hundertjährige Krieg (1337 - 1453). A. d. Eng. v. Tobial Gabel. - Darmstadt: Primus-Verl., 2014. - 136 S.

Deutsch, Lorànt: Métronom: Die Geschichte Frankreichs im Takt der Pariser Métro. A. d. Frz. v. Lis Künzli. - Berlin: Propyläen, 2013. - 365 S.

Felkel, Alain: Louis Nicolas Davout: Das Genie hinter Napoleons Siegen. - Hamburg: Osburg, 2013. - 400 S.

Grams, Florian: Die Pariser Kommune. - Köln: PapyRossa-Verl., 2014. - 126 S. - (Basiswissen Politik, Geschichte, Ökonomie)

Grundmann, Melanie: Der Dandy im frühen 19. Jahrhundert: Begegnungen und Beobachtungen in England, Frankreich und Nordamerika. - Berlin: Autumnus-Verl., 2014. - 167 S.

Historische und religiöse Erzählungen. - Berlin: De Gruyter, 2014. - IX, 481 S. (Germania litteraria mediaevalis francigena; Teil: 4).

Karla, Anna: Revolution als Zeitgeschichte: Memoiren der Französischen Revolution in der Restaurationszeit. - Göttingen: Vandenhoeck & Ruprecht, 2014. - 366 S. (Bürgertum; N.F., Bd. 11). Zugl.: Diss., 2013.

Kershaw, Alex: Der Befreier: Die Geschichte eines amerikanischen Soldaten im Zweiten Weltkrieg. A. d. Engl. v. Birgit Brandau. - München: Dt. Taschenbuch-Verl., 2014. - 469 S. (dtv: premium)

Kilian, Patrick: Georges Bataille, André Breton und die Gruppe Contre-Attaque: Uber das „wilde Denken" revolutionärer Intellektueller in der Zwischenkriegszeit. - St. Ingbert: Röhrig, 2013. - 191 S. (Mannheimer historische Forschungen; 35). Zugl.: Mannheim, Univ., Masterarb., 2012.

Kloss-Weber, Julia: Individualisiertes Ideal und nobilitierte Alltäglichkeit: Das Genre in der französischen Skulptur der zweiten Hälfte des 18. Jahrhunderts. - Berlin ...: Dt. Kunstverl., 2014. - 399 S. (Kunstwissenschaftliche Studien; Bd. 174). Zugl. leicht überarb. Fassung von: Berlin, Freie Univ., Diss., 2009.

Korsch, Evelyn: Bilder der Macht: Venezianische Repräsentationsstrategien beim Staatsbesuch Heinrichs III. (1574). - Berlin: Akad.-Verl., 2013. - X, 279 S., [13] Bl. (Studi: Neue Folge; 5). Zugl.: Zürich, Univ., Diss., 2009.

Leopold, Stephan: Liebe im Ancien Régime: Eros und polis von Corneille bis Sade. - Paderborn: Fink, 2014. - 466 S.

Maitland, Frederick Lewis: Napoléon auf der Bellerophon: Nach dem Bericht des Royal-Navy-Offiziers Kapitän Frederick Lewis Maitland; Als Nachtrag zum Tagebuch des Grafen Las Cases 1826. A. d. Engl. übers und hrsg. v. W. A. Lindau. - Garbsen: HEK-Creativ-Verl., 2013. - 108 S.

Mauntel, Christoph: Gewalt in Wort und Tat: Praktiken und Narrative im spätmittelalterlichen Frankreich. - Ostfildern: Thorbecke, 2014. - 538 S. (Mittelalter-Forschungen; Bd. 46). Zugl. leicht überarb. Fassung von: Heidelberg, Univ., Diss., 2013.

Müchler, Günter: Napoleons hundert Tage: Eine Geschichte von Versuchung und Verrat. - Darmstadt: Theiss, 2014. - 264 S.

Pfurtscheller, Stefan: Die Epoche Maria Theresias bis zum Ausgleich Österreich-Ungarns aus französischer Perspektive. - Innsbruck: Innsbruck Univ. Press, 2013. - 110 S. (Studien des interdisziplinären Frankreichschwerpunkts der Universität Innsbruck; 7). Zugl.: Innsbruck, Univ., Dipl.Arb., 2011 u.d.T.: Pfurtscheller, Stefan: Brennpunkte österreichischer Geschichte aus französischer Perspektive.

Rau, Susanne: Räume der Stadt: Eine Geschichte Lyons; 1300 - 1800. - Frankfurt/Main; Campus, 2014. - 572 S. Zugl.: veränd. Fass. von: Erfurt, Univ., Habil.-Schr., 2008.

Reiss, Tom: Der schwarze General: Das Leben des wahren Grafen von Monte Christo. A. d. Engl. v. Karin Schuler; Thomas Pfeiffer. - München: dtv, 2014. - 544 S.

René Rapin: Hortorum libri IV.: Die Gärten. Übers.: Claudia Sperlich. - Weimar: VDG, 2013. - 283 S. (Mitteilungen der Pückler-Gesellschaft: Neue Folge; 26)

Die Rezeption lateinischer Wissenschaft, Spiritualität, Bildung und Dichtung aus Frankreich. Hrsg. v. Maarten Hoenen; Fritz Peter Knapp. - Berlin: De Gruyter, 2014. - 323 S. (Germania litteraria mediaevalis francigena; Teil: 1)

Rickenbacher, Eugen: Über den Wellen bin ich einzigartig: Das Skulpturenprogramm am Heck der Royal Louis (1668). - Berlin ...: Dt. Kunstverl., 2013. - 184 S. (Passerelles; 12)

Schäfer, Alexandra: Die Französischen Religionskriege als Medienereignisse: Vermittlung und Rezeption am Beispiel Gabriel Harveys. - Mainz: Leibniz-Inst. f. Europ. Geschichte, 2014. (Europäische Geschichte Online: EGO). Online verfügbar unter: http://www.ieg-ego.eu/schaefera-2014-de

Schulin, Ernst: Die Französische Revolution. 5. Aufl. - München: Beck, 2013. - 307 S. (Beck's historische Bibliothek)

Seidel, Christine: Jean Colombe, Guillaume Piqueau, Louis Fouquet (?): Zwei unbekannte bedeutende Stundenbücher aus dem Fouquet-Kreis um 1475. - Ramsen: Tenschert, Antiquariat Bibermühle, 2014. - 220 S. (Katalog; 73)

Steiner, Benjamin: Colberts Afrika: Eine Wissens- und Begegnungsgeschichte in Afrika im Zeitalter Ludwigs XIV. - München: De Gruyter Oldenbourg, 2014. XII, 83 S. Zugl.: Frankfurt/Main, Univ., Habil.-Schr.

Strosetzki, Christoph: Konversation als Sprachkultur: Elemente einer historischen Kommunikationspragmatik. - 2., durchges. und erg. Aufl. - Berlin: Frank & Timme, 2014. - 459 S. (Kulturen - Kommunikation - Kontakte; 13)

Stucky-Schürer, Monica: Eine immerwährende Krönung: Charles VII (1403 - 1461) und die Throntapissierie im Louvre. - Basel: Schwabe, 2014. - 107 S.

Von Outremer bis Flandern: Miscellanea zur Gallia Pontificia und zur Diplomatik. Hrsg. v. Klaus Herbers. - Berlin...: De Gruyter, 2013. - VI, 327 S. (Abhandlungen der Akademie der Wissenschaften zu Göttingen. N. F.; 26: Studien zu Papstgeschichte und Papsturkunden)

Weferling, Sandra: Spätmittelalterliche Vorstellungen vom Wandel politischer Ordnung: Französische Ständeversammlungen in der Geschichtsschreibung des 14. und 15. Jahrhunderts. - Heidelberg: Winter, 2014. - 361 S. (Heidelberger Abhandlungen zur Mittleren und Neueren Geschichte; [N.F.], 20). Überarb. zugl.: Heidelberg, Univ., Diss., 2009 u.d.T. Weferling, Sandra: Vorstellungen der politischen Ordnung im Wandel: Das Bild französischer Ständeversammlungen in der zeitgenössischen Historiographie (1300-1450).

Weisbrod, Andrea: Madame de Pompadour und die Macht der Inszenierung. - Berlin: AvivA, 2014. - 206 S.

Wenzel, Gerhard: Das diakonische Engagement der Hugenotten in Frankreich - von der Reformation bis 1685: Diakonie zwischen Ohnmacht, Macht und Bemächtigung. - Göttingen: V & R Unipress, 2013. - 358 S.

Willershausen, Andreas: Die Päpste von Avignon und der Hundertjährige Krieg: Spätmittelalterliche Diplomatie und kuriale Verhandlungsnormen (1337 - 1378). - Berlin: De Gruyter, 2014. - 474 S. Zugl.: Augsburg, Univ., Diss., 2010.

Wittmann, Heiner: Napoleon III: Macht und Kunst. - Frankfurt/Main: Lang, 2013. - 187 S. (Dialoghi; Bd. 17)

Zwischen Tradition und Innovation: Die Urkunden Kaiser Ludwigs des Frommen (814 - 840): Referate des Kolloquiums der Nordrhein-Westfälischen Akademie der Wissenschaften und der Künste am 19. April 2013 in Bonn. Hrsg. v. Theo Kölzer. - Paderborn: Schöningh, 2014. - 117 S. (Abhandlungen der Nordrhein-Westfälischen Akademie der Wissenschaften und der Künste; 128)

A 8. Recht / Rechtsvergleiche

Alikhani Chamgardani, Darya: Der allgemeine Teil des iranischen Schuldvertragsrechts: Im Spannungsverhältnis zwischen rezipiertem französischen und traditionellem islamischen Recht. - Frankfurt/Main: PL Acad. Research, 2013. - XVII, 216 S. (Studien zum vergleichenden und internationalen Recht; 183). Zugl.: Köln, Univ., Diss., 2012.

Bertrand, Anja: Zur Entwicklung des Verschollenheitsrechts: Eine rechtshistorische Betrachtung unter besonderer vergleichender Darstellung der Regelungen des Preußischen

Landrechts von 1794, des Code Civil von 1804 und der deutschen Kodifikationen des 20. Jahrhunderts. - Hamburg: Kovač, 2013. - XXXIV, 232, XVIII S. (Schriftenreihe rechtsgeschichtliche Studien; 62). Zugl.: Trier, Univ., Diss., 2013.

Die bürgernahe Ziviljustiz in Deutschland und Frankreich: Tagungsband zum deutsch-französischen Forschungsatelier in Erlangen vom 20. bis 22. März 2013 = La justice de proximité en France et en Allemagne, Actes de l'atelier de recherche franco-allemand à Erlangen du 20 au 22 mars 2013. Hrsg. v. Martin Zwickel; Romain Montagnon. - Jena: Jenaer Wissenschaftl. Verlagsges., 2013. - 196 S. (Studien zum Europäischen Privatrecht und zur Rechtsvergleichung; Bd 12).

Camek, Fabian: Das Schutzschirmverfahren nach § 270b InsO und seine Funktionalität im internationalen Rechtsvergleich. - Frankfurt/Main: PL Acad. Research, 2014. - XVIII, 199 S. - (Schriften zum Verfahrensrecht; Bd. 48). Zugl.: Regensburg, Univ., Diss., 2013.

Die deutsch-französischen Rechtsbeziehungen, Europa und die Welt: Liber amicorum Otmar Seul = Les relations juridiques franco-allemandes, l'Europe et le monde. Hrsg. v. Tilman Bezzenberger; Joachim Gruber; Stéphanie Rohlfing-Dijoux. - Baden-Baden: Nomos, 2014. - 570 S.

Dommann, Monika: Autoren und Apparate: Die Geschichte des Copyrights im Medienwandel. - Frankfurt/Main: S. Fischer, 2014. - 427 S.

Europäisches Privatrecht in Vielfalt geeint: Der modernisierte Zivilprozess in Europa = Droit privé européen: L'unité dans la diversité. Hrsg. v. Götz Schulze. - München: Sellier, Europ. Law Publ., 2014. - XI, 265 S. (Konvergenz der Rechte; Bd. 4).

Gissa, Janine: Das Institut der Anfechtung: Unter besonderer Berücksichtigung der Insolvenzanfechtung im deutschen und französischen Recht. - Hamburg: Kovač, 2013. - LXXXIX, 600 S. (Schriftenreihe zum internationalen Einheitsrecht und zur Rechtsvergleichung; 36). Zugl.: Hamburg, Univ., FB Rechtswiss., Diss., 2013.

Gräser, Caroline: Missbräuchliche Vertragsklauseln im unternehmerischen Geschäftsverkehr in Frankreich und Deutschland. - Hamburg: Kovač, 2013. - XX, 229 S. (Studien zum Vertragsrecht; Bd. 13). Zugl.: Freiburg/Brsg., Univ., Diss., 2012.

Hochstein, Dirk: Grundfragen zur Einführung des monistischen Modells in das deutsche Aktienrecht. - Hamburg: Kovač, 2014. - XXII, 462 S. (Schriften zum Handels- und Gesellschaftsrecht; Bd. 151). Zugl.: Heidelberg, Univ., Diss., 2013.

Juhász, Christina: Die strafrechtliche Schuldfähigkeit: Vorschlag für eine zukünftige europäische Regelung. - Wien: Manz, 2013. - XXVI, 407 S. Zugl.: Salzburg, Univ., Diss., 2012.

Kastell, Kirstin: Persönlichkeitsrechte von Prominenten im internationalen Vergleich: Juristische Argumentationslinien in Deutschland, Frankreich und vor dem EGMR aus medienwissenschaftlicher Perspektive. - Berlin: Berliner Wiss.-Verl., 2013. - XX, 530 S. (Braunschweigische rechtswissenschaftliche Studien). Zugl.: Braunschweig, Univ., Diss., 2013.

Kimmerle, Maximiliane: Befriedigungsverfügungen nach Art. 24 EuGVÜ/31 EuGVO: Zur Umgehung der Hauptsachegerichtsstände gem. Art. 2, 5 ff. EUGVÜ/EUGVO durch

Maßnahmen des nationalen einstweiligen Rechtsschutzes. - Tübingen: Mohr Siebeck, 2013. - XXI, 310 S. (Veröffentlichungen zum Verfahrensrecht; 98). Zugl.: Berlin, Freie Univ., Diss., 2011.

Kramme, Malte Friedrich: Der Konflikt zwischen dem Bankgeheimnis und Refinanzierungsabtretungen: Deutschland - Frankreich - Schweiz. - Tübingen: Mohr Siebeck, 2014. - XXVII, 335 S. (Rechtsvergleichung und Rechtsvereinheitlichung; 23). Zugl.: Bayreuth, Univ., Diss., 2013.

Kroh, Johanna: Der existenzvernichtende Eingriff: Eine vergleichende Untersuchung zum deutschen, englischen, französischen und niederländischen Recht. - Tübingen: Mohr Siebeck, 2013. - XXIX, 466 S. (Studien zum ausländischen und internationalen Privatrecht; 294). Zugl.: Würzburg, Univ., Diss., 2012.

Lemmerz, Anna-Luisa: Die Patientenverfügung: Autonomie und Anknüpfungsgerechtigkeit. - Tübingen: Mohr Siebeck, 2014. - XXI, 360 S. (Studien zum ausländischen und internationalen Privatrecht; 299). Zugl.: Hamburg, Bucerius Law School, Diss., 2013.

Ludwig, Katharina: Die Notwendigkeit der rechtlichen Harmonisierung der Lebendorganspende auf europäischer und internationaler Ebene. - Baden-Baden: Nomos, 2013. - 296 S. (Nomos-Universitätsschriften/Recht; 801). Zugl.: Heidelberg, Univ., Diss., 2012.

Mantovani, Marco: Die Verjährung der Strafe: Rechtsvergleichende und rechtshistorische Anmerkungen zu einem vernachlässigten Rechtsinstitut. A. d. Ital. von Thomas Vormbaum. - Berlin ...: LIT-Verl., 2014. - XIII, 137 S. (Rechtsgeschichte und Rechtsgeschehen, Italien; Bd. 9).

Paal, Boris P.: Leistungs- und Investitionsschutz für Sportveranstalter: Bestandsaufnahme, Analyse und Folgerungen. - Baden-Baden: Nomos, 2014. - 116 S. (Schriften zum Medien- und Informationsrecht; Bd. 8).

Paternot, Philippa: Haftungsbeschränkungen für Einzelunternehmer in Deutschland und Frankreich. - Baden-Baden: Nomos, 2014. - 513 S. (Saarbrücker Studien zum internationalen Recht; Bd. 56). Zugl.: Saarbrücken, Univ., Diss., 2014.

Perten, Volker: Rundfunkfinanzierung in Europa: Eine rechtsvergleichende Untersuchung der EU-Mitgliedstaaten Deutschland, Großbritannien, Schweden, Polen, Italien, Spanien und Frankreich. - Berlin: Wiss. Verl. Berlin, 2014. - XXVI, 222 S. (Schriften zur Rechtswissenschaft; Bd. 172). Zugl.: Frankfurt/Main, Univ., Diss., 2013.

Possin, Meike C. L.: Die Abhilfemaßnahmen Vernichtung, Rückruf und Entfernung: Negatorischer Rechtsschutz in Frankreich, Deutschland und der Enforcement-Richtlinie. - Köln: Heymann, 2013. - XXII, 541 S. (Karlsruher Schriften zum Wettbewerbs- und Immaterialgüterrecht; Bd. 28). Zugl.: Osnabrück, Univ., Diss., 2011/12.

Schmidt, Jessica: Der Vertragsschluss: Ein Vergleich zwischen dem deutschen, französischen, englischen Recht und dem CESL. - Tübingen: Mohr Siebeck, 2013. - XLII, 869 S. (Ius privatum; 175). Zugl.: Jena, Univ., Habil.-Schr., 2012/13.

Schmidt-Kessel, Martin: Die Regulierung des Datenschutzes und des Urheberrechts in der digitalen Welt: Eine vergleichende Untersuchung zu den USA, Großbritannien, Frankreich und Schweden. - Bayreuth: FFV, 2013. 170 S. Online verfügbar unter: http://www.vzbv.de/cps/rde/xbcr/vzbv/Regulierung_Datenschutz_Urheberrecht_Digitale-Welt-Untersuchung-FFV-2014.pdf

Schneider, Christoph: Doppelbesteuerungsrechtliche Qualifikationskonflikte im Kontext einer deutschen Betriebsaufspaltung mit französischem Gesellschafter. - Baden-Baden: Nomos, 2013. - 297 S. (Saarbrücker Studien zum internationalen Recht; 52). Zugl.: Saarbrücken, Univ., Diss., 2010.

Schweitzer, Eva Maria: Zulässigkeit der Ausschlussklauseln für Vorsatz und wissentliches Handeln in der D&O-Versicherung. - Hamburg: Kovač, 2013. - XV, 327 S. (Schriftenreihe Schriften zum Versicherungs-, Haftungs- und Schadensrecht; 37). Zugl.: Berlin, Univ., Diss., 2013.

Smirra, Nikolas: Die Entwicklung der Strafzwecklehre in Frankreich: Vom Vorabend der Revolution bis zum Ende des 1. Weltkrieges. - Regenstauf: Ed. Rechtskultur in der H. Gietl Verl. & Publ.-Service GmbH, 2014. - 215 S. (Rechtskultur, Wissenschaft; Bd. 12). Zugl.: Regensburg, Univ., Diss., 2013.

Theile, Janett: Transsexualität im Familienrecht: Eine vergleichende Untersuchung der rechtlichen Anerkennung des Geschlechtswechsels und ihrer Rechtsfolgen insbesondere auf die Ehe und Lebenspartnerschaft im deutschen, englischen und französischen Recht. - Regensburg: Roderer, 2013. - XX, 369 S. (Schriften des Instituts für Ausländisches und Europäisches Privat- und Verfahrensrecht der Universität Leipzig; 18). Zugl.: Leipzig, Univ., Diss., 2013.

Vogel, J. Benedikt: Das Medienpersönlichkeitsrecht im Internationalen Privatrecht: Eine Untersuchung zur Harmonisierung der Kollisionsnormen in Europa. - Baden-Baden: Nomos, 2014. - 347 S. (Schriften zum Medien- und Informationsrecht; Bd. 10). Zugl.: Freiburg/Brsg. Univ., Diss., 2014.

Vuckovic, Goran: Auswahlwahrscheinlichkeit und Wertsteigerungsmöglichkeiten von Hedge Fonds und Private Equity Investitionen als Handlungsmöglichkeit für Manager: Eine empirische Untersuchung für Deutschland, Frankreich und Hong Kong. - 268, XXXIV S. Darmstadt, Techn. Univ., Diss., 2013.

Was wird aus der Hauptverhandlung? 4. deutsch-französische Strafrechtstagung = Quel avenir pour l'audience de jugement? Hrsg. v. Carl-Friedrich Stuckenberg; Jocelyne Leblois-Happe. Göttingen: V&R Unipress, 2014. - 294 S. (Bonner rechtswissenschaftliche Abhandlungen; NF, Bd. 13)

Wiegard, Gunda: Vom tempus utile zum bref délai: Die Gewährleistungsfristen im antiken und altfranzösischen Recht. - Hamburg: Kovač, 2014. - XIII, 375 S. (Schriftenreihe rechtsgeschichtliche Studien; 66). Zugl.: Münster, Univ., Diss., 2009.

Winter, Matthias: Das Lösungsrecht nach gutgläubigem Erwerb: Ein Mittel zum Ausgleich von Ausfallrisiko und Sachzuordnung, unter vergleichender Berücksichtigung des deutschen und französischen Rechts. - Tübingen: Mohr Siebeck, 2014. - XXV, 425 S. (Studien zum ausländischen und internationalen Privatrecht; 301). Zugl.: Erlangen, Nürnberg, Univ., Diss., 2013.

Wolf, Alexander: Schuldrechtliche Verfallklauseln im deutschen und im französischen Recht. - Hamburg: Kovač, 2014. - XVII, 385 S. (Studien zum Vertragsrecht; 17). Zugl.: Bonn, Univ., Diss., 2013.

Wörle, Karl: Die internationale Effektivität von Schiedsvereinbarungen: Eine österreichisch-französische Untersuchung des auf die Wirksamkeit von Schiedsvereinbarungen anwendbaren Rechts. - Wien: Verl. Österreich, 2014. - XXI, 272 S. (Innsbrucker Schriften zum Unternehmensrecht; 3). Teilw. zugl.: Innsbruck, Univ., Diss., 2013.

B. Deutsch-französische Beziehungen

B 1. Allgemeines

Als Charles de Gaulle Deutsch sprach: Die Rede an die deutsche Jugend in Ludwigsburg 1962 im Spiegel von Zeitzeugen; Zeitzeugenprojekt in Kooperation mit dem dfi Ludwigsburg. Eine Initiative der Robert Bosch Stiftung. - Ludwigsburg: dfi, 2014. - 17 S. (dfi compact; Nr. 12)

Schäfer, Louis: Français et Allemands: Franzosen und Deutsche. - 2. Aufl. - München: DTV, 2013. - 143 S. (dtv; 9513) (dtv zweisprachig)

Schwerpunkt: Frankreich und Deutschland. [Hrsg. u. Red.: Dirk Katzschmann]. - Heidelberg: Heidelberger Lese-Zeiten Verlag, 2014. - 112 S. (Universitas (Heidelberg)/Deutsche Ausgabe; 69.2014,3 = 813)

Schwerpunktthema: Die deutsch-französischen Beziehungen nach 1945 - Modell oder Ausnahme? Hrsg. v. Dieter Heimböckel; Ernest W.B. Hess-Lüttich; Georg Mein: Heinz Sieburg. - Bielefeld: Transcript, 2013. - 230 S. (Zeitschrift für interkulturelle Germanistik; 4.2013,2)

Wie sagt man auf Französisch: Es ist Liebe? = C'est l'amour: un numéro spécial sur le couple franco-allemand - Hamburg: Zeitverl. Bucerius, 2013. - 82 S. (Zeit-Magazin; 14. November 2013, 47)

Wolf, Fritz: Begegnungen: Das deutsch-französische Zusammenwachsen = Les rencontres. - Osnabrück: Fritz-Wolf-Gesellschaft, 2014. - 55 S.

B 2. Geschichte

1914 – das Ende der Belle Époque: [Anlässlich der Ausstellung 1914 - das Ende der Belle Époque, vom 15. Mai bis 31. August 2014 im Bröhan-Museum, Berlin]. Hrsg. v. Tobias Hoffmann. Köln: Wienand, 2014, 127 S.

Auburtin, Victor: Was ich in Frankreich erlebte. - Berlin: Elektrischer Verl., 2013. - 101 S. (Erster Weltkrieg; Bd. 2).

August 1914: Literatur und Krieg; [Eine Ausstellung im Literaturmuseum der Moderne; 16. Oktober 2013 bis 30. März 2014]. - Marbach am Neckar: Dt. Schillergesellschaft. (Marbacher Magazin; 144. T- 1-3).

Berry, Emmanuel; Blume, Martin: Verdun - 100 Jahre danach: Eine deutsch-französische Spurensuche. - Berlin: Hentrich und Hentrich, 2014. - 93 S.

Beßlich, Barbara: Der deutsche Napoleon-Mythos: Literatur und Erinnerung 1800 - 1945. - Sonderausg. - Darmstadt: WBG, 2013. - 504 S. (WBG-Bibliothek). Zugl.: Freiburg/Brsg., Univ., Habil.-Schr., 2005.

Blutige Romantik: 200 Jahre Befreiungskriege; Essays. Hrsg. v. Gerhard Bauer. - Dresden: Sandstein, 2013. - 360 S. (Blutige Romatik; 1); (Forum MHM; 4).

Blutige Romantik: 200 Jahre Befreiungskriege; Katalog. Hrsg. v. Gerhard Bauer. - Dresden: Sandstein, 2013. - 248 S. (Blutige Romantik; 2); (Forum MHM; 5).

Burkard, Benedikt: Gefangene Bilder: Wissenschaft und Propaganda im Ersten Weltkrieg. - Petersberg: Imhof, 2014. - 144 S. (Schriften des Historischen Museums Frankfurt/Main; 35)

Dauster, Hans-Gerd; Winter, Bernd: Auswanderung aus der Saargegend in die Industriegebiete um Gisors und Nonancourt: 1840 - 1900. - Saarlouis: Vereinigung für die Heimatkunde im Landkreis Saarlouis …, 2013. - 365 S. (Quellen zur Genealogie im Landkreis Saarlouis und angrenzenden Gebieten; 52)

Deinet, Klaus: Friedrich Sieburg (1893-1964): Ein Leben zwischen Frankreich und Deutschland. - Berlin: NoRa, 2014. - 631 S.

Delafaite, Loïc: Französische Kriegsgefangene in Deutschland: 1914-1918; Zwischen Feindschaft und Freundschaft. - Hamburg: Disserta Verl., 2014. - 160 S.

Eckart, Wolfgang Uwe: Die Wunden heilen sehr schön: Feldpostkarten aus dem Lazarett; 1914 - 1918. - Stuttgart: F. Steiner, 2013. - 210 S.

Ehring-Ciquéra, Ursula: Rendezvous mit Meyerbeers Paris. Eine Reise in die deutsche Musikszene im Paris des 19. Jahrhunderts. - Münster: Neues Literaturkontor, 2014. - 157 S.

Engels, Karl G.: Das Leben der Elsässer unter deutschen Kaisern und französischen Königen. - Bad Sooden-Allendorf: Sequenz Medien Produktion, 2012. - 284 S.

Fernau, Hermann; Donat, Helmut: Paris 1914: Tagebuch eines deutschen Republikaners und Pazifisten. - Bremen: Donat, 288 S. (Schriftenreihe Geschichte & Frieden; 26)

Fransecky, Tanja von: Flucht von Juden aus Deportationszügen in Frankreich, Belgien und den Niederlanden. - Berlin: Metropol-Verl., 2014. - 398 S. Zugl.: Berlin, Techn. Univ., Diss., 2013.

Die französischen Bestände des Stadtarchivs Trier 1794 - 1814/1816: Provenienzverzeichnis. Bearb. v. Wolfgang Hans Stein. - Koblenz: Verl. der Landesarchivverwaltung Rheinland-Pfalz, 2013. - VII, 345 S. (Veröffentlichungen der Landesarchivverwaltung Rheinland-Pfalz; 117).

Friedländer, Vera: Zwei Frauen in Südfrankreich: 1940 bis 1944; Erlebnisberichte. - Berlin: Verl. am Park, 2014. - 129 S.

Fuß, Rowena: Christian Rohlfs in Weimar: Das Frühwerk 1870 bis 1901. - Weimar: VDG, 2013. - 122 S.

Gasquet, Frédéric: Der Brief meines Vaters: Eine tunesische Familie in der Nazi-Hölle A. d. Frz. von Manfred Flügge. Hrsg. v. der Stiftung Gedenkstätten Sachsen-Anhalt. - Halle (Saale): Mitteldt. Verl., 2014. - 175 S. (Schriftenreihe Biographien, Erinnerungen, Lebenszeugnisse; Bd. 4).

Geinitz, Frank Peter: Ausschnitte aus der gemeinsamen Geschichte Deutschlands und Frankreichs vom 9. bis zum 20. Jahrhundert: Versuch einer Aufarbeitung von 1200 Jahren wechselvoller Beziehungen. - Münster: ATE, 2014. - 180 S.

Ghesquière, Dominique: Aimé Isidore Briguiboul (1814 - 1890) und die große Zeit seines Casinos in Bad Ems: Eine erste biographische Annäherung. Übers. u. hrsg. v. Peter Hawig. - Bad Ems: Verein für Geschichte, Denkmal- und Landschaftspflege, 2013. - 27, XXI S. (Bad Emser Hefte; 355); (Nr. ... der Jacques-Offenbach-Reihe der Bad Emser Hefte; 206).

Ghesquière, Dominique: Jacques Offenbach und Bad Ems. Übers. u. hrsg. v. Peter Hawig. - Bad Ems: Verein für Geschichte, Denkmal- und Landschaftspflege, 2013. - 31 S. (Bad Emser Hefte; 352); (Nr. ... der Jacques-Offenbach-Reihe der Bad Emser Hefte; 203).

Hampel, August: Man nannte mich Fernandel: Kriegserlebnisse eines Unmilitärischen; Royan 1943-1945. - Lengenwang: OM Verl., 2014. - 337 S.

Hausenstein, Wilhelm: Wilhelm-Hausenstein-Lesebuch. Hrsg. v. Dieter Jakob; Johannes Werner. - München: Iudicium, 2013. - 151 S.

Heusler, Andreas: Lion Feuchtwanger: Münchner - Emigrant - Weltbürger. - Neue Ausg. - St. Pölten: Residenz, 2014. - 352 S.

Hogh, Alexander; Mailliet, Jörg: Tagebuch 14-18: Vier Geschichten aus Deutschland und Frankreich. Unter Mitwirkung u. mit e. Vorw. v. Gerd Krumeich. Hrsg. v. Julie Cazier; Martin Block. - Köln: TintenTrinker, 2014. - 115 S. Außerdem erschienen u.d.T.: Carnets 14-18: quatre histoires de France et d'Allemagne.

Hörner, Richard: Georg Christoph Lichtenberg und die französische Revolution: Verbindungen, Aufsätze, Briefe, Kommentare, Stellungnahmen. - Wörth am Rhein: SCL, 2014. - 99 S. (Reihe philosophische Sphären: Kunsthistorische Schriften).

Jessen, Olaf: Verdun 1916: Urschlacht des Jahrhunderts. - München: C. H. Beck, 2014. - 496 S.

Jürgs, Michael: Der kleine Frieden im Großen Krieg: Westfront 1914; Als Deutsche, Franzosen und Briten gemeinsam Weihnachten feierten. - [München]: Pantheon, 2014. - 351 S.

Kleine französische Kulturgeschichte in Münchner Straßennamen: Ein Projekt der Klasse 8b des Nymphenburger Gymnasiums. - München: Nymphenburger Gymnasium, Klasse 8b, 2013. - 38 S.

Krause, Arnulf: Der Kampf um Freiheit: Die Napoleonischen Befreiungskriege in Deutschland. - Stuttgart: K. Theiss, 2013. - 352 S.

Kulturelle Dreiecksbeziehungen: Aspekte der Kulturvermittlung zwischen Frankreich, Deutschland und Dänemark in der ersten Hälfte des 19. Jahrhunderts. Hrsg. v. Karin Hoff; Udo Schöning; Per Øhrgaard. - Würzburg: Königshausen & Neumann, 2013. - 323 S.

Künzel, Carl: Die Briefe der Liselotte von der Pfalz: Herzogin von Orléans. - Nachdr. der Originalausg. v. 1914 - Hamburg: Severus, 2013. - 461 S.

Kurt Weill und Frankreich. Hrsg. v. Andreas Eichhorn. - Münster: Waxmann, 2014. - 249 S. (Veröffentlichungen der Kurt-Weill-Gesellschaft Dessau; Bd 9).

Langenbruch, Anna: Topographien musikalischen Handelns im Pariser Exil. Eine Histoire croisée des Exils deutschsprachiger Musikerinnen und Musiker in Paris, 1933-1939. - Hildesheim ...: Olms, 2014. - 538 S. Zugl. leicht überarb. Fassung von: Hannover, Hochsch. für Musik, Theater und Medien, und Paris, Ecole des Hautes Etudes en Sciences Sociales, Diss., 2011.

Lienhard, Marc: Spannungsfelder einer Identität: Die Elsässer. - Stuttgart: F. Steiner, 2013. - 196 S. (Abhandlungen der Akademie der Wissenschaften und der Literatur: Klasse der Literatur; Nr. 12)

Loges, Gabriele: Paris, Sigmaringen: Oder die Freiheit der Amalie Zephyrine von Hohenzollern. - Tübingen: Klöpfer & Meyer, 2013. - 302 S.

Mader, Karl-Heinz: Die Franzosen in Celle: 1803 - 1805; Geschichte in Dokumenten. - Celle: Museumsverein, 2013. - 425 S. (Celler Beiträge zur Landes- und Kulturgeschichte; Bd. 41)

Menschen im Krieg 1914 - 1918 am Oberrhein: [Ausstellungskatalog] = Vivre en temps de guerre des deux côtés du Rhin, 1914-1918. Hrsg. v. Rainer Brüning; Laëtitia Brasseur-Wild. - Dt.-sprachige Ausg. - Stuttgart: Kohlhammer, 2014. - 315 S.

Das Menschenschlachthaus: Der Erste Weltkrieg in der französischen und deutschen Kunst; [Anlässlich der Ausstellung Menschenschlachthaus - Der Erste Weltkrieg in der Französischen und Deutschen Kunst, Von der Heydt-Museum Wuppertal, 8. April - 27. Juli 2014]. Hrsg. v. Gerhard Finckh. - Wuppertal: Von der Heydt-Museum, 2014. - 448 S.

Münch, Reinhard: Preußen und Napoleon. - Taucha: Tauchaer Verl., 2014. - 80 S. (Tatsachen; 53).

Munz, Marius: „Wiesbaden est boche, et le restera": Die alliierte Besetzung Wiesbadens nach dem Ersten Weltkrieg; 1918-1930. - Norderstedt: Books on Demand, 2014. - 300 S. Zugl.: Frankfurt/Main, Univ., Diss., 2011.

Napoleon an Rhein, Wupper und Dhünn: Zwischen Hass und Bewunderung. - Leverkusen: Opladener Geschichtsverein von 1979, 2013. - 168 S. (Montanus; 13)

Napoleon im Zerrspiegel zeitgenössischer Karikaturen - 200 Jahre Völkerschlacht bei Leipzig: [Sonderausstellung 1. September bis 17. November 2013, Museum Burg Posterstein]. Hrsg. v. Klaus Hofmann. - Posterstein: Museum Burg Posterstein, 2013. - 209 S.

NS-Kulturpolitik und Gesellschaft am Oberrhein: 1940-1945. Hrsg. v. Konrad Krimm. - Ostfildern: J. Thorbecke, 2013. - 384 S. (Oberrheinische Studien; Bd. 27).

Poßelt, Stephanie: Die Grande Armée in Deutschland 1805 bis 1814: Wahrnehmungen und Erfahrungen von Militärpersonen und Zivilbevölkerung. - Frankfurt/Main: Lang, 2013. - 330 S. (Konsulat und Kaiserreich; Bd 2). Zugl.: Mannheim, Univ., Diss., 2012.

La Première guerre mondiale un siècle plus tard: culture et violence. Hrsg. v. Thomas Keller. - Aix-en-Provence: Univ. d'Aix-Marseille, 2014. - 277 S. (Cahiers d'études germaniques; No. 66 = 2014,1). Beitr. teilw. dt., teilw. Franz.

Raßloff, Steffen: Thüringen und Frankreich seit Napoleon. - Erfurt: Landeszentrale für Politische Bildung Thüringen, 2013. - [8] S. (Thüringen; 99).

Region und Grenze: Die Bedeutung der Grenze für die Geschichte Südbadens in der Zwischenkriegszeit. Hrsg. v. Markus Eisen; Robert Neisen. - Freiburg/Brsg.: Schillinger Verl., 2013. - 318 S. (Alltag & Provinz; Bd 15).

Reinhart, Hugo: Einer von denen war ich: Erinnerungen aus dem Tagebuch eines Siebzehnjährigen als Soldat im Zweiten Weltkrieg und der anschließenden Kriegsgefangenschaft. - Hilders: [Selbstverl. des Verf.], 2013. - 199 S.

Riesbeck, Johann Kaspar: Briefe eines reisenden Franzosen. [Ed. begleitet von Heiner Boehncke und Hans Sarkowicz. Die Hrsg. lag in den Händen von Christian Döring]. - Berlin: Die Andere Bibliothek, 2013. - 681 S.

Roelcke, Thorsten: Französisch in Barock und Aufklärung: Studien zum Sprachdenken im Deutschland des 17. und 18. Jahrhunderts. - Frankfurt/Main: V. Klostermann, 2014. - 258 S. (Analecta Romanica; Bd 82).

Scharrer, Margret: Zur Rezeption des französischen Musiktheaters an deutschen Residenzen im ausgehenden 17. und frühen 18. Jahrhundert. - Sinzig: Studiopunkt Verlag, 2014. - XII, 384 S. (Saarbrücker Studien zur Musikwissenschaft; [N.F.], Bd. 16). Zugl.: Halle-Wittenberg, Univ., Diss., 2011.

Schmidt, Jan Hendrik: Der unterschätzte Krieg: Europa und der deutsch-französischer Krieg von 1870/71. - Hamburg: Hamburg: Disserta Verl., 2014. - 128 S.

Schubert, Dietrich: Künstler im Trommelfeuer des Krieges 1914-18. - Heidelberg: Wunderhorn, 2013. - 528 S.

Selbach, Hans-Ludwig: Katholische Kirche und französische Rheinlandpolitik nach dem Ersten Weltkrieg: nationale, regionale und kirchliche Interessen zwischen Rhein, Saar und Ruhr (1918 - 1924). - Köln: Erzbischöfliche Diözesan- und Dombibliothek, 2013. - 657 S. (Libelli Rhenani; 48). (Niederrheinische Regionalkunde; 20). Zugl.: Düsseldorf, Univ., Diss., 2013.

Si vous mentez vous serez fusillé: Manuel de conversation à l'usage du soldat allemand - Paris: Vendémiaire, 2013. - 89,36 S.

Sildatke, Arne: Dekorative Moderne: Das Art Déco in der Raumkunst der Weimarer Republik. - Berlin [u.a.]: LIT-Verl., 2013. - 646 S. (Kunstgeschichte; [95]). Zugl.: Berlin, Freie Univ., Diss., 2013.

Simonnot, Philippe: „Die Schuld lag nicht bei Deutschland": Anmerkungen zur Verantwortung für den Ersten Weltkrieg = „Non, l'Allemagne n'était pas coupable" - Berlin: Europolis, [2014]. - 70, 63 S. (Essays zum neuen und alten Europa)

Späth, Karl: Eine völkerverbindende Geste. - [Samerberg], ca. 2013. - 8, 8 Bl.

Sternburg, Wilhelm von: Lion Feuchtwanger: Die Biographie. - Überarb. und erw. Neuausg. - Berlin: Aufbau, 2014. - 543 S.

Utrecht - Rastatt - Baden 1712 - 1714: Ein europäisches Friedenswerk am Ende des Zeitalters Ludwigs XIV. Hrsg. v. Heinz Duchhardt; Martin Espenhorst. - Göttingen ...: Vandenhoeck & Ruprecht, 2013. - 422 S. (Veröffentlichungen des Instituts für Europäische Geschichte, Mainz: Beiheft; 98).

Vaughan, Hal: Coco Chanel - der schwarze Engel: Ein Leben als Nazi-Agentin. - 2. Aufl. - München: Dt. Taschenbuch-Verl., 2014.

Verstanden? Avez-vous compris? Expressions pour communiquer avec des prisonniers de guerre français. - Paris: Les Quatre Chemins, 2014. - 92 S.

Vogler, Bernard: Geschichte des Elsass. - Stuttgart: W. Kohlhammer, 2012. - 226 S. (Kohlhammer-Urban-Taschenbücher; 719).

Voigt, Wolfgang: Deutsche Architekten im Elsass 1940 -1944: Planen und Bauen im annektierten Grenzland. - Tübingen: E. Wasmuth, 2012. - 227 S. Zugl.: Hannover, Univ., Habil.-Schr., 1998 u.d.T.: Voigt, Wolfgang: Planen und bauen im besetzten Gebiet.

Vorgeschichte und Beginn des Ersten Weltkrieges: Eine Ideologie- und Mentalitätsgeschichte im Spiegel zeitgenössischer Literatur aus der Stadtbibliothek Worms; „Eine furchtbar ernste Zeit..." Worms, die Region und der „Große Krieg" 1914 bis 1918; Ausstellung des Stadtarchivs und der Stadtbibliothek Worms, 22. Mai - 6. Oktober 2014. [Katalogbearb.: Busso Diekamp]. Worms: Stadtbibliothek Worms, 2014. - 78 S.

Ziethen, Sanne: „.... im Gegensatz erst fühlt es sich nothwendig": Deutsch-französische Feindbilder (1807-1930). - Heidelberg: Winter, 2014. - 493 S. (Germanisch-romanische Monatsschrift: Beiheft; 57). Zugl.: Hildesheim, Univ., Diss., 2012.

Zweig, Stefan; Rolland, Romain: Von Welt zu Welt: Briefe einer Freundschaft; 1914-1918. Mit einem Begleitwort v. Peter Handke. - Berlin: Aufbau Verl., 2014. - XVII, 461 S.

B 3. Politische Beziehungen

L'avenir se joue à Strasbourg: 50ᵉ anniversaire du Traité Franco-Allemand = 50. Jahrestag des Élysée-Vertrags. Hrsg.: Fondation Entente Franco-Allemande. - Strasbourg, 2013. - 46 S. (Pont de l'Europe; Januar 2013)

Behrens, Carolin [u.a.]: Deutschland und Frankreich: Geschichte einer Hassliebe; Vom deutsch-französischen Freundschaftsvertrag bis zum gemeinsamen Jugendwerk. - München: ScienceFactory, 2014. - 137 S. (Geschichte)

Böhm, Peter: Spion bei der NATO: Hans-Joachim Bamler, der erste Resident der HVA in Paris. - Berlin: Ed. Ost, 2014, 251 S.

Die DDR in den deutsch-französischen Beziehungen = La RDA dans les relations franco-allemandes. Hrsg. v. Anne Kwaschik; Ulrich Pfeil. - Bruxelles: Lang, 2013. - 453 S. (L'Allemagne dans les relations internationales; Bd. 4).

Europa als politisches Zukunftsprojekt: Deutsch-französische Impulse für eine Erneuerung der EU = L'Europe: projet politique de l'avenir: Impulsions franco-allemandes pour un renouvellement de l'UE. Red.: Stephen Bastos. Hrsg.: Stiftung Genshagen. - Genshagen, 2014. - 46 S. - (Genshagener Papiere; Nr. 13). Online verfügbar unter: http://www.stiftung-genshagen.de/uploads/media/Genshagener_Papier_2014_13.pdf

Le Franco-Allemand: Herausforderungen transnationaler Vernetzung; Enjeux des réseaux transnationaux. Hrsg. v. Dorothee Röseberg; Marie-Therese Mäder - Berlin: Logos, 2013. - 257 S. (Trenn-Striche, Binde-Striche; Bd. 5).

Mohsen-Finan, Khadija; Schäfer, Isabel: Die Europäische Union und der Mittelmeerraum: Deutsche und französische Perspektiven seit den arabischen Umbrüchen = L'Union européenne et l'espace méditérranéen: Perspectives allemande et française depuis les révolutions arabes. - Genshagen: Stiftung Genshagen, 2014. - 25 S. (Genshagener Papiere; 14). Online verfügbar unter: http://www.stiftung-genshagen.de/fileadmin/Dateien/Publikationen/Genshagener_Papiere/Genshagener_Papier_N___14_DE.pdf

Petter, Dirk: Auf dem Weg zur Normalität: Konflikt und Verständigung in den deutsch-französischen Beziehungen der 1970er Jahre. - München: Oldenbourg, 2014. - 395 S. (Pariser historische Studien; Bd. 103). Zugl.: Universität Kiel, Diss., 2012.

Schmid, Dorothée: Deutschland, Frankreich und die Türkei: Ein Dreieck unter Spannung. - Berlin: Deutsche Gesellschaft für Auswärtige Politik, 2013. - 17 S. (DGAP-Analyse; 2013, No. 9). Online verfügbar unter: https://dgap.org/de/article/getFullPDF/24329

Schuman-Adenauer: Deux artisans de la réconciliation franco-allemande; [Exposition, Maison de Robert Schuman, site „Moselle passion"], 09.05.2013 - 15.09.2013 = Zwei Architekten der deutsch-französischen Versöhnung. - Milano: Silvana Ed., 2013. - 79 S.

Wenkel, Christian: Auf der Suche nach einem „anderen Deutschland": Das Verhältnis Frankreichs zur DDR im Spannungsfeld von Perzeption und Diplomatie. - München: Oldenbourg, 2014. - XIV, 559 S.,1 CD-ROM. (Studien zur Zeitgeschichte; 86). Zugl.: München, Univ., Diss., 2010.

B 4. Kulturbeziehungen

Aneignung und Abgrenzung: Studien zur Relativität kultureller Grenzziehungen zwischen der französischen und der deutschsprachigen Literatur im 19. und 20. Jahrhundert. Hrsg. v. Véronique Liard; Bernhard Spies. - Frankfurt/Main: Lang, 2013. - 114 S. (Studien zur deutschen und europäischen Literatur des 19. und 20. Jahrhunderts; Bd. 68).

Bonin, Ute: Was lange währt ...: Die weite Reise ins französische Glück. - Gelnhausen: Wagner, 2014. - 273 S.

Bouju, Bettina; Links, Johanna: Frankreich: C'est la vie - aber wie? Fettnäpfchenführer Frankreich. - 3. Aufl. - Meerbusch: Conbook Media, 2013. - 280 S.

Bringer, Otto W.: Frankreich mit allen Sinnen...: Tagebuch-Aufzeichnungen. - Freiburg/Brsg.: Schillinger Verl., 2013. - 220 S.

Costa, Béatrice: Elfriede Jelinek und das französische Vaudeville. - Tübingen: Narr, 2014. - 246 S. (Edition lendemains; 33). Zugl. überarb. Fassung von: Namur, Univ., Diss., 2013.

Demesmay, Claire; Kober, Klemens: Bilder machen Politik: Die deutsch-französische Erinnerungskultur braucht neue Symbole. - Berlin: Deutsche Gesellschaft für Auswärtige Politik, 2013. - 6 S. (DGAP-Analyse: kompakt; 2013, No. 6). Online verfügbar unter: https://dgap.org/de/article/getFullPDF/24296

Deutsch-Französisches Märchenfestival in Baden-Württemberg und im Elsass, 12. - 21. Mai 2014: Dokumentation. Hrsg.: Märchenland - Deutsches Zentrum für Märchenkultur. - Berlin, 2014. - 62 S.

Deutschland - Frankreich: Eigentlich ganz nah oder doch so fern? Ergebnisse eines studentischen Projekts zum aktuellen Stand des deutsch-französischen Kulturaustauschs. Hrsg.: Universität Osnabrück, Fachbereich Sprach- und Literaturwissenschaft, Institut für Romanistik/Latinistik. Unter der Leitung von Margot Brink. - Osnabrück, 2012. - 94 S. Online verfügbar unter: http://www.irl.uni-osnabrueck.de/romanistik/uploads/Brink/Deutschland-Frankreich_Broschuere_zum_Kulturtransfer_%282012%29.pdf

Eidam, Elisa: Frankreich und die „Berliner Republik": Wandel nationaler Identität und politische Neuorientierung im vereinigten Deutschland aus Sicht der französischen Presse. - Hamburg: Kovač, 2014. - XII,436 S. (Schriften zur Kulturwissenschaft; 112). Zugl.: Saarbrücken, Univ. des Saarlandes, Diss., 2012.

Frankreich - Deutschland: transkulturelle Perspektiven: Literatur, Kunst und Gesellschaft; Festschrift für Karl Heinz Götze = France - Allemagne: perspectives tranculturelles. Hrsg. v. Wolfgang Fink; Ingrid Haag; Katja Wimmer. - Frankfurt/Main...: Lang, 2013. - 488 S.

Hoch, Jenny: Gebrauchsanweisung für Korsika. - München: Piper, 2014. - 219 S. (Piper; 7640)

Interferenzen, interférences: Deutschland - Frankreich, Architektur 1800 - 2000; [... erscheint aus Anlass der Ausstellung „Interferenzen. Interférences. Architektur, Deutschland - Frankreich 1800 - 2000", die vom 30. März bis zum 21. Juli 2013 im Musée d'Art

Moderne et Contemporain de la Ville de Strasbourg und anschließend im Deutschen Architekturmuseum inFrankfurt/Main vom 3. Oktober 2013 bis 12. Januar 2014 gezeigt wird]. Hrsg. v. Jean-Louis Cohen; Hartmut Frank. - Tübingen: Wasmuth, 2013. - 463 S.

Klümper, Günther F.; Klümper-Lefebvre, Madeleine: Grenzenlos: Ausgewählte Erzählungen über einen deutsch-französischen Lebensweg.- Baden-Baden: Aquensis, [2012]. - 244 S. (Aquensis Menschen)

Die Literaturen der Großregion Saar-Lor-Lux-Elsass in Geschichte und Gegenwart. Hrsg. v. Ralf Bogner; Manfred Leber. - Saarbrücken: Universaar, 2012. - 243 S. (Saarbrücker literaturwissenschaftliche Ringvorlesungen; 2)

Malinas, Charles; Umlauf, Joachim: In Sachen Kultur: Deutschland – Frankreich – Europa = Questions de culture. - Paris: All Contents Presse, 2013. - 64,64 S. (ParisBerlin-Streitgespräche; Convergences/Divergences)

Ochs, Anna: Neuübersetzung der Grimmschen Märchen ins Französische: Die Reise des deutschen Märchenerbes in das Land Perraults; Eine kulturhistorische Betrachtung. - Berlin: WVB, 2014. - 158 S. Zugl.: Leipzig, Univ., Hochschulschr., 2014.

Oelkers, Anne-Cathrin: „Ein Schicksal, dass der Rhein zwei ungleiche Ufer hat". Heinrich und Thomas Mann zwischen Frankreich und Deutschland. - Norderstedt: Books on Demand, 2013. - 537 S. Zugl.: Hannover, Univ., Diss., 2011.

Paris mon amour: Picasso, Baumeister, Poliakoff; Meisterwerke des Musée Unterlinden, Colmar; Ausstellungskatalog. Hrsg. Museen der Stadt Hanau. Petersberg: Imhof, 2014. - 192 S.

Das Recht auf kulturelle Bildung: Ein deutsch-französisches Plädoyer = Pour un droit à l'éducation artistique et culturelle. Hrsg. v. Wolfgang Schneider; Marie-Christine Bordeaux; Christel Hartmann-Fritsch; Jean-Pierre Saez. - Berlin ...: B&S Siebenhaar, 2014. - 429 S. (Kunst- und Kulturvermittlung in Europa; 1)

Richard Wagner = aus gallischer Sicht - vu de France; Catalogue réalisé par Mathieu Schneider. - [Strasbourg]: BNU, 2013. - 264 S.

Sander, Dieter: Fritz Picard: Ein Leben zwischen Hesse und Lenin. - Klipphausen: Mirabilis-Verl., 2014. - 176 S.

Spuren Frankreichs in Franken: Ein bebilderter Reiseführer. Hrsg. v. Ludger. - Dettelbach: Röll, 2012. - 43 S.

Transfabrik: Deutschland/Frankreich; Begegnungen mit zeitgenössischer Bühnenkunst; DE/ Hrsg. v. Franz Anton Cramer; Yvane Chapuis. - München: epodium, 2014. - 124, 24, [22] S.

Verleihung des Carlo-Schmid-Preises: Mittwoch, den 14. Mai 2014, an Jean-Marc Ayrault, französischer Premierminister a.D. - Stuttgart: Carlo-Schmid-Stiftung, 2014. - 28 S.

Zwischen Kult und Experiment: Stationen historischer Musikpraxis in der deutsch-französischen Grenzregion; Bericht zum Kolloquium „Historie und Wiedererstehen" vom 1. Oktober 2010, veranstaltet von der Akademie für Alte Musik im Saarland e. V. Hrsg. v. Joachim Fontaine. - Saarbrücken: Plau Verl., 2013. - 163 S.

Zwischen Transfer und Vergleich: Theorien und Methoden der Literatur- und Kulturbeziehungen aus deutsch-französischer Perspektive. Hrsg. v. Christiane Solte-Gresser; Hans-Jürgen Lüsebrink; Manfred Schmeling. - Stuttgart: Steiner, 2013. - 455 S. (Vice versa: deutsch-französische Kulturstudien; Bd. 5).

B 5. Gesellschaft / Bildung / Information

4. Forum zur deutsch-französischen Forschungskooperation: 12. - 03. Oktober 2011, Berlin, Berlin-Brandenburgische Akademie der Wissenschaften; Dokumente. Hrsg.: Bundesministerium für Bildung und Forschung; Ministère de l'Enseignement Supérieur et de la Recherche. - Bonn ..., 2013. - 115 S.

50 Jahre Franz-Stock-Komitee: 1964 - 2014. Arnsberg: Franz-Stock-Komitee Deutschland, 2014. (An Möhne, Röhr und Ruhr; 56)

Civilisation allemande: Bilan et perspective dans l'enseignement et la recherche = Landes-Kulturwissenschaft Frankreichs: Bilanz und Perspektiven in Lehre und Forschung. Hrsg. v. Hans-Jürgen Lüsebrink; Jérôme Vaillant. - Villeneuve d'Ascq: Septentrion, 2013. - 345 S. (Mondes germaniques).

Deutsch-Französisches Sozialpartnertreffen, 17. Februar 2014. Dokument erarbeitet von der Arbeitsgruppe [Gabriele Bischoff ...] im Namen der deutsch-französischen Sozialpartner. - [Berlin]: Deutscher Gewerkschaftsbund, 2014. - 12 S. Online verfügbar unter: http://www.dgb.de/themen/++co++1432d042-97b6-11e3-9c9c-52540023ef1a

L'espace rhénan, pôle de savoirs. Hrsg. v. Catherine Maurer; Christiane Falbisaner-Weeda; Astrid Starck-Adler. - Strasbourg: Presses Univ. de Strasbourg, 2013. - 446 S. (Etudes alsaciennes & rhénanes). Beitr. teilw. dt., teilw. Franz.

Hinweise für Projektleiter/innen JBS Albert Schweitzer: Niederbronn-les-Bains/Nordvogesen. Hrsg.: Volksbund Deutsche Kriegsgräberfürsorge. - Kassel, 2014. - 40 S. Online verfügbar unter: http://www.volksbund.de/fileadmin/redaktion/BereichJugend/2b_JBS/niederbronn/2014_HFP_JBS_Albert-Schweitzer.pdf

Les institutions = Die Institutionen. Hrsg. v. Michel Grunewald; Hans-Jürgen Lüsebrink; Reiner Marcowitz; Uwe Puschner. - Bern ...: Lang, 2013. - XI,379 S. (France-Allemagne au XXe siècle - la production de savoir sur l'autre = Deutschland und Frankreich im 20. Jahrhundert - akademische Wissensproduktion über das andere Land; Vol. 3). (Convergences; 75).

Les visages de la crise le long du Rhin: Reportage photo franco-allemand sur les conséquences économiques et sociales de la crise des subprimes le long du Rhin; Etude réalisée à Bonn, Strasbourg et Mulhouse, conjointement par des élèves de Terminal allemands et français = Gesichter der Krise am Rhein. - Bonn ...: [Hartdtberg-Gymnasium ...], [2014]. - [14 S.]

Oberwittler, Dietrich; Schwarzenbach, Anina; Gerstner, Dominik: Polizei und Jugendliche in multiethnischen Gesellschaften: Ergebnisse der Schulbefragung 2011 „Lebenslagen und Risiken von Jugendlichen" in Köln und Mannheim. - Freiburg/Brsg.: Max-Planck-Inst. für Ausländisches und Internat. Strafrecht, 2014. - IX, 72 S. (Forschung aktuell; 47).

Praktikum - stage: Interkulturelle Herausforderungen, praktische Umsetzung und didaktische Begleitung von schulischen Praktika im Partnerland; Ergebnisse und didaktische Materialien des COMENIUS-Regio-Projekts NEWAP. Hrsg. v. Christoph Vatter; Hans-Jürgen Lüsebrink; Joachim Mohr. - St. Ingbert: Röhrig, 2013. - 394 S. (Saarbrücker Studien zur interkulturellen Kommunikation; 13).

Selbstevaluation interkultureller Erfahrungen. Hrsg. v. Werner Müller-Pelzer. - Göttingen: Cuvillier, 2014. - 282 S.

Selnow, Annika: Basiswissen für Dolmetscher: Deutschland und Frankreich. - Berlin: Frank & Timme, 2014. - 187 S. (Transkulturalität - Translation - Transfer; 10).

Specht, Martin: „Heute trifft es vielleicht dich": Deutsche in der Fremdenlegion. - Berlin: Links, 2014. - 238 S.

B 6. Grenznahe Beziehungen / Jumelages

50 ans de jumelage: Strasbourg - Stuttgart = 50 Jahre Städtepartnerschaft. Hrsg.: Landeshauptstadt Stuttgart, Abteilung Außenbeziehungen. Red.: Bettina Ries. - Stuttgart, 2012. - 79 S.

Au centre de l'Europe: Des liens et des lieux; Grande Région = Im Reich der Mitte: Kulturgemeinschaft Großregion. Hrsg. v. Eva Mendgen. - Konstanz: Hartung-Gorre, 2013. - 236 S.

Banse, Christian: Nationale Grenzerfahrungen und grenzüberschreitende Prozesse: Eine soziologische Untersuchung an ausgewählten Grenzregionen. - Frankfurt/ Main ...: PL Academic Research, 2013. - 327 S. (Görlitzer Beiträge zu regionalen Transformationsprozessen; 8). Zugl.: Göttingen, Univ., Diss., 2012.

Bunte Grenzerfahrungen - Saarbrücken: Saarbrücker Zeitung, 2013. - 24 S. (Wirtschaftsmagazin).

Champs médiatiques et frontières dans la „Grande Région" SaarLorLux et en Europe = Mediale Felder und Grenzen in der Großregion SaarLorLux und in Europa. Hrsg. v. Vincent Goulet; Christophe Vatter. - Saarbrücken: Universaar, 2013. - 298 S. (Saravi Pontes; 1).

Clustermanagement und Entwicklungsperspektiven der kreativen Industrie: Analyse und Standortbestimmung mit exemplarischer Beschreibung der trinationalen Metropolregion Oberrhein. Hrsg. v. Thomas Breyer-Mayländer. - Baden-Baden: Nomos, 2013. - 206 S.

Conrads, Lina: Grenzüberschreitender Gartentourismus und seine Vermarktung: Das Beispiel des Projektes „Gärten ohne Grenzen/Jardins sans Limites" im deutsch-französischluxemburgischen Grenzraum. - Berlin: WVB, Wiss. Verl., 2014. - 103, XIII S.

Dépasser les frontières - gagner les espaces urbaines: Concours d'urbanisme Cours des Douanes; Doc(k)umentation = Grenzen überwinden - Stadträume gewinnen. Hrsg.: Communauté urbaine de Strasbourg; Stadt Kehl. - Strasbourg..., [2014]. - 33 S.

Eckpunkte einer Frankreichstrategie für das Saarland. - Saarbrücken: Landesregierung, 2014. - 40 S. Online verfügbar unter: http://saarland.de/dokumente/ressort_ministerpraesident_staatskanzlei/D_Eckpunkte_Frankreich-Strategie_210114.pdf

Förderung der Arbeitsmarktmobilität in der Großregion: 12 Lösungen der Task Force Grenzgänger. - Saarbrücken: Task Force Grenzgänger, 2014. - 29 S. Online verfügbar unter: http://www.tf-grenzgaenger.eu/fileadmin/user_upload/Presseberichte/Broschuere_Mobilitaet_dt_A5.pdf

Grenzüberschreitende Berufsausbildung in der Großregio: Bestandsaufnahme; [Stand: November 2012]. - Saarbrücken: Task Force Grenzgänger, 2012. - 40 S. Online verfügbar unter: http://www.tf-grenzgaenger.eu/fileadmin/user_upload/Gutachten_neu/Bestandsaufname_TFG_dt_0414.pdf

Die grenzüberschreitende Zusammenarbeit der Schweiz: Juristisches Handbuch zur grenzüberschreitenden Zusammenarbeit von Bund und Kantonen. Hrsg. v. Hans Martin Tschudi [u.a.] - Baden-Baden: Nomos, 2014. - XL, 871 S. (Schriften zur grenzüberschreitenden Zusammenarbeit; 8)

Grenzüberschreitendes Arbeiten in der Großregion SaarLorLux. Hrsg. v. Jürgen Meyer; Luitpold Rampeltshammer. - Saarbrücken: Universaar, 2012. - 184 S. (Schriftenreihe der Kooperationsstelle Wissenschaft und Arbeitswelt). Online verfügbar unter: http://universaar.uni-saarland.de/monographien/volltexte/2012/96/pdf/Grenzueberschreitendes_Arbeiten.pdf

Haeberlin, Marc; Keller, Fritz: Die Grenzgänger: Wie der Hummer aus dem Elsass nach Baden kam. - Neustadt a.d. Weinstraße: Neuer Umschau Buchverl., 2014. - 256 S.

Kirchengeschichte am Oberrhein: Ökumenisch und grenzüberschreitend. Hrsg. v. Klaus Bümlein; Marc Feix.- Ulbstadt-Weiher: Verl. Regionalkultur, 2013. - 648 S.

Klein, Pierre: Das Elsass verstehen: Zwischen Normalisierung und Utopie. - Fegersheim: Allewil Verl., 2014. - 218 S.

Mobilité et valeurs européennes dans la Grande Région: actes de l'Université d'automne du projet Université de la Grande Région = Mobilität und europäische Werte in der Großregion: Vortragsreihe der Herbstakademie des Projekts Universität der Großregion. Hrsg. v. Laurence Potvin-Solis; Vincent Meyer. - Nancy: Presses Univ. de Nancy, 2013. - 291 S.

Räume und Identitäten in Grenzregionen: Politiken - Medien - Subjekte. Hrsg. v. Christian Wille; Rachel Reckinger; Sonja Kmec; Markus Hesse. - Bielefeld: Transcript, 2014. - 395 S. (Kultur und soziale Praxis).

Die Regio-Idee: Grenzüberschreitende Zusammenarbeit in der Region Basel. Hrsg. v. Martin Weber; Eric Jakob. - Basel: Merian, 2013. - 197 S. (Beiträge zur Basler Geschichte).

Reichertz, Ingrid: Die Besteuerung von Grenzgängern mit Wohnsitz in Frankreich und Arbeitsort in Deutschland: Steuerrechtliche Änderungen 2013. - Saarbrücken: BookFab, 2014. - 90 S.

Schäfer, Johannes: Das autonome Saarland: Demokratie im Saarstaat 1945-1957. Mit einem Vorw. v. Arno Krause. - St. Ingbert: Röhrig, 2012. - 259 S. (Röhrig Zeitgeschichte; Bd. 1)

Die Schaffung eines trinationalen Rheinhafens Basel - Mulhouse - Weil. Hrsg. v. Benjamin Schindler; Hans-Martin Tschudi; Martin Dätwyler - Zürich ...: Dike ..., 2012. - 105 S. (Schriften zur grenzüberschreitenden Zusammenarbeit; 6).

Seidendorf, Stefan [u.a.]: Grenzüberschreitende Berufsbildung und Beschäftigung junger Menschen am Oberrhein: Eine Pilotstudie im Eurodistrikt Strasbourg-Ortenau. - Ludwigsburg: DFI, 2014. - 63 S. Online verfügbar unter: http://www.dfi.de/pdf-Dateien/ Sonstiges/Abschlussbericht_Berufsbildung_Beschaeftigung.pdf

Studie über die Schaffung einer Pilotregion für den Zugang zu grenzüberschreitenden medizinischen Leistungen im Eurodistrikt Strasbourg-Ortenau: Endbericht. Durchgeführt v. Zentrum für Europäischen Verbraucherschutz. - Kehl, 2013. - 132 S. Online verfügbar unter: http://www.cec-zev.eu/fileadmin/user_upload/cec-zev/pdfs/Services/Bericht_ PZGML-DE.pdf

B 7. Wirtschaftsbeziehungen

Demangeat, Isabelle: Geschäftskultur Frankreich kompakt. - Meerbusch: Conbook, 2014. - 176 S. (Geschäftskultur kompakt).

Didier, Silvia; Wiesike, Oliver: Business-Guide Frankreich: Erfolg und Rechtssicherheit bei Markteinstieg und Geschäftsaufbau. Unter Mitarb. d. Dt.-Franz. Industrie- und Handelskammer. - Köln: Bundesanzeiger-Verl., 2014. - 250 S. (Außenwirtschaft).

L'énergie de l'avenir: Entretien avec Michel Derdevet et Andreas Görgen = Die Energie der Zukunft. - Paris: All Contents Presse, 2013. - 63, 63 S. (ParisBerlin Convergences/ Divergences).

France – Allemagne: les entreprises moteurs de la relation franco-allemande? = Frankreich – Deutschland: Die Unternehmen, Antrieb der deutsch-französischen Beziehung? - Lyon: Société d'Histoire d'Entrpeprises, 2013. - 50,51 S. (Histoire d'entreprises; 11).

Grünbuch der deutsch-französischen Zusammenarbeit: Konvergenzpunkte bei der Unternehmensbesteuerung. Hrsg.: Bundesministerium der Finanzen; Ministère de l'Economie, des Finances et de l'Industrie. - Berlin ..., 2012. - 48 S. Online verfügbar unter: http://www. france-allemagne.fr/IMG/pdf/20120206-anl_templateId=raw_property=publicationFile.pdf

Hermann, Anne: Kulturelle Wirtschaftsprüfung (Cultural Due Diligence) am Beispiel deutsch-französischer Unternehmenskooperationen: Nutzen Sie kulturelle Faktoren erfolgreich bei Unternehmensfusionen. - Hamburg: Diplomica-Verl., 2014. - 114 S.

Uterwedde, Henrik: Ende der Divergenzen? Perspektiven der deutschen und französischen Wirtschaftspolitik. - Berlin: Deutsche Gesellschaft für Auswärtige Politik, 2013. - 12 S. (DGAP-Analyse; 2013, No. 11). Online verfügbar unter: https://dgap.org/de/article/getFullPDF/24547

C. Vergleichende Studien

Besier, Gerhard: Belgien, Frankreich, Griechenland, Italien, Luxemburg, Niederlande, Portugal und Spanien. - Berlin ...: LIT-Verl., 2013. - 734 S. (Jehovas Zeugen in Europa: Geschichte und Gegenwart; Bd. 1). (Studien zur kirchlichen Zeitgeschichte; Bd. 5).

Beyeler, Michelle: Was bewirkt Globalisierungskritik? Protestkampagnen gegen die Welthandelsorganisation und das Weltwirtschaftsforum. - Frankfurt/Main: Campus Verl., 2013. - 300 S. Zugl.: Zürich, Univ., Habil.-Schr., 2011.

Didier, Aliénor: Fernsehformat-Adaption interkulturell: Theorieansätze und empirische Untersuchungen am Beispiel des R.I.S.-Formats, dem „europäischen CSI", in Italien, Frankreich und Deutschland. - Würzburg: Königshausen & Neumann, 2014. - 583 S. (Saarbrücker Beiträge zur vergleichenden Literatur- und Kulturwissenschaft; Bd. 66). Zugl.: Saarbrücken, Univ., Diss., 2013.

Dittrich, Lisa: Antiklerikalismus in Europa: Öffentlichkeit und Säkularisierung in Frankreich, Spanien und Deutschland (1848 - 1914). Göttingen .....: Vandenhoeck & Ruprecht, 2014. - 615 S. (Religiöse Kulturen im Europa der Neuzeit; Bd. 3). Zugl.: München, Univ., Diss., 2012.

Diversität und Partizipation: Deutsch-französische Perspektiven auf die Arbeit mit Jugendlichen aus marginalisierten Quartieren. Hrsg. v. Ahmed Boubeker; Markus Ottersbach. - Münster: Waxmann, 2014. - 182 S. (Dialoge - Dialogues; 4).

Drössler, Matthias: Der Kapitalkoeffizient: Ein Vergleich zwischen Deutschland und Frankreich im Rahmen der Alternativen Wirtschaftstheorie. - Uelvesbüll: Der andere Verlag, 2013. - XIV, 88 S. (Neue Ökonomie; Bd. 8).

Ennigkeit, Sebastian: Politikwandel vs. Paradigmenwechsel: Gründe, Ausmaß und Richtung integrationspolitischer Entwicklungen in Deutschland und Frankreich. - Hamburg: Kovač, 2013. - 308 S. (Studien zur Migrationsforschung; Bd. 16). Zugl.: Freiburg/Brsg., Univ., Diss., 2013.

Entz, Elke: Die deutsch-französische Küche: Ein Vergleich der deutschen und französischen Essgewohnheiten = La cuisine franco-allemande: Une comparaison des habitudes françaises et allemandes de prendre le repas. - 2. überarb. Aufl. - Berlin: Epubli, 2014. - 54 S.

Expressionismus in Deutschland und Frankreich: Von Matisse zum Blauen Reiter. Mit Beitr. v. Timothy O. Benson [u.a.] - München: Prestel, 2014. - 304 S.

Finkenauer, Benedikt: Strategische Wettbewerbsinteraktion in der Zementindustrie Deutschlands und Frankreichs: Eine spieltheoretische Analyse einer regionalen, anbieterseitig verflochtenen Industrie. - München: Hampp, 2013. - 338 S. (Schriften zu Management, Organisation und Information; Bd 44). Zugl.: Karlsruhe, Karlsruher Inst. für Technologie, Diss., 2013.

Folkerts-Landau, David: Macht Hollande den Schröder - und wird es funktionieren? - Frankfurt/Main: Deutsch Bank Research, 2014. - 19 S. (Standpunkt Deutschland). Online verfügbar unter: http://dbresearch.de/PROD/DBR_INTERNET_DE-PROD/PROD0000000000330439/Macht+Hollande+den+Schr%C3%B6der+%E2%80%93+und+wird+es+funktionieren%3F.pdf

Heimsoth, Mira: Social Commerce im interkulturellen Vergleich: Potentiale der Einbindung von Social Media in den E-Commerce. - Hamburg: Diplomica Verl., 2013. - 183 S. (Reihe Social Media; Bd. 8).

Jacobi, Juliane: Mädchen- und Frauenbildung in Europa: Von 1500 bis zur Gegenwart. - Frankfurt/Main: Campus Verl., 2013. - 509 S.

Julien, Elise: Asymmetrie der Erinnerungskulturen: Der Erste Weltkrieg in Frankreich und Deutschland. - Berlin: Deutsche Gesellschaft für Auswärtige Politik, 2014. - 16 S. (DGAP-Analyse; 2014, 13). Online verfügbar unter: https://dgap.org/de/article/getFullPDF/25708

Jurt, Joseph: Sprache, Literatur und nationale Identität: Die Debatten über das Universelle und das Partikuläre in Frankreich und Deutschland. - Berlin: de Gruyter, 2014. - IX,306 S. (Mimesis: Romanische Literaturen der Welt; 58)

Kalcher, Luisa: Fluchen im Vergleich - Deutschland vs. Frankreich: Eine empirische Untersuchung und kontrastive Analyse zum deutschen und französischen Fluchwortschatz. - Hamburg: Diplomica-Verl., 2014. - 68 S.

Kuhnen, Benedikt: Elternschaft in Frankreich, Spanien und Deutschland: Eine kulturwissenschaftliche, qualitativ-empirische Studie zum reproduktiven Handeln. - Passau: Stutz, 2013. - 346 S. (Schriften der Forschungsstelle Grundlagen Kulturwissenschaft; Bd 5). Zugl.: Passau, Univ., Diss., 2013.

La subsidiarité: Regards croisés franco-allemands sur un principe pluridisciplinaire. Hrsg. v. Stéphanie Rohlfing-Dijoux; Kerstin Peglow. - Bern: Lang, 2014. - VIII,256 S., (Travaux interdisciplinaires et plurilingues en langues étrangères appliquées; Bd. 20)

Lenhard, Philipp: Volk oder Religion. Die Entstehung moderner jüdischer Ethnizität in Frankreich und Deutschland, 1782-1848. Göttingen: Vandenhoeck & Ruprecht, 2014. - 413 S.

Methoden der sicherheitspolitischen Analyse: Eine Einführung. Hrsg. v. Alexander Siedschlag. - 2. erw. Aufl. - Wiesbaden: VS Verl., 2014. - 394 S.

Meyer, Hinnerk: Formationsphasen der europäischen Integrationspolitik im Vergleich: Relance Européenne (1954/55 - 1958) und Lancierung des Binnenmarktes (1985 - 1993) im Urteil der Bundesrepublik, Frankreichs und Großbritanniens. - Hildesheim ...: Olms, 2014. - 431 S. (Historische Europa-Studien; Bd. 12). Zugl.: Hildesheim, Univ., Diss., 2012/13.

Mildner, Susanne: L' amour à la Werther: Liebeskonzeptionen bei Goethe, Villers, de Staël und Stendhal; Blickwechsel auf einen deutsch-französischen Mythos. - Göttingen: Wallstein, 2012. - 360 S. Zugl.: Potsdam, Univ., Paris, Univ. Sorbonne, Diss, [2011].

Pfister, Eugen: Europa im Bild: Imaginationen Europas in Wochenschauen in Deutschland, Frankreich, Großbritannien und Österreich 1948-1959. - Göttingen: V&R Unipress, 2014. - 372 S. (Schriften zur politischen Kommunikation; Bd. 14). Zugl.: Trient, Univ. und Frankfurt/Main, Univ., Diss., 2013.

Rekonstruktion des Nationalmythos? Frankreich, Deutschland und die Ukraine im Vergleich. Hrsg. v. Yves Bizeul. - Göttingen: V&R Unipress, 2013. - 266 S.

Renz, Mathias: Kartierte Kolonialgeschichte: Der Kolonialismus in raumbezogenen Medien historischen Lernens; Ein Vergleich aktueller europäischer Geschichtsatlanten. - Göttingen ...: Vandenhoeck & Ruprecht, 2014. - 341 S. Zugl.: Gießen, Univ., Diss., 2012.

Rötter, Yvonne: Familienpolitik im Kontext des Neo-Institutionalismus: Deutschland, Schweden und Frankreich aus der Gender-Perspektive. - Hamburg: Diplomica-Verl., 2014. - 133 S.

Scheller, Patricia; Bomnüter, Udo: Filmfinanzierung: Strategien im Ländervergleich; Deutschland, Frankreich, Großbritannien und USA. - 2., erw. u. akt. Aufl. - Baden-Baden: Nomos, 2014. - 195 S.

Schirgi, Susanne: Elementare Bildungsarbeit im Vergleich: Österreich - Frankreich - Finnland. - Saarbrücken: AV Akademikerverl., 2013. - 128 S. Druckwerk on demand.

Schmidtgall, Thomas: Traumatische Erfahrung im Mediengedächtnis: Zur Struktur und interkulturellen Rezeption fiktionaler Darstellungen des 11. September 2001 in Deutschland, Frankreich und Spanien. - Würzburg: Königshausen & Neumann, 2014. - 613 S. (Saarbrücker Beiträge zur vergleichenden Literatur- und Kulturwissenschaft; 68). Zugl.: Saarbrücken, Univ., Diss., 2013.

Seck, Dagmar: Völkerschaustellungen in Deutschland und Frankreich von 1874 bis zum Ersten Weltkrieg. - Erlangen: FAU Univ. Press, 2013. - 162 S. (Ausgezeichnete Abschlussarbeiten der Erlanger Geschichtswissenschaft; 1). Zugl.: Erlangen-Nürnberg, Univ., Mag.Arb., 2013. Online verfügbar unter: http://nbn-resolving.de/urn/resolver.pl?urn:nbn:de:bvb:29-opus4-37257

Siebold, Angela: ZwischenGrenzen: Die Geschichte des Schengen-Raums aus deutschen, französischen und polnischen Perspektiven. - Paderborn ...: Schöningh, 2013. - 376 S. (Sammlung Schöningh zur Geschichte und Gegenwart). Zugl.: Heidelberg, Univ., Diss., 2012 u.d.T.: ZwischenGrenzen: Der Weg vom geteilten Europa zum gesamteuropäischen Schengen-Raum in der Wahrnehmung deutscher, französischer und polnischer Printmedien.

Sieh, Isabelle: Der Bologna-Prozess in Frankreich und Deutschland im Vergleich. - Wiesbaden: Springer VS Verl., 2014. - 238 S. (Research). Zugl.: Hamburg, Helmut-Schmidt-Univ., Diss., 2013.

Stüdemann, Dirk-Christof: Europäische Politik aus einem Guss? Energiepolitik zwischen europäischen Visionen und nationalen Realitäten am Beispiel von Deutschland und Frankreich. - Frankfurt/Main ...: PL Acad. Research, 2014. - 356 S. (Schriften zur politischen Ökonomik; 13). Zugl.: Mainz, Univ., Diss., 2012.

Terhoeven, Petra: Deutscher Herbst in Europa: Der Linksterrorismus der siebziger Jahre als transnationales Phänomen. - München: Oldenbourg, 2014. - 712 S. Zugl.: Göttingen, Univ., Habil.-Schr.

Traore, Mohamet: „Force noire" und „Schwarze Schmach": Die Debatte über den Einsatz afrikanischer Soldaten in Deutschland und Frankreich, 1910-1925. - München: Grin Verlag, 2013. - 68 S. Zugl.: Stuttgart, Univ., Bachelorarb., 2013.

Von der Zeitung zur Twitterdämmerung: Medientextsorten und neue Kommunikationsformen im deutsch-französischen Vergleich. Hrsg. v. Nadine Rentel; Ursula Reutner; Ramona Schröpf. - Berlin: LIT-Verl., 2014. - XVI,238 S. (Medienwissenschaft; Bd. 3)

Wagner, Johan S. U.: Politische Beratungsinstitute: Europa und der Maghreb; 1990 - 2000. - Stuttgart: Steiner, 2014. - 320 S. (Schriftenreihe des deutsch-französischen Historikerkomitees; Bd 10). Zugl.: Berlin, Humboldt-Univ., Diss., 2012.

Want, Christopher; Piero: „Kontinentale" Philosophie: Die Moderne in Frankreich und Deutschland; Ein Sachcomic - Überlingen: TibiaPress, 2013. - 176 S. (Infocomics)

Weckert, Elina: Qualitätsverbesserung in europäischen Gesundheitssystemen: Ein deutschfranzösischer Vergleich. - Baden-Baden: Nomos, 2014. - 399 S. (Gesundheitsökonomische Beiträge; 54). Zugl.: Frankfurt/Main, Versailles, Univ., Diss., 2013.

Wehrstein, Daniela: Deutsche und französische Pressetexte zum Thema Islam: Die Wirkungsmacht impliziter Argumentationsmuster. - Berlin ...: De Gruyter, 2013. - 357 S. (Beihefte zur Zeitschrift für romanische Philologie; Bd. 378). Zugl. leicht überarb. Fassung von: Freiburg/Brsg., Univ., Diss., 2012 u.d.T.: Wehrstein, Daniela: Text hinter dem Text

Wiesner, Claudia: Demokratisierung der EU durch nationale Europadiskurse? Strukturen und Prozesse europäischer Identitätsbildung im deutsch-französischen Vergleich. - Baden-Baden: Nomos, 2014. - 496 S. (Demokratiestudien: Demokratie und Demokratisierung in Theorie und Empirie; Bd. 4). Zugl.: Marburg, Univ., Habil.-Schr., 2011.

D. Unveröffentlichte Dissertationen, Diplom-, Bachelor- und Magister-/ Masterarbeiten

Albrecht, Markus: Urheberrechtliche Prüfung eines Pauschalvergütungsmodells für das Internet. - XVII,253 Bl. Innsbruck, Univ., Diss., 2013.

Baumann, Clara: Die Darstellung der deutsch-französischen Beziehungen in der deutschen und französischen Presseberichterstattung anlässlich des 50-jährigen Jubiläums des Élysée-Vertrags. - 124 S. Mainz, Univ., Mag.Arb., 2014.

Berg, Stefanie: Debatten um den Airbus A 380: Zur Effizienz deutsch-französischer Zusammenarbeit im Flugzeugbau. - 91 S. - Kassel, Univ., Dipl.Arb., 2012.

Bohn, Barbara: Vergleichende genderspezifische Analyse von Männer- und Frauendarstellungen in Werbeannoncen französischer und österreichischer Frauenzeitschriften. - 289 S. Wien, Univ., Diss., 2014.

Dalgin, Betül: Chancen der Privathotellerie gegenüber der Markenhotellerie: Analyse am Beispiel der französischen Hotellerie. - 54, XV S. Mittweida, Univ., Bachelorarb., 2014. Online verfügbar unter: http://opus.bsz-bw.de/hsmw/volltexte/2014/4335/pdf/BACHELORARBEIT_PDF.pdf

De Vries, Barbara: La Grande Nation - Aufstieg und Fall eines Mythos? Konstrukte französischer Nationalidentität in französischen Schulgeschichtsbüchern vom späten 19. Jahrhundert bis zur Gegenwart. - 332 S. Wien, Univ., Diss., 2013. Online verfügbar unter: http://othes.univie.ac.at/28261/1/2013-02-26_0503989.pdf

Dörflinger, Carina: Jugendliche mit afrikanischem Migrationshintergrund in Frankreich: Lebenssituationen und Perspektiven; Fallbeispiel Toulouse. - 116 S. Wien, Univ., Dipl.Arb., 2013. Online verfügbar unter: http://othes.univie.ac.at/27847/1/2013-02-24_0205988.pdf

Duffner, Georg Ansgar: Offizieller Sprachgebrauch in Nizza im XIX. Jahrhundert. - 228 S. Wien, Univ., Dipl.Arb., 2013. Online verfügbar unter: http://othes.univie.ac.at/29424/1/2013-08-08_9806618.pdf

Filippi, Alexandra: Rilke-Rezeption in Frankreich unter besonderer Berücksichtigung der Lettres à un jeune poète. - 148 S. Wien, Univ., Dipl.Arb., 2013. Online verfügbar unter: http://othes.univie.ac.at/27588/1/2013-04-08_0502798.pdf

Fischer, Michaela: Die Funktion des Lesers im Kommunikationssystem der Spectateurs. - 268 S. + 1 CD-ROM. Graz, Univ., Diss., 2013.

Friedrichs, Philipp Julian: Das Schutzschirmverfahren nach § 270b InsO als Instrument zur nachhaltigen Stärkung der Eigenverwaltung: Eine kritische Untersuchung unter vergleichender Betrachtung der französischen procédure de sauvegarde. - XVI, 222 S. Bonn, Univ., Diss., 2014.

Fux, Julia Mercedes: Französisch und die europäische Mehrsprachigkeit. - 86 S. Wien, Univ., Dipl.Arb., 2013. Online verfügbar unter: http://othes.univie.ac.at/28080/1/2013-03-28_0204227.pdf

Hanschitz, Eva Johanna: Aktuelle soziolinguistische Entwicklungen auf Martinique. - 122 S. Wien, Univ., Dipl.Arb., 2013. Online verfügbar unter: http://othes.univie.ac.at/25964/1/2013-01-31_0002564.pdf

Hoetzel, Katja: Gesetzlicher Mindestlohn im internationalen Vergleich. - VIII, 42 S. Wildau, TH, Bachelorarb., 2014.

Katschnig Gerhard: Der Mensch und seine Konstruktion von Zukunft: Constantin-François Volney. - 222 S. Klagenfurt, Alpen-Adria-Univ., Diss., 2013.

Knitter, Constanze: Jugendaustausch zwischen Frankreich und der DDR: Der Fall Ivry-sur-Seine und Brandenburg an der Havel. - VI,86, XXI Bl. Tübingen/Aix-Marseilles, Univ., Mag.Arb., 2014.

Liesa Stadlbauer: Die Kunstauktion Österreich - Frankreich. - XIV, 254 S. Wien, Univ., Diss., 2013

Lotz-Scheibenpflug, Miriam: Die Todesstrafe im Spiegel der französischen Romantik. - 111 S. Wien, Univ., Dipl.Arb., 2013 Online verfügbar unter: http://othes.univie.ac.at/24704/1/2013-01-02_0048775.pdf

Matousek, Corinna Anja: Mädchenförderung und Koedukation im Sportunterricht - eine qualitative Studie anhand des Ländervergleiches Frankreich und Österreich. - 144 S. Wien, Univ., Dipl.Arb., 2013. Online verfügbar unter: http://othes.univie.ac.at/26810/1/2013-02-26_0506694.pdf

Mittnik, Linda: Europäische und transatlantische Einbürgerungssysteme: Ein rechtshistorischer Vergleich ausgewählter Beispiele. - Wien, 2013. - 333 S. Wien, Univ., Diss., 2013. Online verfügbar unter: http://othes.univie.ac.at/25864/1/2013-01-27_0106632.pdf

Möhring, Berit: End-of-life decisions: A comparative survey on (teaching) experiences, views, and ethico-legal knowledge of final-year students in Germany and France. - 40 S. Bochum, Univ., Diss., 2012. [Text Dt.] Online verfügbar unter: http://www-brs.ub.ruhr-uni-bochum.de/netahtml/HSS/Diss/MoehringBerit/diss.pdf

Musekamp, Simon: Kohärenz zwischen Migrations- und Entwicklungspolitik: Eine vergleichende Studie zu Deutschland und Frankreich. - 592 S. Trier, Univ., Diss., 2012. Online verfügbar unter: http://ubt.opus.hbz-nrw.de/volltexte/2014/826/pdf/Musekamp_2013_Migration_und_Entwicklung_final.pdf

Ruf, Tobias: Integrationspolitik in Deutschland und Frankreich: Unterschiedliche Voraussetzungen, ähnliche Ergebnisse. - 116 S. Erlangen, Univ. Erlangen-Nürnberg, Dipl.Arb., 2012.

Schmidt, Dieter Josef: Bilder vom Nachbarn: Zum Deutschlandbild französischer Jugendlicher: Der Einfluss von Deutschunterricht, Grenzentfernung, Geschlecht und Alter mit Bezug auf die Grenzregion Lothringen; Ein empirisch gestützter Beitrag zur Stereotypenforschung in der Landeskunde des Fachs ‚Deutsch als Fremdsprache'. - 213 S. Saarbrücken, Univ., Diss., 2014. Online verfügbar unter: http://scidok.sulb.uni-saarland.de/volltexte/2014/5692/pdf/pdf_Diss_DJ.Schmidt.pdf

Schönwälder, Sophie: Frankreichs Regionalsprachenpolitik nach 1992. - 109 S. Wien, Univ., Dipl.Arb., 2014. Online verfügbar unter: http://othes.univie.ac.at/31759/1/2014-02-13_0802023.pdf

Schwarzenbach, Anina: A comparative view on police forces' perceptions of (minority) youths in deprived neighbourhoods in three European countries: Attitudes of the police towards juveniles, underlying reasons for the escalation of conflicts and conflict-solving options in France, Germany and Switzerland. - X, 97 S. Berne, Univ., Masterarb.,

2012. Online verfügbar unter: http://www.scip.unibe.ch/unibe/rechtswissenschaft/scip/content/e339106/e339121/e339235/files529461/Masterarbeit_Schwarzenbach_POLIS_2013_03_public2_ger.pdf

Selucky, Gisela: Die französische Entwicklungszusammenarbeit seit 1981. - 89 S. Wien, Univ., Dipl.Arb., 2014. Online verfügbar unter: http://othes.univie.ac.at/31245/1/2014-01-14_0803511.pdf

Semper, Barbara: „Hallo Hallo... hier spricht Paris!" Zur Selbstdarstellung der französischen Besatzungsmacht in ihrer Wandzeitung in Wien 1945 - 1947. - 145 S. Wien, Univ., Dipl.Arb., 2013. Online verfügbar unter: http://othes.univie.ac.at/26129/1/2013-01-26_0704924.pdf

Stoitscheva, Mila: Filmstandorte Deutschland und Frankreich: Eine vergleichende Analyse der Filmproduktion beider Länder unter besonderer Berücksichtigung der staatlichen Intervention auf die Filmproduktion. - IX,59, XX S. Mittweida, Hochschule, Bachelorarb., 2013. Online verfügbar unter: http://opus.bsz-bw.de/hsmw/volltexte/2013/3379/pdf/Milas_Bachelorarbeit.pdf

Uitz, Tanja: Die Beziehungen zwischen Tunesien und Frankreich im Rahmen der EU-Mittelmeerpolitik: Die Auswirkungen des Arabischen Frühlings. - 172 S. Wien, Univ., Masterarb., 2013. Online verfügbar unter: http://othes.univie.ac.at/29276/1/2013-08-07_0703158.pdf

Weyrauch-Herrmann, Philine: Neue Verantwortung in der Sozialpolitik? Der französische Wohlfahrtsstaat in vergleichender Perspektive. - 274 S. Bremen, Univ., Diss., 2013.

E. Bibliographische Arbeiten

Klapp-Online: Bibliographie der französischen Literaturwissenschaft. Begr. v. Otto Klapp; Bearb. u. Hrsg. v. Astrid Klapp-Lehrmann. - Frankfurt/Main: Klostermann, 2013. Online verfügbar unter:: http://www.klostermann.de/E-Medien/Klapp-Online

Literaturdienst Frankreich Reihe A: Französische Außenbeziehungen; deutsch-französische Beziehungen. - Ludwigsburg: Deutsch-Französisches Institut. Online verfügbar unter: http://www.dfi.de/de/Veroeffentlichungen/Serien/veroeffentlichungen_literaturdienst_A_2012.shtml

Literaturdienst Frankreich Reihe B: Sozialwissenschaftliche Frankreichliteratur. - Ludwigsburg: Deutsch-Französisches Institut. Online verfügbar unter: http://www.dfi.de/de/Veroeffentlichungen/Serien/veroeffentlichungen_literaturdienst_B_2012.shtml

F. Übersetzungen aus verschiedenen Wissenschaftsbereichen

Benda, Julien: Der Verrat der Intellektuellen. Aus d. Frz. von Arthur Merin. - Mainz: VAT Verl. André Thiele, 2013. - 306 S.

Cyrulnik, Boris: Rette dich, das Leben ruft! Aus d. Frz. von Hainer Kober. - Berlin: Ullstein, 2013. - 280 S.

Debord, Guy: Die Gesellschaft des Spektakels. Aus d. Frz. von Jean-Jacques Raspaud. - Dt. Erstveröff., 2. Aufl. - Berlin: Ed. Tiamat, 2013. - 304 S. (Critica diabolis; 65).

Decour, Jacques: Philisterburg. A. d. Franz. übers. und mit einem Vorw. vers. von Stefan Ripplinger. - Berlin: Die Andere Bibliothek, 2014. - 125 S. (Kometen der Anderen Bibliothek; 6).

Émile Durkheim: Soziologie - Ethnologie - Philosophie. Hrsg. v. Tanja Bogusz; Heike Delitz. - Frankfurt/Main ...: Campus-Verl., 2013. - 582 S. (Theorie und Gesellschaft.; 77).

Le Maire, Bruno: Zeiten der Macht: Hinter den Kulissen internationaler Politik. A. d. Frz. von Grete Osterwald. - Reinbek: Rowohlt, 2014. - 346 S.

Nguyen, Joha:Die Wahrnehmung der Akupunktur in Frankreich: Eine revidierte Biographie George Soulié de Morants (1878 - 1955). A. d. Frz. v. Viorel V. Bucur. - Hainburg: Lektor-Verl., [2013]. - 272 S.

Oury, Guy-Marie: Dom Prosper Guéranger: 1805 - 1875; Ein Mönch im Dienst für die Erneuerung der Kirche. A. d. Frz.v. Wilhelm Hellmann. - Heiligenkreuz im Wienerwald: Be&Be-Verl., 2013. - 670 S.

Rancière, Jacques: Die Nacht der Proletarier: Archive des Arbeitertraums. A. d. Frz. v. Brita Pohl. - Wien ...: Turia + Kant, [2013]. - 485 S.

Abkürzungen

AA	Auswärtiges Amt
Acoss	Agence centrale des organismes de sécurité sociale
ANPE	Nationale Beschäftigungsagentur
	Agence nationale pour l'Emploi
ANSM	Agence Nationale de sécurité du Médicament
ARH	Regionale Krankenhausagenturen
	(Agences régionales d'hospitalisation)
ARS	Regionale Gesundheitsagenturen (Agences Régionales de Santé)
ARTE	Association Relative à la Télévision Européenne
Assedic	Vereinigungen für die Beschäftigung in Industrie und Handel
	(Associations pour l'Emploi dans l'Industrie et le commerce)
BA	Bundesagentur für Arbeit
CDU	Christlich Demokratische Union Deutschlands
CESE	Rat für Wirtschaft, Soziales und Umwelt
	(Conseil économique, social et environnemental)
CFDT	Confédération française démocratique du travail
	(Französische Gewerkschaft)
CFTC	Confédération française des travailleurs chrétiens
CGC	Confédération générale des cadres
CGPME	Confédération générale du patronat des petites et moyennes entreprises
CGT	Confédération générale du travail (Französische Gewerkschaft)
CNAMTS	Allgemeine Krankenkasse
	(Caisse Nationale d'Assurance Maladie des Travailleurs Salariés)
CNRS	Centre national de la recherche scientifique
CSU	Christlich-Soziale Union
DFJW	Deutsch-Französisches Jugendwerk
DGB	Deutscher Gewerkschaftsbund
DHOS	Direktion für Krankenhäuser und Pflegeorganisation
	(Direction de l'hospitalisation et de l'organisation des soins)
DKG	Deutsche Krankenhaus-Gesellschaft
DSS	Direktion der Sozialversicherung (Direction de la Sécurité Sociale)
EDF	Électricité de France
EELV	Europe Écologie – Les Verts
EG	Europäische Gemeinschaft
EP	Europäisches Parlament

EGKS	Europäische Gemeinschaft für Kohle und Stahl
ESS	European Social Survey
EU	Europäische Union
Euratom	Vorläufer der EU
EZB	Europäische Zentralbank
FDP	Freie Demokratische Partei Deutschlands
FN	Front Nationale
FO	Französischer Gewerkschaftsbund (Confédération générale du travail-Force ouvrière)
FT	Financial Times
GASP	Gemeinsame Außen- und Sicherheitspolitik
IFOP	Institut français d'opinion publique
IGAS	Generalinspektion für Soziales (Inspection Générale des Affaires Sociales)
INSEE	Institut national de la statistique et des études économiques (französisches Statistikinstitut)
IS	„Islamischer Staat"
IWF	Internationaler Währungsfonds
LFSS	Gesetz zur Finanzierung der Sozialversicherung (Lois de financement de la Sécurité Sociale)
LOLF	Loi organique relative aux lois de finances
Medef	Unternehmerverband (Mouvement des entreprises de France)
NATO	North Atlantic Treaty Organization
NGO	Non-Governmental Organization
OECD	Organisation for Economic Co-operation and Development/ Organisation für wirtschaftliche Zusammenarbeit und Entwicklung
ONDAM	Objectif national de l'évolution des dépenses d'assurance maladie
PC	Parti Communiste
PG	Parti de Gauche
PRV	Parti radical valoisien
PS	Parti Socialiste
RFF	Réseau ferré de France
RSA	Soziale Mindestsicherung in Frankreich
SMIC	Mindestlohn in Frankreich (Salaire minimum interprofessionnel de croissance)
SNCF	Französische staatliche Eisenbahngesellschaft (Société nationale des chemins de fer français)
SPD	Sozialdemokratische Partei Deutschlands
SUD	Französische Gewerkschaft

Abkürzungen

TNS Sofres	Französisches Umfrageinstitut
UMP	Union pour un Mouvement Populaire
UNCAM	Nationale Vereinigung der Krankenversicherungskassen (Union nationale des caisses d'assurance maladie)
Unedic	Nationale interprofessionelle Vereinigung für Beschäftigung in Industrie und Handel (Union nationale interprofessionnelle pour l'emploi dans l'industrie et le commerce)
UNESCO	United Nations Educational, Scientific and Cultural Organization
VTC	Französisches Gesetz für Taxis und private Fahrdienste mit Chauffeur

Personenregister

A
Ayrault, Jean-Marc 170, 171, 172

B
Barroso, José 124, 131, 132, 133, 134, 136, 137, 138, 139, 140, 141, 142, 143, 173
Barrot, Jacques 85
Bayrou, François 171
Borloo, Jean-Louis 171

C
Cameron, David 177
Cazeneuve, Bernard 175, 180
Chevènement, Jean-Pierre 96
Chirac, Jacques 86

D
de Gaulle, Charles 150
Dressler, Rudolf 90

F
Fabius, Laurent 171, 174, 188
Fillon, François 183

G
Gabriel, Sigmar 187
Gasser, Peter 87
Gauck, Joachim 171, 187
Giscard d'Estaing, Valéry 112, 113
Godard, Jean-Luc 179
Grosser, Alfred 112

H
Hartz, Peter 176
Hollande, François 69, 157, 169, 171, 174, 175, 176, 177, 180, 182, 187, 188, 189, 190

J
Jaurès, Jean 187
Juncker, Jean-Claude 123, 142
Juppé, Alain 85, 183

K
Ki-Moon, Ban 173
Kirchner, Klaus 90

L
Lagarde, Christine 86, 188

M
Mélenchon, Jean-Luc 188
Merkel, Angela 157, 174, 178, 182, 184
Mitterrand, François 150
Moscovici, Pierre 171

N
Netanyahu, Benjamin 171
Notat, Nicole 85

O
Obama, Barack 184

P

Peillon, Vincent 173
Peres, Schimon 171
Pisani-Ferry, Jean 95, 96, 97
Putin, Wladimir 184

R

Raffarin, Jean-Pierre 183
Raiman, Carola 90
Resnais, Alain 179
Royal, Ségolène 180, 185

S

Sapin, Michel 182, 185, 189
Sarkozy, Nicolas 69, 86, 151, 169, 179, 185, 190
Schäuble, Wolfgang 188
Schmidt, Helmut 112, 113
Schmidt, Ulla 89
Schröder, Gerhard 87, 91, 153, 154
Seehofer, Horst 87, 89
Steinmeier, Frank-Walter 174, 182

T

Truffaut, François 179

V

Valls, Manuel 180, 181, 184, 188, 190

W

Widmann-Mauz, Annette 90

Zu den Autoren

Prof. Dr. Frank BAASNER, Direktor des Deutsch-Französischen Instituts, baasner@dfi.de

Prof. Dr. Patrick HASSENTEUFEL, Université Versailles Saint-Quentin, patrick.hassenteufel@uvsq.fr

Hans HERTH, Vorsitzender der FAFA pour l'Europe (Fédération des Associations Franco-Allemandes), hans.herth@wanadoo.fr

Dr. Louise LARTIGOT-HERVIER, Laboratoire Interdisciplinaire d'Evaluation des Politiques Publiques, Sciences Po, louisehervier@hotmail.com

Selma MAHFOUZ, France Stratégie, selma.mahfouz@strategie.gouv.fr

Henriette MÜLLER, Doktorandin am WZB, Stipendiatin am dfi, im Herbst 2014, henriette.mueller@wzb.eu

Dr. Christine QUITTKAT, Mannheimer Zentrum für Europäische Sozialforschung, christine.quittkat@mzes.uni-mannheim.de

Friederike RIDEGH, Mitarbeiterin des dfi in Paris, ridegh@dfi.de

Prof. Dr. Jay ROWELL, Université de Strasbourg, Jay.rowell@misha.fr

Dr. Stefan SEIDENDORF, stellv. Direktor des Deutsch-Französischen Instituts, seidendorf@dfi.de

Prof. Dr. Henrik UTERWEDDE, bis 2014 stellv. Direktor des Deutsch-Französischen Instituts, uterwedde@dfi.de

Dr. Sonja ZMERLI, Goethe-Universität Frankfurt am Main, zmerli@soz.uni-frankfurt.de

Printed in Great Britain
by Amazon